A PROTEÇÃO AO TRABALHO DA MULHER E SEU IMPACTO ADVERSO

Reflexos da Divisão Sexual do Trabalho

Patricia Juliana Marchi Alves
Juíza do Tribunal Regional do Trabalho da 15ª Região.
Graduada em Direito pela Universidade Presbiteriana Mackenzie/SP.
Pós-Graduada em Direitos Humanos, Responsabilidade Social e Cidadania Global, pela Pontifícia Universidade Católica do Rio Grande do Sul.
Mestre em Direito pela Universidade Nove de Julho/SP.

A PROTEÇÃO AO TRABALHO DA MULHER E SEU IMPACTO ADVERSO

Reflexos da Divisão Sexual do Trabalho

LACIER

LACIER

Lacier Livraria e Editora
www.livrarialacier.com.br

Rua Doutor Quirino, 808 – Centro
CEP 13015-081 – Campinas, SP – Brasil

Setembro, 2024

Diretor: *Lacier José de Rezende*
Coordenação editorial: *Peter Fritz Strotbek*
Projeto de capa: *Fabio Giglio*
Projeto gráfico e editoração eletrônica: *The Best Page*

Ficha Catalográfica

Dados Internacionais de Catalogação na Publicação (CIP)
(Câmara Brasileira do Livro, SP, Brasil)

A474p Alves, Patricia Juliana Marchi.
A proteção ao trabalho da mulher e seu impacto adverso : reflexos da divisão sexual do trabalho / Patricia Juliana Marchi Alves. — 1. ed. — Campinas, SP : Lacier Editora, 2024.
202 p. ; 17 x 24 cm.

ISBN 978-85-64412-30-9

1. Direito do trabalho — Mulher — Brasil. 2. Direito do trabalho — Inclusão. 3. Trabalho — Mulher. I. Título.

CDU 34:331(81)

Índices para catálogo sistemático:

1. Direito do trabalho

Angela Schmidt da Rosa – Bibliotecária – CRB-14/1171

Este livro se baseia na Dissertação submetida à Universidade Nove de Julho, como parte das exigências do Programa de Pós-Graduação *Stricto Sensu* em Direito, para a obtenção do título de Mestre em Direito.

Linha de pesquisa: Estruturas do Direito Empresarial.

Orientadora: Professora Doutora Samantha Ribeiro Meyer-Pflug Marques.

Às mulheres.

Agradecimentos

A Deus, por ter me dado saúde e força para superar as dificuldades e por me permitir chegar até aqui, concretizando mais um grande passo em minha vida.

À minha preciosa filha, Valentina, menina linda e doce, tão interessada no tema de minha pesquisa e sempre orgulhosa por meus estudos. Que você cresça em uma sociedade mais justa, em que uma mulher possa realmente ser quem ela quiser. A você, todo meu amor.

A meu amado marido, Mauricio, que nunca me recusou carinho e incentivo ao longo de toda a trajetória do Mestrado. Páginas e páginas de agradecimentos nunca seriam suficientes para externar toda a minha gratidão. Sem você ao meu lado, meu amor, o trabalho não seria concluído. Obrigada por não acreditar que a divisão sexual do trabalho deva ainda existir em nossa sociedade; pelos cafés, almoços, jantares; por cuidar de tudo e de todos em nossa casa e em nossa família, permitindo-me, assim, maior tempo para a dedicação necessária na conclusão desta dissertação. A vida é muito melhor com você.

A meus filhos do coração, Caroline e Guilherme, por serem tão importantes em minha vida. Carol, obrigada também por suas contribuições com a pesquisa, como ouvinte e pelo auxílio com a língua inglesa.

Aos meus avós, Luiz e Jahir (*in memorian*), por serem tão importantes em minha vida. Vô, agradeço por ter me ensinado tanto, especialmente por ter me mostrado o valor e a importância dos estudos. Vó, obrigada por me ensinar a ter fé. Que eu possa ser sempre motivo de orgulho para vocês, mesmo que não estejamos mais juntos nesta mesma vida.

À minha mãe, Maria Regina, por seu amor e admiração.

À Universidade Nove de Julho, seu corpo docente, direção e administração, pela oportunidade de aprimorar meus conhecimentos em uma instituição de excelência.

À Professora Dra. Samantha Ribeiro Meyer-Pflug Marques, minha orientadora, pelo apoio constante na elaboração deste trabalho, guiando-me sempre com muita dedicação em meu desenvolvimento acadêmico.

À Professora Dra. Maria Cecília Máximo Teodoro, pelas valiosas contribuições, desde o início; por tantas trocas no Grupo de Pesquisa "Retrabalhando o Direito" do Programa de Pós-Graduação em Direito da Pontifícia Universidade Católica de Minas Gerais; e pela participação na banca examinadora deste Mestrado.

À querida colega, Juíza do Tribunal Regional do Trabalho da 1ª Região, Bárbara Ferrito, cuja obra se fez grande referência em meus estudos, por toda a pronta atenção e auxílio sempre que precisei.

Ao Professor Dr. Humberto Bersani, por todas as reflexões e ensinamentos e pela leitura atenta de minha pesquisa, apresentando opiniões e contribuições tão importantes para o deslinde do estudo.

À Vara do Trabalho de Araras/SP, que integro com imenso orgulho, na pessoa de seu Juiz Titular, querido colega Luis Rodrigo Fernandes Braga. Obrigada a todas e todos servidores, por compreenderem minha ausência durante o período de licença para aperfeiçoamento e por torcerem por mim na caminhada do Mestrado.

Ao Grupo de Diversidade do Tribunal Regional do Trabalho da 15ª Região, do qual tenho a honra de participar, pela troca tão rica de conhecimentos.

Por fim, agradeço ao E. Tribunal Regional do Trabalho da 15ª Região, pela possibilidade de me dedicar integralmente a esta jornada de estudos e pesquisa, esperando poder contribuir com o aprimoramento da prestação jurisdicional.

Sumário

Apresentação — *Samantha Ribeiro Meyer-Pflug Marques* 15

Prefácio — *Maria Cristina Irigoyen Peduzzi* 19

Resumo 23

Abstract 25

Introdução 27

Capítulo 1 — A Inclusão das Mulheres no Mercado Laboral e a Divisão Sexual do Trabalho 31

1.1. A construção social dos sexos e o conceito de gênero 34

1.2. A teorização da divisão sexual do trabalho 36

1.3. O atual mercado de trabalho feminino no Brasil e as consequências trazidas pela divisão sexual do trabalho 43

1.3.1. Conciliação da vida familiar e laboral 52

1.3.2. Segregação ocupacional 60

1.3.2.1. Segregação ocupacional horizontal 60

1.3.2.2. Segregação ocupacional vertical 65

1.3.3. Diferenças salariais 68

Capítulo 2 — Direito do Trabalho da Mulher 78

2.1. Direito internacional 79

2.2. Direito nacional 83

2.3. Atualidade normativa do direito do trabalho da mulher brasileiro 92

2.3.1. A Constituição Federal de 1988 92

2.3.2. A Consolidação das Leis do Trabalho 95

2.4. Uma análise do ordenamento jurídico nacional como desafio à busca da igualdade pelas mulheres no mercado de trabalho 101
2.4.1. Igualdade jurídica 102
2.4.1.1. Igualdade constitucional entre mulheres e homens 107
2.4.2. Discriminação: conceito e espécies 111
2.4.3. O Direito como instrumento de fomento e instituição de desigualdades de gênero no mercado laboral: o impacto adverso da legislação 117

Capítulo 3 — A Questão das Responsabilidades Familiares e Domésticas e o Uso dos Tempos pelas Mulheres 130
3.1. A maternidade e a perpetuação normativa do trabalho de cuidado às mulheres 131
3.1.1. A licença-maternidade 140
3.1.2. A garantia provisória de emprego da trabalhadora-mãe 151
3.2. A falsa neutralidade da disciplina laboral da jornada de trabalho e a pobreza de tempo sofrida pelas mulheres 159

Conclusão 178

Referências 183

Que nada nos limite, que nada nos defina, que nada nos sujeite. Que a liberdade seja nossa própria substância, já que viver é ser livre.

Simone Beauvoir

Apresentação

Foi com grande alegria que recebi o convite da Dra. Patricia Juliana Marchi Alves para elaborar a apresentação de sua obra "A proteção ao trabalho da mulher e seu impacto adverso: Reflexos da divisão sexual do trabalho", que é resultado da dissertação de Mestrado, apresentada no Programa de Doutorado e Mestrado em Direito da Universidade Nove de Julho. Tive a honra de ser sua orientadora e acompanhar todo o seu empenho e dedicação que resultou, como não poderia deixar de ser, numa defesa brilhante perante uma banca examinadora de escol, composta pelos ilustres Professores Doutores Maria Cecília Máximo Teodoro e Marcelo Benacchio, que não pouparam elogios ao trabalho diferenciado desenvolvido e à defesa oral eloquente. Merecem destaque também as atividades da Dra. Patricia Alves, como autora de diversos artigos científicos, capítulos de obras e palestrante brilhante.

A obra reúne seu conteúdo acadêmico, com sua experiência como magistrada vocacionada, comprometida com os valores éticos e com a necessidade permanente de contribuir com a desenvolvimento da sociedade. A sua atuação como magistrada da justiça do trabalho lhe possibilitou uma sensível percepção acerca do tema tão complexo da proteção da mulher no trabalho.

A autora trata da proteção da participação da mulher no mercado de trabalho e seu impacto adverso, dentro da relevante temática da equidade de gênero. A Constituição Federal de 1988 foi a primeira Constituição brasileira a expressamente assegurar a igualdade entre homens e mulheres, nos termos da lei, e representou um marco importante, do ponto de vista legal e formal, na busca da igualdade de gênero, principalmente quando se tem em vista que, em que muitos países, as mulheres não desfrutam da igualdade na lei. O Texto Constitucional também assegurou diversos direitos às mulheres, como a licença à gestante, sem prejuízo do emprego e do salário, com a duração de 120 dias; a proteção do mercado de trabalho da mulher mediante incentivos específicos determinados em lei e proibição da diferença de salários, de exercício de funções e de critérios de admissão por motivo de sexo.

A autora examina com acuidade as desigualdades existentes entre homens e mulheres no mercado do trabalho e o papel desempenhado pelo ordenamento jurídico brasileiro, ou seja, em que medida ele contribui e interfere nessa realidade. No entanto, a despeito do avanço legislativo na proteção dos direitos das mulheres, a divisão sexual do trabalho e a estrutura da sociedade patriarcal ainda são obstáculos relevantes para a garantia da igualdade entre homens e mulheres.

Destaca que as mulheres enfrentam uma maior taxa de desemprego, apesar de possuírem níveis de escolaridade superiores aos dos homens, bem como recebem menores salários em todos os cargos que ocupam, além de serem maioria nos setores informais da economia.

Para ser possível a compreensão ampla dos desequilíbrios impostos às mulheres, a autora, de uma maneira didática, aborda em toda a sua extensão a complexa construção social dos sexos e o desenvolvimento do conceito de gênero e suas nuances para depois enfrentar a concepção da divisão sexual do trabalho. Desse modo, estuda os papéis atribuídos historicamente às mulheres e os estereótipos criados e como afetam o desempenho delas no mercado de trabalho, de modo a impactar na sua entrada, permanência e progressão. A sociedade atribuiu às mulheres a responsabilidade pelo cuidado da casa e criação dos filhos. Assim sendo, quando ingressam no mercado de trabalho ficam sujeitas a uma dupla jornada, quando, cuidam da casa e trabalham e, algumas vezes, a tripla jornada, quando cuidam da casa, trabalham e estudam. Tais circunstâncias dificultam sobremaneira o ingresso e permanência da mulher no mercado do trabalho.

A atuação profissional da autora, aliada à sua formação acadêmica, lhe permite enfrentar com profundidade a questão das responsabilidades familiares e domésticas e o uso dos tempos pelas mulheres abordando a maternidade e a perpetuação normativa do trabalho de cuidado às mulheres em face da falsa neutralidade da disciplina laboral da jornada de trabalho e a pobreza de tempo sofrida pelas mulheres.

Com vistas a verificar como a legislação impacta nessa realidade, a autora traça um panorama de como o direito do trabalho da mulher é tratado no âmbito internacional (tratados e convenções) e no âmbito nacional destacando a legislação existente, em especial a Constituição e a Consolidação das leis do trabalho. Nesse contexto, de modo científico examina a legislação como um instrumento de fomento e instituição de desigualdade de gênero no mercado laboral, analisando detidamente o que ela denomina de "impacto adverso" das normas regentes na busca da igualdade de gênero.

A autora inova ao verificar que a legislação existente, a despeito de pretender promover a equidade de gênero, na realidade tem contribuído para afastar e, até mesmo, dificultar ainda mais a participação das mulheres no mercado de trabalho.

A presente obra é referência na matéria de igualdade entre homens e mulheres no mercado de trabalho e possibilita aos leitores uma visão científica e prática do tema, destacando que o ordenamento jurídico mesmo tendo como propósito fundamental garantir a equidade de gênero pode, sob o manto desse desiderato, acaba por prejudicar a participação das mulheres no mercado de trabalho e, por via de consequência, o desenvolvimento do país, vez que a mulher é um relevante agente na mudança na sociedade, desempenhando um papel essencial na promoção social. Trata-se de uma proposta ousada de mudança de paradigma que merece aplausos.

Desejo a todos uma excelente leitura!

Samantha Ribeiro Meyer-Pflug Marques
Pós-Doutora em Direito pela UNIFOR. Doutora e Mestra em Direito pela PUC/SP. Presidente da Academia Internacional de Direito e Economia — AIDE. Advogada. Professora do Programa de Mestrado e Doutorado em Direito da UNINOVE.

Prefácio

Honrou-me a Magistrada Patricia Juliana Marchi Alves, do Tribunal Regional do Trabalho da 15ª Região, com o convite para prefaciar a obra intitulada "A proteção ao trabalho da mulher e seu impacto adverso: reflexos da divisão sexual do trabalho".

Entusiasma prefaciar este livro que trata da importante questão de gênero, em obra redigida por uma colega na magistratura trabalhista, que construiu trajetória exemplar desde a graduação em Direito pela Universidade Presbiteriana Mackenzie/SP, passando pela pós-graduação em Direitos Humanos, Responsabilidade Social e Cidadania Global da PUC/RS, e que culminou com sua titulação como Mestre em Direito pela Universidade Nove de Julho, sob a orientação competente da Professora Dra. Samantha Meyer-Pflug Marques. Está, assim, credenciada para escrever sobre a complexa temática eleita.

Trata-se de obra de fôlego, com foco, no dizer da Autora, nas "desigualdades existentes entre mulheres e homens no mercado de trabalho brasileiro, com enfoque no papel do ordenamento jurídico como agente que contribui e interfere nesse processo".

É um estudo exaustivo, que versa a inclusão das mulheres no mercado laboral e a divisão sexual do trabalho, conciliação com a vida familiar, segregação ocupacional e as diferenças salariais entre os gêneros. A obra analisa o Direito, nacional e internacional, no que disciplina o trabalho da mulher, inclusive no tocante à questão das responsabilidades familiares e domésticas e as distinções no uso do tempo, bem como à maternidade e suas consequências.

E a pergunta fundamental da pesquisa realizada é corajosa: "qual o papel do Direito no contexto discriminatório enfrentado pelas mulheres no mercado de trabalho brasileiro?" Poderá ele a pretexto de equalizar fomentar mais desigualdades contra mulheres no mercado de trabalho? Faz-me lembrar do velho provérbio: o excesso de proteção gera desproteção.

Há ainda uma forte divisão sexual do trabalho que atribui a maior parcela da responsabilidade pelo cuidado dos filhos às mulheres, relegando aos pais um papel de coadjuvantes, ainda que tenham elas um emprego e atribuições no mercado de trabalho.

As empresas, com frequência, incorporam e reproduzem a lógica da divisão sexual do trabalho, considerando como premissa a responsabilidade da mulher pelos cuidados com a criança, tanto no momento como imediatamente posterior ao parto e nos anos vindouros, a exigir proporcionalmente seu maior afastamento do trabalho remunerado do que os homens.

Assim, o Direito tem papel fundamental inclusive na formulação de uma arquitetura normativa que incentive a divisão de responsabilidades por tarefas de cuidado com a família entre homens e mulheres, uma vez que as relações de poder no espaço doméstico refletem-se nos espaços de trabalho remunerado.

É necessário que os direitos trabalhistas garantidos exclusivamente às mulheres para que se dediquem à vida de mãe e dona de casa sejam estendidos em igual medida para os homens, de forma a evitar discriminações tanto no momento da contratação, quanto nas fases de promoção, além de estimular os homens a assumirem suas responsabilidades domésticas.

Considerando o ordenamento jurídico brasileiro, um exemplo sobre a importância de se revisitar a interpretação de normas que positivam uma ilusória proteção ao mercado de trabalho da mulher consta do art. 389 da CLT. A intenção do legislador, em uma possível interpretação autêntica, foi a proteção das mulheres trabalhadoras mães, garantindo o aleitamento. Ocorre que a norma, se interpretada literalmente, acaba reforçando uma divisão sexual do trabalho e alguns estereótipos de gênero, uma vez que considera ser a mãe a única pessoa responsável pelo aleitamento e cuidado da criança. O dispositivo não considera que os homens trabalhadores também possam ser pais e, por isso, têm o dever de cuidado sobre seus filhos, inclusive de alimentação. Além disso, a norma ainda cria o incentivo, por meio de uma arquitetura jurídica, para que os empregadores não contratem mais de 29 mulheres, pois a partir da 30ª empregada terão que providenciar local para aleitamento (art. 389, § 1º, da CLT).

Outro aspecto de caráter mais previdenciário, que também afeta o mundo do trabalho, são as licenças maternidade e paternidade, em razão da discrepância entre os respectivos períodos.

Enquanto a licença maternidade pode ser de no mínimo quatro meses, nos termos do art. 392, *caput*, da CLT, ou de no máximo seis meses, se a empresa for adepta do Programa Empresa Cidadã, nos termos do art. 1º, I, da Lei n. 11.770/08, a licença paternidade é de no mínimo cinco dias, nos termos do art. 10, § 1º, do ADCT, e no máximo vinte dias, nos termos do art. 1º, II, da Lei n. 11.770/08.

Assim, considerando a disparidade entre os períodos de licença maternidade e paternidade, o sistema previdenciário dá um maior incentivo à contratação de trabalhadores pais do que de trabalhadoras mães.

Segundo pesquisa realizada pelo departamento de administração da Universidade de Harvard (*Harvard Business School*), contemporaneamente ainda existe uma menor proporção de mulheres em posições de liderança corporativa, observando um grupo de homens e mulheres com semelhante ou idêntica formação profissional.(1)

Como forma de evitar dispensas e até dificuldade de acesso e promoção das mulheres no mercado de trabalho, países mais desenvolvidos e com políticas mais igualitárias de gênero, como a Alemanha(2) e a Suécia, estabelecem um mínimo de licença a ser usufruída exclusivamente pela mulher e garantem o gozo de uma licença parental (*parental leave*) a ser compartilhada entre a mãe e o pai da criança. Esse tipo de política favorece um redesenho da divisão sexual do trabalho, retirando a responsabilidade pelo cuidado da criança apenas da mãe, para distribuir esse dever com o pai, para que ambos tenham condições de se dedicar ao mercado de trabalho em igualdade de condições.

Os fundamentos teóricos que sustentam a democracia sempre ofereceram justificativa à inclusão das mulheres. Por preconceitos, tradições culturais sexistas e estruturas institucionais que se construíram a partir delas, a inclusão das mulheres como iguais em cidadania permaneceu por muito tempo entre o universalismo democrático e o patriarcalismo tradicional. Jürgen Habermas associava a ideia de inclusão com a legitimidade democrática, afirmando a necessidade de construção de uma identidade constitucional mais abstrata, aberta para a inclusão, como pressuposto necessário para a garantia de tratamento igualitário para todos.(3)

Recomendo a leitura deste livro, farol na temática proposta, certa de que constitui valioso instrumento à análise, interpretação, aplicação e construção do Direito do Trabalho, na promoção da igualdade de gênero.

Brasília, 12 de agosto de 2024.

Maria Cristina Irigoyen Peduzzi
Ministra e Ex-Presidente do Tribunal
Superior do Trabalho e do CSJT.
Mestre e Bacharel em Direito pela
Universidade de Brasília.
Ex-Conselheira do CNJ, Ex-Diretora da
Enamat, Presidente honorária da ABDT.

(1) ELY, Robin J.; STONE, Pamela; AMMERMAN, Colleen. "Rethink what you 'know' about high-achieving women". *Harvard Business Review*, dez. 2014. Disponível em: https://hbr.org/2014/12/rethink-what-you-know-about-high-achieving-women. Acesso em: 22 mar. 2017.

(2) GEISLER, Esther; KREYENFELD, Michaela. "How Policy Matters: Germany's Parental Leave Benefit Reform and Father's Behavior – 1999-2009". *Working paper of the Max Planck Institute for Demographic Research*. Disponível em: http://www.demogr.mpg.de/papers/working/wp-2012-021.pdf. Acesso em: 06 abr. 2015.

(3) HABERMAS, Jürgen. *Inclusão:* integrar ou incorporar? Sobre a relação entre Nação, Estado de Direito e Democracia. Trad. Luciano Codato. Novos estudos (CEBRAP), 1998.

Resumo

*ALVES, Patricia Juliana Marchi. **A proteção ao trabalho da mulher e seu impacto adverso:** Reflexos da divisão sexual do trabalho.* 2023. 190 p. Dissertação (Mestrado em Direito) – Universidade Nove de Julho, São Paulo, 2023.

A dissertação analisa as desigualdades existentes entre mulheres e homens no mercado de trabalho brasileiro, com enfoque no papel do ordenamento jurídico como agente que contribui e interfere nesse processo. A temática é relevante uma vez que a igualdade entre os sexos se desvela um desafio significativo a ser enfrentado no país, especialmente no âmbito das relações laborais. Por meio de estatísticas e dados de órgãos oficiais, observa-se que a participação das mulheres no mercado de trabalho ainda é inferior à dos homens, embora tenha havido crescimento nas últimas décadas. Além disso, as mulheres enfrentam uma maior taxa de desemprego. Apesar de possuírem níveis de escolaridade superiores aos dos homens, as trabalhadoras continuam recebendo salários menores e tendem a ocupar predominantemente posições menos qualificadas, mal remuneradas e/ou em setores informais. Para compreender-se os desequilíbrios estabelecidos às mulheres, a pesquisa aborda, inicialmente, a questão da construção social dos sexos e o conceito de gênero. Em seguida, contextualiza-se a concepção da divisão sexual do trabalho, explorando-se como os papéis historicamente atribuídos às mulheres lhes estereotipam e afetam sua disponibilidade de tempo para o labor remunerado, gerando discriminação e impactando sua entrada, permanência e progressão no mercado de trabalho. Constata-se que, a despeito dos avanços e das medidas de promoção de igualdade adotadas pelo ordenamento jurídico pátrio, especialmente após a Constituição Federal de 1988, a legislação tem contribuído para afastar e dificultar ainda mais a participação das mulheres no mercado de trabalho, em um fenômeno denominado de "impacto adverso" das normas regentes. O estudo é qualitativo e utiliza o método dedutivo, mediante pesquisa bibliográfica e documental sobre o tema.

Palavras-chave: Trabalho da mulher — Divisão sexual do trabalho — Discriminação — Impacto adverso das normas trabalhistas.

Abstract

ALVES, Patricia Juliana Marchi. ***A proteção ao trabalho da mulher e seu impacto adverso: Reflexos da divisão sexual do trabalho***. 2023. 190 p. Dissertation (Master's in Law) – Nove de Julho University, São Paulo, 2023.

The dissertation examines the existing inequalities between women and men in the Brazilian labor market, with a focus on the role of the legal framework as an agent that contributes to and interferes in this process. The topic is relevant as gender equality remains a significant challenge to be addressed in the country, particularly in the realm of work relations. Through statistics and data from official sources, it is observed that women's participation in the labor market is still lower than that of men, despite having seen an increase in recent decades. Additionally, women face a higher unemployment rate. Despite having higher levels of education compared to men, female workers continue to receive lower wages and tend to predominantly occupy less qualified, poorly paid, and/or informal positions. In order to understand the imbalances experienced by women, the research initially addresses the issue of the social construction of gender and the concept of gender itself. Subsequently, the concept of the sexual division of labor is contextualized, exploring how historically assigned roles stereotype women and affect their availability of time for paid work, leading to discrimination and impacting their entry, retention, and progression in the labor market. It is evident that, despite advances and equality promotion measures adopted by the legal framework, especially after the Federal Constitution of 1988, the legislation has contributed to further distancing and hindering women's participation in the labor market, in a phenomenon known as the "adverse impact" of protective norms. The research is qualitative and employs a deductive method, utilizing bibliographical and documentary research on the subject.

Keywords: Women's work — Sexual division of labor — Discrimination — Adverse impact of labor norms.

Abstract

Introdução

A presente dissertação tem como objetivo examinar as desigualdades existentes entre mulheres e homens no mercado de trabalho brasileiro, com foco no papel do ordenamento jurídico como agente que interfere e contribui nesse processo.

A escolha do objeto da pesquisa deve-se ao interesse de se compreender os fatores históricos, sociológicos e culturais que perpetuam a discriminação contra mulheres na seara laboral, examinando-se a postura do Direito em relação a essa questão. Embora a lei seja frequentemente vista como um instrumento de igualdade e justiça, o intuito do estudo é demonstrar que o Direito acaba por instituir mais desigualdades e discriminações às mulheres.

Desde a Revolução Industrial, quando se intensificou a participação feminina na força de trabalho disponível ao sistema produtivo, a inclusão das mulheres no mercado de trabalho remunerado sempre foi marcada por percalços.

Hodiernamente, ao examinar-se as estatísticas e os dados de órgãos oficiais, verifica-se que a inserção das mulheres no mercado ocupacional nacional ainda é caracterizada por obstáculos significativos. Apesar do aumento nas últimas décadas, a participação feminina é incipiente quando comparada à dos homens. Ademais, embora as mulheres possuam níveis educacionais mais elevados, elas ainda recebem salários menores e são mais frequentemente posicionadas em empregos menos qualificados, mal remunerados e/ou no setor informal da economia.

Nesse contexto, torna-se necessário averiguar o funcionamento da legislação pátria em vigor acerca do trabalho feminino. Apesar da evolução do arcabouço jurídico, inúmeras condições adversas são desafiadas às mulheres para o ingresso, permanência e ascensão no mercado remunerado. Em que pesem os avanços e a igualdade de direitos entre os sexos garantida pela Constituição Federal de 1988, o cenário suscita questionamentos frente a realidade que se apresenta.

Diante disso, a pesquisa visa conceber como o sistema jurídico, em vez de proteger e promover o trabalho feminino, acaba, em verdade, por prejudicar ainda mais a contratação de mulheres e sua absorção pelo mercado de trabalho. O termo "impacto adverso" da legislação é adotado no título da dissertação para expressar essa ideia.

O presente estudo se propõe a descortinar naturalizações e estereótipos sobre feminilidade arraigados no Direito do Trabalho brasileiro de modo a apontar paradigmas sexistas que orientam as normas regentes e que impedem que se caminhe no sentido da promoção da igualdade entre mulheres e homens no ambiente laboral.

Para a abordagem pretendida, divide-se o estudo em três capítulos.

Parte-se, no primeiro capítulo, da apresentação das bases teóricas que explicam as relações de gênero e a opressão feminina, passando-se pela questão da construção social dos sexos e pela contextualização da teorização da divisão sexual do trabalho como suporte material da sedimentada relação de poder entre mulheres e homens na sociedade.

Formado este assento histórico e conceitual, examina-se a evolução das mulheres no mercado de trabalho até se chegar à atualidade laboral brasileira, investigando-se as consequências trazidas pelo persistente padrão de divisão social e sexual do trabalho à ocupação feminina.

No segundo capítulo, avança-se para análise do sistema jurídico-trabalhista pátrio a respeito do trabalho das mulheres, traçando-lhe um panorama de desenvolvimento sistematizado a partir da evolução de normas internacionais sobre o tema.

Daí em diante, investiga-se os desafios trazidos pelo ordenamento jurídico na busca da igualdade pelas mulheres na esfera profissional. Analisam-se conceitos como a igualdade jurídica, a discriminação e as suas espécies, para se chegar no Direito como instrumento de fomento e instituição de desigualdade de gênero no mercado de trabalho e, portanto, na percepção do efeito negativo da legislação que reproduz a divisão sexual do trabalho e reforça estereótipos sexistas arraigados na sociedade, reduzindo as perspectivas femininas de emprego e ocupação.

Finalizada esta etapa, caminha-se, no terceiro capítulo, para o apontamento de como o sexismo se mostra presente nas normas trabalhistas nacionais, delimitando-se a discussão a partir da questão das responsabilidades familiares e domésticas atribuídas às mulheres e dos problemas que esses encargos trazem ao uso dos tempos das trabalhadoras. Primeiramente, são abordadas normas que disciplinam a maternidade nos contratos de trabalho no Brasil, especificamente as disposições sobre licença-maternidade e garantia provisória de emprego da trabalhadora-mãe. Após, examina-se normas que disciplinam a jornada de trabalho nas relações de emprego em contraponto à pobreza de tempo sofrida pelas mulheres por conta da persistente divisão sexual do trabalho.

Em suma, a dissertação tem como intenção principal oferecer uma análise crítica do papel do Direito do Trabalho na inclusão e promoção das mulheres no mercado laboral brasileiro, destacando-se os principais desafios trazidos pelo ordenamento jurídico que prejudicam a busca da igualdade de gênero e apontando-se algumas possíveis soluções.

A igualdade entre mulheres e homens é parte intrínseca das relações interpessoais e primordial para o desenvolvimento sustentável, humano e econômico de uma nação, tanto assim que a Organização das Nações Unidas (ONU) estabeleceu a igualdade de gênero como um dos objetivos fundamentais de sua Agenda 2030, o Objetivo de Desenvolvimento Sustentável de número 5 (ONU, 2015). Desse modo, o Direito precisa colocar atenção a essa instância.

A dissertação se utiliza do método dedutivo e de uma abordagem qualitativa, por meio de pesquisa bibliográfica e documental, e está inserida na Linha de Pesquisa 1: Estruturas do Direito Empresarial.

Capítulo 1

A Inclusão das Mulheres no Mercado Laboral e a Divisão Sexual do Trabalho

A sociedade atual é construída em bases e padrões que permitem aos homens disporem do corpo, do tempo e da energia de trabalho das mulheres, o que revela a existência de uma estrutura sexista (BIROLI, 2018, p. 11). A cultura do patriarcado alçou o homem a uma categoria universal e determinante nas relações entre os sexos, em uma matriz que legitima a dominação masculina frente a sujeição feminina (ARANTES, 2010, p. 39).

Como consequência desse sistema de opressão que se instala e se perpetua pela existência de hierarquias sociais estruturais (CNJ, 2021, p. 24), as mulheres enfrentam, historicamente, condições de desigualdades e discriminações, que se operam em vários aspectos da vida em coletividade: na comunidade, na família, na política e no trabalho.

Analisando-se dados para o Brasil, recorte geográfico desta pesquisa, observa-se que o país, de acordo com o Relatório Global sobre a Lacuna de Gênero — *Global Gender Gap Report* do Fórum Econômico Mundial (2021), integra a longínqua 93ª posição de um rol formado por 156 países em termos de paridade de condições e oportunidades entre mulheres e homens[(1)]. A título comparativo, analisada apenas a América Latina e o Caribe, o Brasil ocupa a 25ª posição dentre 26 países.

As violências sexual e doméstica a que estão expostas as mulheres se revelam como impactantes manifestações de desigualdade no país, que acontecem em virtude da situação de assimetria de poder estrutural entre os sexos, que cria condições materiais, culturais e ideológicas para que esses tipos de agressões ocorram (CNJ, 2021, p. 30). Do total de vítimas de crime de estupro no Brasil, 85,7% são mulheres. Ainda, a cada 2 minutos, um registro de violência doméstica é feito no país e os casos de feminicídios

(1) O índice avalia a participação e as oportunidades econômicas entre mulheres e homens, o nível comparativo de instrução, de saúde e o empoderamento político em cada sociedade (SANTOS, 2016, p. 102).

tiveram um aumento significativo de 43% somente entre os anos de 2016 e 2019 (ANUÁRIO BRASILEIRO DE SEGURANÇA PÚBLICA, 2019).

Na política, a baixa representatividade feminina é outro elemento que indica a posição desigual enfrentada pelas mulheres no Brasil. Nas últimas eleições de 2022, apenas 34% do total de candidaturas eram de mulheres. Entre as eleições ordinárias realizadas de 2016 a 2022, somente 15% de mulheres foram eleitas (JUSTIÇA ELEITORAL, 2023).

No mercado de trabalho, ponto que interessa à presente dissertação, são acentuadas as explorações a que se submetem as mulheres, ressaltando-se que as relações laborais, além de indicarem, por si só, um desequilíbrio de poder, espelham a sociedade em que estão inseridas.

Sob influência da cultura e da história, bem como de sistemas ocultos de opressão, como o sexismo, o mercado de trabalho reproduz estruturas viciadas, mitos, hábitos e imaginários da coletividade, desvelando-se desequilibrado e desigual às mulheres (FERRITO, 2021, p. 135).

De um lado, nota-se um intenso crescimento da força de trabalho feminina na economia brasileira, fenômeno conhecido como "feminização do mercado de trabalho". Nas últimas décadas, as mulheres tiveram um papel muito mais significativo do que os homens no aumento da população economicamente ativa no país (BRUSCHINI, 1998, p. 2). Entre os anos de 1950 e 2010, a participação masculina cresceu de 14,6 milhões para 52,8 milhões de homens no mercado de trabalho (incremento de 3,6 vezes), enquanto que a participação feminina subiu de modo extraordinário, indo de 2,5 milhões, em 1950, para 40,7 milhões de mulheres com presença no setor produtivo em 2010, um acréscimo de 16,3 vezes (ALVES, 2013). Dois fatores fundamentais são apontados como propulsores para a entrada em massa da mulher no campo do trabalho produtivo, nomeadamente a queda nas taxas de fecundidade e o aumento das taxas de escolaridade femininas (FERNANDEZ, 2019, p. 86).

Por outro lado, apesar dos ganhos alcançados pelas mulheres quanto aos espaços ocupados no mercado de trabalho, ainda se verifica um quadro constante de desigualdades e discriminação entre os sexos na esfera laboral pátria, sendo inúmeras as condições adversas desafiadas às mulheres (BRUSCHINI, 1998).

Mesmo que a taxa de participação feminina em atividades remuneradas tenha se elevado, ela continua bastante abaixo da taxa de participação masculina, não tendo passado de 55% nos últimos anos, frente a um número sempre superior a 70% de participação masculina (IBGE, 2021). Do mesmo modo, as mulheres estão mais vulneráveis ao desemprego: no 4º trimestre de 2019, por exemplo, a taxa de desocupação de homens era de 9,2, enquanto que a de mulheres era de 13,4, superior até mesmo à taxa total do país, de 11,1 (IBGE, 2020).

Esses índices apontam a maior dificuldade de inserção da força de trabalho feminina no mercado laboral e indicam um viés de gênero bastante claro, demonstrando que, apesar dos avanços, as barreiras para as mulheres entrarem na esfera produtiva são dados presentes (COTRIM; TEIXEIRA; PRONI, 2020, p. 2).

Mesmo ingressando na força de trabalho, as mulheres enfrentam dificuldades para encontrarem ocupações dignas e para permanecerem ocupadas.

Nesse aspecto, diversos estudos descortinam um processo de segregação e precarização no mercado nacional quanto ao trabalho feminino, com atuação econômica das mulheres prioritariamente em setores com baixo status e também em empregos a tempo parcial ou em posições menos qualificadas, além de uma forte presença no mercado informal (POSTHUMA; LOMBARDI, 1997; ABRAMO; ARMIJO, 1997); desigualdades salariais entre mulheres e homens, sendo os rendimentos femininos, em regra, inferiores aos masculinos (BRUSCHINI; LOMBARDI, 2000); descompasso entre a escolarização das mulheres e os cargos por elas ocupados (POSTHUMA; LOMBARDI, 1997); e influência da imagem social do feminino e do masculino na ocupação de cargos no mercado de trabalho (SILVA, L., 1995). Diversas outras pesquisas empíricas recentes, que serão apontadas ao longo desta dissertação, corroborarão para esclarecer, com fidedignidade, a situação de desigualdade social e econômica vivida hoje pelas mulheres no Brasil.

Patricia Tuma Martins Bertolin e Suzete Carvalho, a respeito, ponderam:

> A entrada do contingente feminino no mercado de trabalho se acentuou no país apenas nas últimas décadas, mas isto se deu com ênfase em relação às atividades menos qualificadas e/ou com menor remuneração, em funções com menores possibilidades de ascensão profissional e, é lógico, no trabalho doméstico. A inserção decorreu de exigências econômicas, sem, contudo, representar alterações substanciais no que se refere à discriminação daquele (BERTOLIN; CARVALHO, 2010, p. 197).

Aliás, diante dos dados apresentados, questiona-se: em que alcance o trabalho da mulher realmente a emancipa? Como pontua *bell hooks*, trabalhar por salários baixos não liberta as mulheres da dominação masculina, especialmente as mais pobres: "a autossuficiência econômica é necessária para a libertação das mulheres. Quando falamos em autossuficiência como libertadora em vez de trabalho, precisamos dar o próximo passo e falar sobre qual tipo de trabalho é libertador" (HOOKS, 2018, p. 48).

Os obstáculos que as mulheres enfrentam na sociedade, em especial nas relações de trabalho, impedem a plena concretização dos direitos femininos (JABORANDY; FREITAS, 2020, p. 122) e para compreender-se a persistência desses padrões sociais injustos e desequilibrados, e buscar-se meios de enfrentá-los, é necessário, antes de tudo, se entender que o cenário do mercado de trabalho feminino é resultado de construções sociais que naturalizam relações desiguais entre os sexos (MÉNDEZ, 2005, p. 57). Apesar da participação de mulheres se ampliar na força de trabalho produtiva, os papéis historicamente atribuídos às mulheres ainda refletem em suas expectativas e oportunidades de trabalho, reforçando estereótipos, assimetrias, hierarquias e desigualdades (CNJ, 2021, p. 25).

Desse modo, neste primeiro capítulo, será abordada, inicialmente, a questão da construção social dos sexos e do conceito de gênero, a fim de permitir-se a compreensão de como as condições de dominação impostas às mulheres estão presentes em todos os aspectos da vida, inclusive no âmbito laboral, enraizadas a ponto de parecerem naturais.

Em seguida, a divisão sexual do trabalho será analisada, a partir de sua teorização, procurando-se demonstrar como esse fenômeno, surgido com o capitalismo e caracterizado pela distribuição social de papéis previamente definidos a mulheres e homens, está no cerne da dinâmica de opressão feminina.

Por fim, em meio a uma contextualização histórica acerca do ingresso das mulheres no mercado laboral, se examinará como a divisão social do trabalho entre os gêneros é um dado persistente, que influencia negativamente o ingresso e a permanência da mulher no mercado de trabalho, sendo essencial para o entendimento da posição desigual das trabalhadoras face aos homens na atualidade brasileira (BIROLI, 2018, p. 24).

1.1. A construção social dos sexos e o conceito de gênero

Importante pilar para o estudo das questões relacionadas à discriminação contra as mulheres é a compreensão da construção social dos sexos e, daí, a análise do conceito de gênero.

Trata-se de perceber que reiteradas concepções socioculturais atuam como um modelo de atribuição de significados diversos aos indivíduos dentro da sociedade, apenas pelo fato de serem eles mulheres ou homens. O contexto identitário sobre o pertencimento ao sexo feminino ou masculino se caracteriza por diferenças que embora possam ter, como origem, um fundamento biológico, se tratam de disparidades de ordem social que, por muitas vezes, se transformam em desigualdades (DUARTE *et al.*, 2016, p. 3).

Partindo dessa visão, surge a introdução da categoria de gênero nos estudos feministas, objetivando um novo olhar às distinções promovidas entre mulheres e homens, atento à naturalização de aspectos sociais antes tidos como biológicos (DUARTE *et al.*, 2016, p. 4). A naturalização, aliás, é a "errônea classificação de algo construído culturalmente como característica biológica e que indevidamente é usada como justificativa para admitir determinadas desigualdades" (CNJ, 2021, p. 16).

Nessa esteira, Regina Stela Corrêa Vieira (2015, p. 500) observa que, ao longo do século XX, a teoria feminista, procurando desnaturalizar a desigualdade erguida entre os sexos, voltou-se a demonstrar que, mais do que um fato natural, ela seria uma justificativa para tratar mulheres e homens de forma diversa nos campos sociais e políticos. Buscava-se recusar o sexo e, então, a sexualidade, os corpos, os órgãos reprodutivos e a maternidade como realidades meramente biológicas.

O termo "gênero", assim, surgido dessa percepção e cunhado por antropologas norte-americanas no final dos anos 1960, foi construído em oposição ao "sexo biológico", expondo-se as relações desiguais entre mulheres e homens por conta de construções culturais e históricas (VIEIRA, 2015, p. 502). O conceito de sexo, relacionado somente a aspectos biológicos, é considerado como obsoleto enquanto ferramenta para que se analise e se reflita sobre as desigualdades constatadas, vez que ignora uma série de características não biológicas construídas e atribuídas socialmente aos indivíduos em uma coletividade (CNJ, 2021, p. 16).

O sexo se coloca, então, como distinção biológica entre mulheres e homens, enquanto que o gênero se apresenta como "produto cultural do sexo", que não é imposto pela natureza, mas sim pela sociedade (FERRITO, 2021, p. 145). A construção da diferença entre os sexos, nessa perspectiva, é entendida como "pura produção social" (COLLIN, 2009, p. 59), a qual naturaliza características criadas à mulheres e homens, sobrevalorizando a distinção biológica entre eles e atribuindo-lhes funções diferentes no seio social, divididas, separadas e, normalmente, hierarquizadas (MATHIEU, 2009, p. 223). A sociedade impõe papéis diferentes a mulheres e homens e o conceito de gênero expõe como essas diferenças são reprodutoras de hierarquias sociais, na medida em que, em muitos casos, aos homens são atribuídas características e papéis mais valorizados, enquanto que às mulheres são atribuídos papéis e características menos valorizados, o que tem relevantes impactos no modo como as relações sociais desiguais se estruturam (CNJ, 2021, p. 17).

Segundo Joan Scott, o conceito de gênero englobaria duas partes, sendo "elemento constitutivo de relações sociais baseadas nas diferenças percebidas entre os sexos", e, ao mesmo tempo, "forma primária de dar significado as relações de poder", ou seja, "o gênero é um campo primário no interior do qual, ou por meio do qual, o poder é articulado" (SCOTT, 1995, p. 86 e 88). O gênero estrutura a "percepção e a organização concreta e simbólica de toda a vida social" e, por estabelecer distribuições de poder que representam um controle e um acesso diferencial a recursos materiais e metafóricos, "torna-se implicado na concepção e na construção do próprio poder" (SCOTT, 1995, p. 88).

A compreensão do gênero, portanto, como eixo "estruturante" da vida social, leva ao conceito de "relações sociais de sexo", teorizado por Danièle Kergoat (2009). Na definição da autora, em todas as sociedades conhecidas, são formadas relações antagônicas entre os grupos de mulheres e homens, baseadas, acima de tudo, em uma ligação hierárquica de poder entre os sexos e nas quais as diferenças constatadas entre as práticas ditas femininas e masculinas são construções sociais, passíveis de serem apreendidas historicamente, e não provenientes de explicações de cunho biológico (KERGOAT, 2009, p. 71). Nessa senda, certas características associadas aos gêneros não são naturais e imutáveis, como também geram indevidas subordinações (CNJ, 2021, p. 17).

Essa concepção, de acordo com Regina Stela Corrêa Vieira, permite uma "visão sexuada dos fundamentos e da organização da sociedade" (VIEIRA, 2015, p. 503) e sinaliza para uma estrutura institucionalizada de opressão feminina. Por este raciocínio, as condições em que mulheres e homens vivem em uma coletividade não são consequências de um destino biológico, mas verdadeiras construções histórico-sociais (KERGOAT, 2009, p. 71) e, nesse sentido, é que a palavra gênero será utilizada ao longo da presente pesquisa.

A discriminação histórica contra as mulheres que leva a desigualdades sociais e econômicas deve ser apreendida a partir da dimensão cultural da construção dos sujeitos de direito e de seus efeitos negativos, sendo o gênero importante instrumento que pretende evidenciar e explicar esse conjunto de formulações sociais atribuídas às pessoas em razão do sexo e que se coloca como questão tão adversa ao feminino (CNJ, 2021, p. 17-18). Nessa perspectiva é que exsurge a teoria da divisão sexual do trabalho, sobre a qual se discorrerá a seguir.

1.2. A teorização da divisão sexual do trabalho

Verificou-se acima que mulheres e homens formam grupos envolvidos em uma relação específica de dominação, as chamadas relações sociais de sexo, marcadas por uma ligação hierárquica de poder que é definida pela construção social do que se atribui como práticas ditas femininas e masculinas. Essas relações sociais têm como base material, segundo Danièle Kergoat (2009, p. 67), o trabalho e suas divisões, daí irrompendo a concepção de divisão social do trabalho entre os sexos, concisamente chamada de divisão sexual do trabalho.

O estudo da divisão sexual do trabalho não é o objeto central desta pesquisa. Entretanto, uma das mais significativas expressões de dominação das mulheres na estrutura social que ainda hoje permanece, especialmente na seara laboral, é justamente a divisão sexual do trabalho (FERRITO, 2021, p. 49). Assim, sua contextualização é primordial para que, mais adiante, se alcance perceber como o cenário desigual do mercado laboral feminino é resultado desse fenômeno social, pelo qual distribuem-se papéis previamente definidos às mulheres e aos homens com cargas valorativas distintas, refletindo-se, assim, diretamente nas formas de ingresso e permanência da força de trabalho feminina em empregos e ocupações (CALIL, 2007, p. 108-109).

Para se considerar, por conseguinte, as desigualdades entre mulheres e homens no mercado de trabalho sob esse enfoque, é necessário remeter-se à lógica de construção da sociedade capitalista (DUARTE *et al.*, 2016, p. 5) e à consequente cisão dos espaços sociais privado e público (FERRITO, 2021, p. 49).

No período Moderno, delimitado aproximadamente entre os anos de 1600 ao início do ano de 1800, o sistema feudal foi substituído pelo capitalismo. Representando uma radical mudança no modelo político e ideológico vigente, com a ascensão de um pensamento marcadamente liberal (MOURA, 2014, p. 14), o novo regime que surgia era marcado pelo favorecimento da atividade industrial em detrimento à atividade agrária; pela distribuição de bens e consumo em um mercado a princípio livre da intervenção estatal; e pela privatização da produção de riqueza, o que levou ao estabelecimento de um método de apropriação de lucros por intermédio do trabalho assalariado (COTTA; FARAGE, 2021, p. 21).

A burguesia, segundo ensina Maria Ângela D´Incao (2006, p. 223 e 228-230), alçou-se como emergente classe social na época, irrompendo com ela uma reformada mentalidade, reestruturadora das vivências familiares. Marcado pela valorização da intimidade, se constituiu um pensamento que ressaltava a importância do amor doméstico e da maternidade. Com isso, desenhou-se um novo papel feminino no seio burguês, colocada a mulher na posição de "guardiã do lar e da família", responsável apenas por tarefas reprodutivas: "Um sólido ambiente familiar, o lar acolhedor, filhos educados e esposa dedicada ao marido, às crianças e desobrigada de qualquer trabalho produtivo representavam o ideal de retidão e probidade, um tesouro social imprescindível" (D'INCAO, 2006, p. 223). Aos homens, por sua vez, envoltos em questões políticas e econômicas, incumbiam todos os deveres na direção de prover o sustento da prole e de sua esposa.

Vale lembrar que no feudalismo, prevalecia a economia de subsistência e, nessa sociedade que então era baseada na "produção-para-o-uso", havia uma unidade entre as atividades de produção e reprodução (FEDERICI, 2017, p. 145) e a criação dos filhos e as atividades de cuidado eram, destarte, tarefas bem mais coletivas (COTTA; FARAGE, 2021, p. 25).

À medida que a privatização das terras e a monetização da economia se alicerçavam com o capitalismo, as mulheres se tornavam cada vez mais confinadas ao lar e dependentes dos proventos dos homens, associadas ao trabalho reprodutivo (FEDERICI, 2017, p. 145).

No contexto apresentado, Mayra Cotta e Thais Farage (2021,p. 22-23) observam que as noções de espaço privado e público dentro da sociedade, bem como o que era designado para cada um deles, sofreram mudanças, operando-se uma rígida cisão entre tais esferas:

> Cada um desses espaços cumpre funções específicas e é ocupado de maneiras distintas. A casa passa a ser o local reservado à família, às relações de afeto e às atividades necessárias ao cuidado e à criação de seres humanos. Tudo

> isso adquire um caráter privado, algo que diz respeito apenas às pessoas que pertencem àquele ambiente. O mundo do trabalho ganha identificação com atividades remuneradas e com a produção de bens e serviços. Trabalho passa a ser, por definição, algo que acontece no espaço público (COTTA; FARAGE, 2021, p. 24).

Nessa separação, propugnada pelo pensamento liberal, a esfera pública demarcou-se como o âmbito de realização da subjetividade masculina, enquanto que a esfera privada se desenhou como o reduto da reprodução e das necessidades biológicas, afastada da intervenção estatal e espaço de expressão da identidade feminina (MOURA, 2014, p. 16). Consolidou-se, a partir disso, uma forma de organização social na qual às mulheres era designado o âmbito doméstico como local de atuação, cabendo-lhes os deveres de cuidado e de reprodução, enquanto que os homens tratavam de economia e política, exercendo suas atribuições no espaço público (FERRITO, 2021, p. 49).

É importante ressaltar-se que a diferenciação entre os papéis de gênero então estruturada foi firmada a partir de uma visão masculina que realçava as diferenças biológicas entre os sexos, atribuindo-lhes valores e significados que não decorriam da natureza, mas sim impostos pelo sistema político-sexual do patriarcado (MOURA, 2014, p. 17), o qual, de diversas formas, mantém as mulheres em situação de subordinação em relação aos homens (CNJ, 2021, p. 22):

> A sociedade liberal, bifurcada em um componente público e outro privado, transforma a diferença sexual em uma diferença eminentemente política: a construção da feminilidade pela cultura patriarcal como um "destino biológico" a ser cumprido (emotivas, sensíveis, destinadas à reprodução e ao cuidado dos outros) justifica o confinamento das mulheres no âmbito do lar (MOURA, 2014, p. 17).

Nas relações assimétricas de poder assim construídas, portanto, a vida doméstica foi imposta como uma forma de opressão às mulheres em contraposição a um sistema de reprodução de privilégios aos homens. A divisão entre as esferas pública e privada, e, consequentemente, a criação de lugares para cada gênero, estabeleceu uma estrutura de desvalorização ao feminino, hierarquizando-se socialmente as atividades que aconteciam dentro e fora da casa (MÉNDEZ, 2005, p. 56).

As tarefas domésticas, destinadas às mulheres, eram destituídas de reconhecimento social. Paralelamente, aos homens estavam destinadas atividades econômicas, dotadas de prestígio (BERTOLIN; CARVALHO, 2010, p. 195).

No aspecto, esclarece Regina Stela Corrêa Vieira:

> Desvaloriza-se o trabalho reprodutivo realizado pelas mulheres no interior das residências para a sobrevivência da família, que culturalmente não é sequer considerado trabalho, mas sim "afazeres domésticos", vistos como obrigação das mulheres, vocação natural feminina, forma de dedicação amorosa. Tal processo gera o ocultamento e desvalorização do trabalho doméstico e de cuidado realizado pelas mulheres (VIEIRA, 2014, p. 40).

No mesmo sentido, ressalta Silvia Federici a respeito do capitalismo que se edificava:

> No novo regime monetário, somente a produção-para-o-mercado estava definida como atividade criadora de valor, enquanto a reprodução do trabalhador começou a ser considerada como algo sem valor do ponto de vista econômico e, inclusive, deixou de ser considerada um trabalho. [...] a importância econômica da reprodução da força de trabalho realizada no âmbito doméstico e sua função na acumulação do capital se tornaram invisíveis, sendo mistificadas como uma vocação natural e designadas como "trabalho de mulheres" (FEDERICI, 2017, p. 145).

Por muito tempo, como indica Bárbara Ferrito, trabalho era o que o homem fazia: "As atividades femininas, ainda que demandem tempo, esforço, treinamento e intelecto, recebiam outro nome e, por isso, outra regulação e efeitos" (FERRITO, 2019, p. 75).

Nessa senda, estudos que se iniciaram na França, no início dos anos 1970, tiveram como objetivo pensar o trabalho reprodutivo como um trabalho de fato, assentando as bases teóricas da teoria da divisão sexual do trabalho(2). Começou-se a ser construído um vasto campo de estudos em que os conceitos de emprego e trabalho eram questionados, em oposição à noção de atividade (COTRIM; TEIXEIRA; PRONI, 2020, p. 4).

Danièle Kergoat, a propósito, traz uma importante observação sobre a origem dos movimentos feministas, demonstrando que, ao contrário do que se diz, eles não começaram tratando da questão do aborto, mas verdadeiramente, a partir da percepção de uma "opressão específica" que recaia sobre as mulheres na realização de um trabalho gratuito, invisível e feito, não para si, "mas para os outros e sempre em nome da natureza, do amor e do dever maternal" (KERGOAT, 2009, p. 68). A luta das mobilizações, naquele momento, foi por demonstrar que as tarefas domésticas e de cuidado que as mulheres

(2) A divisão sexual do trabalho foi objeto de pesquisa em diversos países. No entanto, foi na França, no início dos anos 1970, que as bases teóricas desse conceito se consolidaram, tendo, como impulso, movimentos feministas da época (KERGOAT, 2009, p. 68).

realizavam sem reconhecimento, não era algo a ser visto como naturalmente a elas atribuído, um "destino biológico", mas, sim, eram atividades de trabalho da mesma forma como o trabalho profissional realizado de forma maciça pelos homens.

Segundo explicam Helena Hirata e Danièle Kergoat (2007, p. 597-598), as análises teóricas que se desenvolveram a partir dessa vertente de pensamento, passaram a abordar o trabalho doméstico e de *care*[3] como atividades de trabalho tanto quanto o trabalho profissional, o que permitiu se considerar, de forma simultânea, as atividades desenvolvidas na esfera do lar e na esfera pública, abrindo-se espaço para se pensar em termos de divisão sexual do trabalho.

Na concepção da divisão sexual do trabalho que se despontou, o conceito de "trabalho" passou a ser visto de modo ampliado, abarcando o trabalho profissional e o doméstico; o trabalho formal e o informal; e o trabalho remunerado e o não remunerado, sendo os primeiros basicamente realizado por homens, enquanto que os segundos, majoritariamente por mulheres.

A teoria, inicialmente, apenas articulava o trabalho produtivo, de um lado, e o reprodutivo, de outro, como duas esferas em contraposição. Posteriormente, Helena Hirata e Danièle Kergoat (2007, p. 598-599) indicam que essa noção de articulação se mostrou insuficiente, de modo que se buscou contextualizar a relação social que era recorrente entre os grupos de mulheres e homens nessa contraposição a partir das relações sociais de sexo. Percebeu-se uma distribuição de papéis sociais de gênero previamente determinada, ocupando o homem uma posição de poder e a mulher, de subalternidade. Os estudos mostraram que os papéis de cada sexo na sociedade eram definidos por construções sociais, baseadas em uma "ideologia naturalista", a qual reduzia as experiências sociais a papéis sexuados que remetiam a um destino natural da espécie.

Sedimentou-se, destarte, o entendimento de que as condições que mulheres e homens experimentavam na convivência coletiva não eram consequências de um destino biológico, mas, sobretudo, construções sociais, baseadas em uma relação de hierarquia entre os sexos, traduzindo-se em uma relação de poder e dominação (KERGOAT, 2009, p. 71).

Uma das frases mais famosas de Simone de Beauvoir reforça essa compreensão, no sentido de que:

> Ninguém nasce mulher: torna-se mulher. Nenhum destino biológico, psíquico, econômico define a forma que a fêmea humana assume no seio da sociedade; é o conjunto da civilização que elabora esse produto intermediário entre o macho e o castrado que qualificam de feminino (BEAUVOIR, 1967, p. 9)

(3) Termo em inglês que se refere ao trabalho de cuidado.

Dentro dessa lógica, solidificou-se, na academia, o termo divisão sexual do trabalho, conceito nascido, como visto, de lutas feministas no combate ao sistema de opressão de gênero, possibilitando apreender-se como certos tipos de trabalho são atribuídos às mulheres e aos homens de maneira ideológica e artificialmente (CNJ, 2021, p. 25).

Sob esse enfoque, Danièle Kergoat define a divisão sexual do trabalho, pontuando que:

> A divisão sexual do trabalho é a forma de divisão do trabalho social decorrente das relações sociais de sexo; [...] Tem por características a destinação prioritária dos homens à esfera produtiva e das mulheres à esfera reprodutiva e, simultaneamente, a ocupação pelos homens das funções de forte valor social agregado [...] (KERGOAT, 2009, p. 71).

Segundo a teorização construída, a divisão sexual do trabalho se estrutura em dois princípios: 1) princípio da separação (existem trabalhos de homens e trabalhos de mulheres; e 2) princípio hierárquico (o trabalho de homem vale mais que o trabalho de mulher):

> A divisão sexual do trabalho se organiza: (i) a partir da construção histórica, social e cultural do gênero com base na ideia essencialista de que existiram alguns tipos de trabalho 'naturalmente' masculinos e trabalhos 'naturalmente' femininos; e (ii) da construção de uma hierarquia ao valorizar o trabalho masculino em comparação ao feminino, ou seja, há uma diferenciação, mas também uma hierarquização (CNJ, 2021, p. 25).

Nessa visão, o trabalho reprodutivo corresponde a uma atividade tal qual o trabalho produtivo e está atribuído às mulheres não por questões naturais e biológicas, mas em virtude da construção de relações sociais de sexo, que são desiguais e hierarquizadas, notadas pela exploração e opressão de um sexo face à supremacia do outro (SOUSA; GUEDES, 2016, p. 125). A divisão sexual do trabalho deixa de ser vista, outrossim, como um processo natural e passa a ser percebida como expressão da assimetria das relações sociais entre mulheres e homens, que relega o feminino a uma posição inferiorizada e de fragilidade (STANCKI, 2003, p. 2).

Pois bem. Como mencionado, as extensões do que seriam o feminino e o masculino e toda a oposição envolvendo esses significados, decorreram de uma construção social dos papéis de gênero datada de longas décadas, que marcou a História da sociedade ocidental, a partir da formação do capitalismo e durante o século XIX (SOUSA; GUEDES, 2016, p. 123 e 125).

Hodiernamente, no entanto, as mulheres vêm conquistando espaços que até então eram tidos como exclusivos aos homens. Ocasionadas por mudanças no cenário socioeconômico e revoluções culturais, surgem novas configurações sociais que fragilizam a separação entre os espaços público e privado na sociedade e o modelo homem-provedor e mulher-cuidadora (SOUSA; GUEDES, 2016, p. 123).

A questão que aqui se coloca, entretanto, é que, apesar das evoluções, a sociedade continua a perpetuar estereótipos concebidos no sentido de que a mulher é uma figura frágil, inferior e submissa e que deve se dedicar sobremaneira à maternidade e às tarefas domésticas, enquanto que o homem segue ocupando espaços de poder, de liderança e de tomada de decisões, primordialmente (PIMENTEL; SILVA; BRANDÃO, 2018, p. 333-334). A naturalização de papéis de gênero e a configuração da divisão sexual do trabalho advinda dos primórdios do capitalismo, a qual impôs uma "divisão artificial e arbitrária entre o público e o privado, o visível e o invisível, o masculino e o feminino" (COTTA; FARAGE, 2021, p. 28), bem como toda a consequente desvalorização carreada às mulheres, ainda são aspectos presentes na contemporaneidade, enraizados veementemente no corpo social.

Conforme destacam Luana Passos de Sousa e Dyego Rocha Guedes:

> O relaxamento das fronteiras entre o mundo produtivo (homens) e reprodutivo (mulheres) tem contribuído com a possibilidade de as mulheres participarem do mundo produtivo, mas não reveste o afastamento dos homens do mundo doméstico. Acontece que, através desse fenômeno, o adensamento das mulheres nas fronteiras públicas não é acompanhado de uma revisão dos limites das responsabilidades privadas femininas. Isso significa que a esfera de reprodução da família como educação e demais cuidados continua, em grande medida, a cargo das mulheres. Desse modo, a dicotomia público/privado que está associada ao trabalho remunerado/não remunerado e que contribui com a divisão sexual do trabalho é reconfigurada, mas sem mudança significativa, ou estrutural, em sua essência. As atribuições socialmente definidas para homens e mulheres, no fim das contas, permanecem nas concepções culturais, uma vez que delegam ainda às mulheres as responsabilidades da reprodução social (SOUSA; GUEDES, 2016, p. 123).

Bárbara Maria Moreira Pimentel, Raphael de Campos Silva e Júlia Andrade Brandão, na mesma linha, tratando dos papéis sociais culturalmente naturalizados ao feminino e masculino na configuração da divisão sexual do trabalho, notam que:

> [...] por mais mudanças que tenham havido em termos de políticas e conquistas, seja no campo do Direito ou das ciências biológicas, ainda há muito o que se discutir sobre esses papéis, que parecem não ter se modificado [...] até o presente momento. O que aconteceu na verdade, foi uma "modernização" do problema (a inferioridade imposta à mulher pela própria sociedade),

que continua existindo, mas foi se adaptando aos avanços tecnológicos e jurídicos dos anos (PIMENTEL; SILVA; BRANDÃO, 2018, p. 334).

De tal feita, consoante se tratará a seguir, é exatamente em razão desse persistente padrão de divisão social e sexual do trabalho que a desigualdade entre os sexos se estabelece e se mantém na sociedade (RICOLDI, 2010, p. 39). Os modelos impostos às mulheres impedem que elas ocupem, em igualdade, as mesmas posições sociais que os homens (PIMENTEL; SILVA; BRANDÃO, 2018, p. 333). A divisão do trabalho proveniente das relações sociais de sexo e que reservou às mulheres a esfera reprodutiva e, aos homens, a esfera produtiva, estabelecendo, assim, uma relação assimétrica entre os sexos, cria e reproduz, concomitantemente e de modo contínuo, desigualdades de papéis e funções na vida em coletividade (SOUSA; GUEDES, 2016, p. 125).

Especificamente no mercado laboral brasileiro, objeto da presente pesquisa, a concepção segmentada entre os papéis sociais atribuídos aos gêneros e a depreciação do feminino influenciam a forma como a mulher ingressa, permanece e ascende em empregos e ocupações remuneradas. Seguindo as mulheres como as principais responsáveis pelas atividades domésticas e de cuidados com a família e filhos(as), dificulta-se sua dedicação ao ambiente profissional e também se percebe as trabalhadoras como uma força de trabalho de segunda categoria, sempre em desvantagem no mercado de trabalho. A sobreposição dos afazeres domésticos e da atividade econômica representa uma grande sobrecarga às mulheres, resultando desta condição de gênero uma posição discriminada às trabalhadoras (BRUSCHINI, 1998, p. 5 e 29).

Nessa senda, como destaca Reginaldo Guiraldelli, o debate sobre a divisão sexual do trabalho, e suas consequências, se mostra bastante relevante, "tendo em vista desvelar as múltiplas evidências das relações sociais expressas nas atividades produtivas e reprodutivas a partir do recorte de gênero" (GUIRALDELLI, 2012, p. 728).

1.3. O atual mercado de trabalho feminino no Brasil e as consequências trazidas pela divisão sexual do trabalho

As materializações sociais que naturalizam a imagem da mulher associada ao cuidado com os(as) filhos(as) e às tarefas domésticas e a hierarquização entre os sexos são um entrave à emancipação feminina, tornando perenes relações desiguais no mundo do trabalho (MÉNDEZ, 2005, p. 57). Muito embora se verifiquem mudanças, a participação produtiva feminina precisa ser pensada levando-se em conta as condições nas quais as mulheres ingressam no mercado ocupacional, especialmente a sobrecarga a que são submetidas ante as atividades reprodutivas que lhe são impostas culturalmente (STANCKI, 2003, p. 5-6).

Para se perscrutar, pois, sobre a posição das mulheres no mercado de trabalho, é necessário aprofundar o tema a partir do que é colocado como raiz das desigualdades de gênero, ou seja, a divisão sexual do trabalho e a construção dos papéis destinados ao feminino e ao masculino (BRUSCHINI, 1998, p. 4).

Conforme Bárbara Ferrito preconiza, "Qualquer estudo sobre o trabalho das mulheres deve passar por essas linhas gerais acerca da divisão sexual do trabalho. Essa separação cunhada na biologia ainda hoje é utilizada como justificativa para diversos dogmas sociais no campo laboral" (FERRITO, 2021, p. 53). Reconhecer as manifestações da divisão sexual do trabalho e como elas moldam o mercado de trabalho que se apresenta às mulheres na atualidade, permite uma análise da real situação feminina, servindo também para a compreensão da evolução das relações de sexo (JABORANDY; FREITAS, 2020, p. 110). *Se em qualquer uma das análises acima realizadas ficou ev*

Consoante anteriormente tratado, na cultura burguesa nascida com o início do sistema capitalista, a mulher ideal era aquela que se preparava para o casamento (MÉNDEZ, 2005, p. 53) e que se dedicava aos trabalhos domésticos e de cuidados realizados dentro do lar, estando à margem do trabalho produtivo remunerado, o qual cabia aos homens, na esfera pública, enquanto provedores da família (D'INCAO, 2006).

Nas palavras de Léa Elisa Silingowshi Calil, "O primeiro e mais marcante traço da divisão sexual do trabalho foi aquele que dividiu o espaço doméstico como domínio feminino e o espaço público como masculino" (CALIL, 2007, p. 111). No mesmo sentido:

> Historicamente, na sociedade capitalista, atribuiu-se aos homens o trabalho produtivo, que se dá na esfera pública, é remunerado, tem reconhecido valor social e por meio do qual se obtém renda suficiente para corresponder ao papel do gênero masculino de provedor. Paralelamente, atribuiu-se e naturalizou-se o ideário patriarcal de ser a mulher a responsável, única ou prioritariamente, pelo trabalho reprodutivo, ou de cuidado (remunerado e não remunerado), isto é, o trabalho de manutenção da vida e de reprodução da sociedade (CNJ, 2021, p. 25).

Relegadas, historicamente, aos afazeres familiares, as mulheres, com o tempo, começaram a se inserir também no campo do mercado de trabalho produtivo, tendo a força laboral feminina sido absorvida especialmente por conta da industrialização (D'OLIVEIRA; SILVA, 2015, p. 3).

Como aponta Heleieth Iara Bongiovani Saffioti (1976, p.irreg.), é fato que as mulheres nunca foram alheias ao trabalho remunerado em todas as épocas e lugares, sempre contribuindo, de modo significativo, para a subsistência familiar e para a geração de riqueza. Nas economias pré-capitalistas, sendo a família uma unidade de produção, as mulheres não eram estranhas ao mundo econômico e trabalhavam nos campos, nas manufaturas, em minas e lojas, nos mercados e em oficinas. Mesmo tidas como jurídica, social e politicamente inferiores aos homens, as mulheres participavam do sistema produtivo, desempenhado um relevante papel na economia da época. Este papel, contudo, era visto como menos relevante que o do homem, se definindo como subsidiário no conjunto das funções familiares e, então, posicionando-se as mulheres em ocupações subalternas e menos compensadoras.

Do mesmo modo, Maria Luiza Rocha Silva destaca que a história da inserção das mulheres no mercado de trabalho não é única e o impulsionamento havido a partir do modo de produção capitalista não corresponde à realidade de toda a parcela feminina da população: "As mulheres de classes baixas e, principalmente, as mulheres negras, não estavam à margem do mercado, mas inseridas nele desde o princípio, em razão da escravidão, após a qual continuaram no mercado de trabalho informal" (SILVA, M., 2021, p. 18).

Para fins metodológicos da presente pesquisa, no entanto, delimita-se o processo da Revolução Industrial como marco temporal da inserção das mulheres no mercado de trabalho, por ser o período em que houve um crescimento substancial da participação feminina na força laboral disponível ao sistema produtivo, causando profundas transformações no mundo e na vida em sociedade (VASCONCELOS, 2010, p. 2).

A Revolução Industrial, iniciada na Inglaterra no século XVIII, consolidou o processo de formação do capitalismo e trouxe grandes transformações nos mecanismos de produção de riquezas e nas relações de trabalho. O trabalho artesanal de produtos manufaturados e de produção unitária foi substituído, com o uso de máquinas, pela produção em série, possibilitando-se, assim, a "utilização de uma mão de obra menos especializada, assalariada e sem necessidade de uma grande força muscular" (RODRIGUES *et al.*, 2015, p. 2).

Nesse contexto, o trabalho remunerado da mulher passou a ser aproveitado em grande escala, especialmente na indústria têxtil, principal manufatura da época. A alta demanda de mão de obra gerada pela industrialização e o baixo custo do trabalho feminino, aliado à domesticidade e à fraca organização sindical das mulheres, eram componentes que determinavam a preferência pela contratação das trabalhadoras até mesmo em detrimento à força laboral masculina (NASCIMENTO, A., 2004, p. 931)[(4)].

Mulheres e homens encontravam-se, lado a lado, inseridos no processo de produção, o que, todavia, não modificava a relação subordinada das mulheres na sociedade. Estas ocupavam as piores funções no labor produtivo, as menos remuneradas, e ao ver de seus familiares, irmãos, pais e maridos, o trabalho não era visto como algo natural, mas sim decorrente da necessidade de incrementar as baixas rendas de muitas famílias no período. De um lado, o sistema capitalista em expansão necessitava da força de trabalho feminina e a colocava como um "mal necessário" ante a pauperização familiar. Por outro lado, havia uma resistência coletiva à profissionalização das mulheres, já que se entendia que elas deveriam se manter nos papéis a elas construídos pela concepção burguesa. De todo modo, mesmo com uma moral social que tendia a ser conservadorista em relação ao labor feminino,

(4) Não se olvida que o período da Revolução Industrial foi marcado pela exploração também da força de trabalho infantil (BOMFIM, 2021, p. 15). Porém, por não fazer parte do objeto desta dissertação, não se abordará tal aspecto.

se mostrou inegável um crescente acesso das mulheres ao trabalho assalariado a partir de então (MÉNDEZ, 2005, p. 52 e 54).

> Em termos internacionais, vale notar que, não apenas a Revolução Industrial impulsionou o ingresso das mulheres no mercado de trabalho, mas também as Primeira e Segunda Guerras Mundiais, quando milhares de donas de casa foram conclamadas a ocuparem os lugares de seus maridos para suprirem a força laboral masculina que se ausentava não somente nos anos de conflito, mas também posteriormente, em virtude do número de mortes e acidentes que deixavam os homens inaptos para o trabalho (LEAL, 2016).

No Brasil, o fomento à indústria pode ser igualmente mencionado como o principal momento na história em que houve considerável absorção da força de trabalho feminina. Durante o fim do século XIX e nas primeiras décadas do século XX, ocorreu um crescente processo de urbanização e industrialização no país, que provocou importantes mudanças nas estruturas econômicas, sociais e políticas da sociedade. O sistema agrário-exportador, em crise, levou muitos trabalhadores do campo para as cidades em busca de trabalho nas fábricas que se instalavam. Nesse processo, as mulheres passaram a ser vistas como mão de obra em potencial para as novéis indústrias, incorporando-se ao mercado produtivo (MÉNDEZ, 2005, p. 58).

Contratadas de modo expressivo, as trabalhadoras representavam menos gastos e pouca resistência aos empregadores, executando tarefas secundárias e percebendo salários menores do que os homens, além de submetidas a jornadas excessivas (CALIL, 2007, p. 26-27). Desse modo, a participação feminina no mercado de trabalho que então se ampliava não significava uma conquista de igualdade entre as mulheres e os homens. Pelo contrário, como registra Natalia Pietra Méndez, "em um país estruturado pelo patriarcalismo, os conceitos misóginos apregoados pela religião, pela ciência e pela família contribuíram para a consolidação de papéis sociais desiguais no mundo do trabalho" (MÉNDEZ, 2005, p. 58).

No aspecto, Luzia Margareth Rago (1985, p. 63) destaca que persistia, nacionalmente, uma contradição entre o modelo feminino idealizado pela burguesia e a realidade das mulheres. Quanto mais a mulher escapava da esfera privada da vida doméstica para ocupar espaço no mercado de trabalho, mais a sociedade lhe cobrava a assumir "seu verdadeiro papel" nos cuidados com o lar, marido e filhos(as):

> Por caminhos sofisticados e sinuosos se forja uma representação simbólica da mulher, a esposa-mãe-dona-de-casa, afetiva mas assexuada, no momento mesmo em que as novas exigências da crescente urbanização e do desenvolvimento comercial e industrial que ocorrem nos principais centros do país

> solicitam sua presença no espaço público das ruas, das praças, dos acontecimentos da vida social, nos teatros, cafés, e exigem sua participação ativa no mundo do trabalho (RAGO, 1985, p. 62).

A propósito, Reginaldo Guiraldelli (2012, p. 710) sublinha que, no cenário de industrialização e urbanização do Brasil, os movimentos operários que emergiam eram liderados por homens, em que pese o expressivo número de mulheres que trabalhavam nas indústrias. Esses movimentos, de fato, defendiam a volta das mulheres ao lar, entendendo que o zelo com a casa e a dedicação à maternidade e cuidados com os(as) filhos(as) e marido eram competências femininas.

De toda sorte, apesar da resistência que se colocava, de início, a participação das mulheres no mercado de trabalho se mostrou crescente ante mudanças culturais, sociais, políticas e econômicas que se operavam (BIROLI, 2018, p. 26) e, o avanço do capitalismo com o espessamento da força de trabalho feminina colaboraram para desestabilizar a divisão entre o mundo público (reservado aos homens) e o privado (lugar das mulheres) (MÉNDEZ, 2005, p. 51).

Ocorre que, ainda que a participação ativa feminina no campo do trabalho produtivo venha a desarranjar os papéis sociais desempenhados pelas mulheres no espaço doméstico, estes, em verdade, nunca se afastaram delas completamente. Como observam Luana Passos de Sousa e Dyego Rocha Guedes (2016, p. 123), o aumento da presença das mulheres nos espaços públicos não foi acompanhado de uma revisão das responsabilidades privadas femininas, o que significa dizer que a esfera de reprodução familiar permaneceu, em grande medida, a cargo das mulheres.

As mulheres que "abandonavam" seu "lugar tradicional doméstico" pelo trabalho nas fábricas, permaneciam responsáveis pelos cuidados com a casa e com as crianças (VIEIRA, 2015, p. 504). O ingresso expressivo de mulheres no mundo do trabalho em virtude da Revolução Industrial não teve o efeito imediato e tão almejado de gerar a emancipação feminina e o reconhecimento da igualdade entre os sexos (MÉNDEZ, 2005, p. 56). Simone de Beauvoir, nesse sentido, observava que, apesar das conquistas civis alcançadas e o ingresso no trabalho, as mulheres continuavam presas e limitadas a um mundo exclusivamente feminino:

> Não se deve entretanto acreditar que a simples justaposição do direito de voto a um ofício constitua uma perfeita libertação: hoje o trabalho não é a liberdade. Somente em um mundo socialista a mulher, atingindo o trabalho, conseguiria a liberdade. Em sua maioria, os trabalhadores são hoje explorados. Por outro lado, a estrutura social não foi profundamente modificada pela evolução da condição feminina; este mundo, que sempre pertenceu aos homens, conserva ainda a forma que eles lhe imprimiram. É preciso não

> perder de vista esses fatos, dos quais a questão do trabalho feminino tira sua complexidade. [...] Na hora atual, [...] em sua maioria as mulheres que trabalham não se evadem do mundo feminino tradicional; não recebem da sociedade, nem do marido, a ajuda que lhes seria necessária para se tornarem concretamente iguais aos homens (BEAUVOIR, 1967, p. 450).

Para além do mundo fabril, fato é que a construção social que naturalizou a incumbência do trabalho doméstico às mulheres continua a existir nos dias atuais, em uma via que não é de mão dupla: os homens aceitam que as mulheres trabalhem, ocupando o espaço público que antes era de seu domínio, mas não aceitam com a mesma facilidade dividir com elas as obrigações do trabalho doméstico (CALIL, 2007 p. 111). Mesmo com o aumento da participação das mulheres no mercado produtivo, ainda predomina a tendência de os homens investirem seu tempo na carreira profissional de modo prioritário, enquanto as mulheres permanecem se dividindo entre o trabalho remunerado e o trabalho doméstico não remunerado (VIEIRA, 2014, p. 40-41).

Como observa Reginaldo Guiraldelli:

> Mesmo com o ingresso das trabalhadoras no ramo fabril, a partir da industrialização, as relações sociais entre homens e mulheres permaneceram desiguais e assimétricas, como foram historicamente construídas e legitimadas, com as marcas da cultura patriarcal de subordinação. Além da inserção feminina no mundo do trabalho no que tange à esfera da produção, as tarefas domésticas e familiares, ou seja, o espaço da reprodução continuou reservado às mulheres, o que se sustenta até os dias atuais e reforça o lugar naturalizado das mulheres no sistema social (GUIRALDELLI, 2012, p. 717-718).

Em conseguinte, nota-se que a divisão sexual do trabalho persiste na sociedade moderna, em sua concepção dicotômica clássica baseada nos princípios da separação e hierárquico, mas em uma nova configuração, que não significa, todavia, alterações significativas em seu bojo (SOUSA; GUEDES, 2016, p. 123).

Conforme Flávia Birolli (2018, p. 42 e 23) sopesa, a divisão sexual do trabalho se sustenta na naturalização de relações de poder e subordinação que são apresentadas como se fossem fundadas na biologia, assumindo nuances sobre as quais se assentam hierarquias de gênero nas sociedades contemporâneas, ativando restrições e desvantagens às mulheres. O trabalho doméstico que sempre recaiu às mulheres com base no discurso da naturalidade e aptidão femininas para o cuidado, se, primeiramente, limitava a vida das mulheres ao espaço privado, atualmente, marca desvantagens em relação aos homens na atuação econômica e social (SOUSA; GUEDES, 2016, p. 125).

No mercado laboral, a divisão sexual do trabalho opera como um sistema que particulariza o ingresso das mulheres no campo ocupacional (FERRITO, 2019, p. 74).

Segundo pondera Cristina Bruschini:

> Nunca é demais repetir que a manutenção de um modelo de família patriarcal, segundo o qual cabem às mulheres as responsabilidades domésticas e socializadoras, bem como a persistência de uma identidade construída em torno do mundo doméstico, condicionam a participação feminina no mercado de trabalho a outros fatores além daqueles que se referem à sua qualificação e à oferta de emprego, como no caso dos homens. A constante necessidade de articular papéis familiares e profissionais limita a disponibilidade das mulheres para o trabalho, que depende de uma complexa combinação de características pessoais e familiares, como o estado conjugal e a presença de filhos, associados à idade e à escolaridade da trabalhadora, assim como a características do grupo familiar, como o ciclo de vida e a estrutura familiar. Fatores como esses afetam a participação feminina, mas não a masculina, no mercado de trabalho. O importante a reter é que o trabalho das mulheres não depende apenas da demanda do mercado e das suas necessidades e qualificações para atendê-la, mas decorre também de uma articulação complexa, e em permanente transformação, dos fatores mencionados (BRUSCHINI, 1998, p. 4).

Na articulação das esferas da produção econômica e da reprodução social, são expressivas as consequências das obrigações domésticas na vida das mulheres, limitando seu desenvolvimento profissional e implicando em carreiras descontínuas, salários mais baixos e empregos de menor qualidade (BRUSCHINI, 2006, p. 338).

Brena Paula Magno Fernandez (2019, p. 84-85) anota que a sedimentação da construção social dos gêneros revela uma relação assimétrica de poder que restringe e anula a atividade autônoma das mulheres de muitas formas. Essa assimetria de gêneros, além de se expressar na invisibilidade dos trabalhos domésticos e de cuidados, predominantemente desempenhados pelas mulheres e entendidos como não produtivos na visão do capitalismo, pode ser verificada igualmente em outras situações havidas fora do âmbito privado como pela ausência de igualdade de oportunidades no mercado de trabalho ou pela defasagem da remuneração que pode ser auferida pelas mulheres, quando comparada com os ganhos obtidos pelos homens. Tais constatações discriminatórias às mulheres estão intimamente ligadas à condição feminina compreendida como a principal responsável pelas tarefas de reprodução social e domésticas:

> Tradicionalmente, o que se estabeleceu como padrão foi a divisão sexual do trabalho. A regra foi o homem assumir o sustento e a reprodução econômica da família, encarregando-se do trabalho economicamente remunerado,

> produtivo, realizado no âmbito do espaço público, ao passo que à mulher coube a responsabilidade pela reprodução física e pelas tarefas domésticas, que constituem o trabalho privado e não remunerado. A prática continuada desta divisão sexual do trabalho acabou por naturalizá-la e assumi-la como as funções masculina e feminina, respectivamente (FERNANDEZ, 2019, p. 85).

Com efeito, a divisão sexual do trabalho assenta as formas de ocupações produtivas atribuídas aos gêneros na conformação da estruturação produtiva do mercado de trabalho, estando na raiz das dificuldades encontradas pelas mulheres quanto à inserção, permanência e ascensão na vida profissional. O peso das obrigações domésticas incumbidas prioritariamente às mulheres lhes dificulta as possibilidades de inclusão no meio laboral e igualmente as encaminha para trabalhos menos remunerados e precarizados, que as permitam compatibilizar as atividades dentro e fora de casa (FERNANDEZ, 2019, p. 85). E consoante destacam Patricia Tuma Martins Bertolin e Suzete Carvalho, as relações hierárquicas entre mulheres e homens, no contexto da divisão sexual do trabalho, "são um dos mecanismos para a perpetuação da subordinação feminina, tendo em vista que a atribuição às mulheres de postos menos favoráveis no mercado de trabalho amplia essa condição de desigualdade para outros setores da vida social" (BERTOLIN; CARVALHO, 2010, p. 203).

Para Helena Hirata, "a continuidade das relações sociais de sexo parece garantir a estabilidade da divisão sexual do trabalho" para além de mudanças conjunturais (HIRATA, 1995, p. 46). Nesta esteira, consoante pondera Flávia Biroli (2018, p. 31), a posição de desvantagem das mulheres se atualiza nos novos padrões de organização do trabalho no capitalismo, em uma "matriz que configura as relações e as identidades de gênero na forma de vantagens para os homens" (BIROLI, 2018, p. 95).

Danièle Kergoat reflete que "a divisão sexual do trabalho não é um dado rígido e imutável. Se seus princípios organizadores permanecem os mesmos, suas modalidades (concepção de trabalho reprodutivo, lugar das mulheres no trabalho mercantil etc.) variam fortemente no tempo e no espaço" (KERGOAT, 2009, p. 68). O que se apresenta estável é a distância entre os grupos de sexo, não havendo dúvidas que a condição feminina melhorou, mas ainda existindo um longo caminho a ser percorrido na busca pela igualdade (HIRATA; KERGOAT, 2007, p. 600).

No Brasil, as desigualdades de gênero marcam o cenário econômico, sobretudo no contexto laboral. Essas desigualdades assumem a sua forma mais evidente nas diferenças salariais que se constatam entre mulheres e homens no mercado de trabalho, mas também em diversas outras situações de iniquidade para com as mulheres (FERNANDEZ,

2019, p. 81). Toda essa problemática se traduz como um reflexo direto da divisão sexual do trabalho:

> A divisão sexual do trabalho implica a naturalização da responsabilidade da mulher pelo trabalho doméstico e de cuidado e tem efeito também na sua inserção no mercado de trabalho, seja por discriminação com base nos estereótipos, seja pela dificuldade em conciliar família e trabalho, decorrente da falta de serviços apropriados e de baixo custo destinados ao cuidado das crianças, além da incompatibilidade dos horários de trabalho com os de escolas e creches (CNJ, 2021, p. 113).

No mesmo sentido, salienta Reginaldo Guiraldelli:

> [...] a divisão sexual do trabalho, compreendida como um construto que se modifica historicamente diante das sucessivas alterações da vida social, se estrutura e se organiza no mundo do trabalho na contemporaneidade de forma a conceber espaços diferenciados aos homens, ou seja, aqueles de maior qualificação, prestígio, *status* e melhores salários, enquanto que às mulheres são reservadas, predominantemente, atividades marcadas pela precarização, baixos salários, desprestígio e baixa qualificação, reforçando as assimetrias e desigualdades de gênero [...] (GUIRALDELLI, 2012, p. 728).

No que anota Bárbara Ferrito (2019, p. 75-76), a divisão sexual do trabalho sempre moldou a participação das mulheres no mercado de trabalho, e ainda molda em grande medida. Percebe-se um confronto na alocação de tempo das mulheres entre trabalho e família, o que lhes ocasiona dificuldades no ingresso, permanência e ascensão no mercado de labor produtivo. A manutenção da prestação de serviços domésticos às mulheres, limita seu tempo para o trabalho remunerado, prejudicando sua liberdade de escolha de empregos e ocupações e levando-as a optar por carreiras que possibilitem melhor adequação dos diversos tempos que necessitam conciliar. Ainda, a afetação das mulheres às tarefas de cuidado acaba por levar à cisão do mercado de trabalho conforme o sexo dos indivíduos, sempre partindo-se das lógicas da separação e da hierarquia.

Do mesmo modo, segundo Laís Wendel Abramo, a associação do feminino ao cuidado faz com que as mulheres, no meio do trabalho produtivo, sejam vistas como uma "força de trabalho secundária", noção esta, que de acordo com a autora:

> [...] estrutura-se em torno da ideia de que o movimento de entrada da mulher no mercado de trabalho — assim como muitas características relativas à sua permanência e ao seu desempenho no trabalho — estão determinados basicamente pelos papéis que ela desempenha na esfera doméstica. Esses papéis

> estão associados fundamentalmente às funções de cuidado a elas assignadas pela ordem de gênero e pela divisão sexual do trabalho (ABRAMO, 2007, p. 13).

Destarte, como observa Flávia Biroli (2018, p. 22-23), na ordenação conjunta do capitalismo e do patriarcado em seus moldes atuais, as mulheres se posicionam como um grupo afetado negativamente pelo cotidiano do trabalho prestado gratuitamente, direcionado a específicas ocupações e menos remunerado que os homens que exercem as mesmas atividades.

O que se tem, portanto, é que muito embora as condições de trabalho de mulheres e homens tenham sofrido mudanças ao longo do tempo de acordo com contextos históricos, culturais e econômicos, elas não se transformaram por total. Do contrário, permanecem, no mercado de trabalho, os mesmos marcos de demarcação dos espaços masculinos e femininos. Nos termos do que sopesa Helena Hirata, "assiste-se à remodelação das novas formas de organização do trabalho e da divisão sexual do trabalho, mas manutenção de formas de segregação e hierarquização pré-existentes" (HIRATA, 2010, p. 4). Apesar de as mulheres terem conquistado espaço no mercado de trabalho, "os novos contornos da divisão sexual do trabalho deixam persistir a própria divisão sexual do trabalho" (VIEIRA, 2015, p. 506).

Posto isso, a teoria da divisão sexual do trabalho, em sua recente configuração, se aplica nos estudos sobre a divisão desigual do trabalho doméstico entre os sexos e também quanto à distribuição diferenciada das ocupações e profissões de homens e mulheres no mundo do trabalho, mantidos os mesmos princípios: permanecem a hierarquia que superioriza, qualifica e valoriza o trabalho masculino em detrimento da inferiorização, desqualificação e desvalorização do trabalho feminino, e a separação, em que há trabalhos específicos e próprios para homens e trabalhos direcionados às mulheres (HIRATA; KERGOAT, 2007, p. 596).

Na conformação atual do mercado de trabalho brasileiro, é imprescindível reconhecer os desdobramentos das novéis configurações da divisão sexual do trabalho, que particularizam o labor feminino, ocasionando-lhes prejudiciais consequências.

1.3.1. Conciliação da vida familiar e laboral

No Brasil, a quase totalidade da população feminina de 14 anos ou mais (92,1%) realiza afazeres domésticos e de cuidados de pessoas[5] (IBGE, 2020). No ano de 2019, as mulheres dedicaram, em média, 21,6 horas por semana a esse conjunto de atividades, enquanto, os homens, apenas 11,0 horas (IBGE, 2019).

(5) Entre os homens, a taxa cai para 78,6% (IBGE, 2020).

Os papéis incumbidos às mulheres não são de sua essência, nem mesmo determinados biologicamente, mas se evidenciam como uma construção social de gênero, produzida e reproduzida ao longo da história, em que pese justificados habitualmente em razão de características atribuídas aos sexos, supostamente naturais (FERRITO, 2021, p. 24).

No âmbito doméstico, existe uma "romantização do cuidado", visto este como algo natural e inerente às mulheres, associado ao amor e, portanto, considerado voluntário. Ao mesmo tempo, para a economia tradicional, as tarefas domésticas e de cuidado não são tidas por produtivas e, com isso, restam desvalorizadas e invisibilizadas (CNJ, 2021, p. 25).

Dessa percepção se extrai importante dicotomia relacionada à ideia de trabalho produtivo e trabalho reprodutivo. O trabalho produtivo é visto como aquele inserido no sistema capitalista de produção de riquezas, que gera ou cria algo, mesmo que simplesmente burocrático, praticado no espaço público da sociedade. Já o trabalho reprodutivo compreende as atividades de manutenção da vida e bem-estar, correntemente chamado de trabalho de cuidado, realizado em âmbito privado (KERGOAT, 2016, p. 19).

Para o capitalismo, as tarefas de cuidado e reprodução incumbidas às mulheres não são reconhecidas como trabalho por não produzirem mais-valia (MÉNDEZ, 2005, p. 56). De acordo com a teoria econômica tradicional, há uma separação inequívoca entre os chamados tempo de "trabalho" e tempo de "não trabalho", ou seja, entre o tempo dedicado ao trabalho no mercado formal e que possui valor de troca e, por isso, recebe um pagamento, e aquele tempo destinado aos cuidados pessoais, da casa, da família ou também ao ócio e ao lazer, que não é pago. Somente pertencem à esfera econômica os bens e serviços que se moldem à concepção de produção e mercantilização. As tarefas domésticas e de cuidados familiares, comumente realizadas pelas mulheres, no âmbito do lar, e pelas quais não são cobrados preços de mercado, permanecem à margem do escopo da economia. Em virtude disso, diz-se que tais atividades são "invisíveis", termo que indica, *de per si*, a ausência de reconhecimento social dessas tarefas como "trabalho" (FERNANDEZ, 2019, p. 84).

Segundo Brena Paula Magno Fernandez (2019, p. 84), essa visão de trabalho adotada pelo modelo capitalista, tem reflexos, por exemplo, na metodologia utilizada, no Brasil, pelo IBGE, no cômputo da população ativa e ocupada. Isto significa que, nas estatísticas oficiais do país, a execução das tarefas de reprodução social confere aos indivíduos que as executam, no caso as mulheres predominantemente, a condição de inativos, caso não realizem de modo concomitante atividades no mercado de trabalho. De acordo com a autora, para a escola da economia feminista, a incapacidade teórica de compreender os afazeres domésticos e de cuidados executados pelas mulheres, de forma massiva, como uma atividade econômica, evidencia uma assimetria de gênero e preconceito. E como acrescenta Cristiane Maria Sbalqueiro Lopes, "o cuidado dos filhos [e dos lares] é uma forma de trabalho. Um trabalho essencial para a reprodução da sociedade que é realizado majoritariamente por mulheres, que o exercem sem receber remuneração" (LOPES, 2006, p. 328).

A invisibilidade das tarefas de cuidado não é condizente com o efeito econômico gerado pelo trabalho não remunerado realizado pelas mulheres: se esse esforço fosse quantificado, equivaleria a uma contribuição de cerca de US$ 10,8 trilhões por ano à economia global, de acordo com relatório da OXFAM Brasil, publicado em 2020.

Vale trazer a respeito as palavras de Laura Mora Cabello De Alba, para quem:

> [...] essa divisão (entre as esferas pública e privada), que estrutura o mercado capitalista patriarcal, se tornou o segredo da produtividade capitalista, na medida em que metade da população trabalha de forma invisível e desvalorizada, ao passo que a outra metade o faz com remuneração e dedicação total (DE ALBA, 2013, p. 61)

Samantha Ribeiro Meyer-Pflug Marques também observa que o trabalho doméstico não remunerado "é ignorado pelo Estado, deixando a mulher desamparada do ponto de vista trabalhista e previdenciário, vez que não faz jus a nenhum benefício social" (MARQUES, 2022, n.p.).

A permanência do trabalho doméstico e de cuidados familiares nas mãos das mulheres é um grande problema social: "O impacto na vida das mulheres é imenso: amplia as desigualdades de renda, precariza as condições de vida em todos os âmbitos e ainda acarreta estresse, estafa, depressão, entre outros problemas para a saúde" (THINK OLGA, 2020).

Na linha de pesquisa ora adotada, a divisão injusta e desigual do trabalho de cuidado afeta por demais a forma como a mulher ingressa, permanece e ascende no mercado laboral, sobre o que pontuam Moema de Castro Guedes e José Eustáquio Diniz Alves:

> A inserção feminina no mercado de trabalho foi, e ainda é, profundamente marcada por diversos fatores culturais que ligam as mulheres ao espaço privado. A divisão sexual do trabalho constitui-se num conceito chave para a compreensão da dinâmica de inserção laboral feminina (GUEDES; ALVES, 2004, p. 2).

No mesmo sentido, Luisa Rabioglio Cotrim, Marilane Oliveira Teixeira e Marcelo Weishaupt Proni ponderam:

> Incorporar a dimensão do trabalho doméstico não remunerado é essencial para a consolidação de uma compreensão sobre as dificuldades das mulheres se inserirem de forma qualificada no mundo produtivo quando estão à frente ou são as principais responsáveis pelos cuidados com a família (COTRIM; TEIXEIRA; PRONI, 2020, p. 4)

As tarefas domésticas e de cuidado demandam muitas horas e tempo de dedicação. Como consequência, as "obrigações familiares" assumidas pelas mulheres acabam por moldar-lhes e restringir-lhes as ocupações fora do âmbito doméstico. O equilíbrio (ou, melhor dizendo, o desequilíbrio) entre o trabalho não remunerado e o trabalho remunerado é, em última análise, responsável por ditar as possibilidades de participação feminina no mercado laboral (BIROLI, 2018, p. 29). Ao se ocupar com o "invisível", a mulher se vê privada de tempo e de recursos que lhe são necessários para atingir uma autonomia financeira, permanecendo aprisionada em um verdadeiro ciclo de exploração (THINK OLGA, 2020).

Bárbara Ferrito cuida dessa problematização, chamando-a de "pobreza de tempo":

> [...] as mulheres são, de fato, pobres de tempo e não possuem disponibilidade total deste. [...] Divididas entre a carreira e a maternidade, acumulando trabalho produtivo e reprodutivo, investindo no emprego, mas não liberadas dos afazeres domésticos e dos padrões de boa esposa, boa mãe e cuidadora, o tempo na rotina das mulheres é escasso (FERRITO, 2021, p. 26).

Quando as mulheres acumulam papéis (a rotina de afazeres domésticos somada ao trabalho produtivo, no que se classifica de "dupla" ou "tripla jornada"[(6)]) seu tempo é todo consumido, havendo impactos em suas relações de trabalho: as mulheres têm dificuldade na realização de horas extras; na disponibilidade para viagens; para sobreaviso; para labor no regime de escala ou de turnos, sofrendo, por conseguinte, uma redução sensível em oportunidades de ingresso no mercado de trabalho e acesso a empregos e ocupações dignas e também no desenvolvimento profissional (FERRITO, 2021, p. 26).

Em todo o mundo, 42% das mulheres em idade ativa estão fora do mercado de trabalho, frente a 6% dos homens, o que se deve às responsabilidades não remuneradas assumidas pela prestação de cuidado e serviços domésticos (OXFAM, 2020). No Brasil, da mesma forma, o maior envolvimento no trabalho não remunerado evidencia a maior dificuldade de inserção das mulheres no mercado de trabalho e explica a taxa de participação[(7)] feminina na força produtiva remunerada significativamente reduzida quando comparada à taxa masculina. Como já referido, segundo o IBGE (2021), a taxa de participação feminina no mercado nacional não passou de 55% nos últimos anos. Em 2019, por exemplo, a taxa de participação de mulheres com 15 anos ou mais na força de trabalho foi de 54,5%, enquanto a dos homens 73,7%, uma diferença de 19,2 pontos percentuais (IBGE, 2021).

---

(6) Com uma crescente demanda por qualificação no mercado atual, as trabalhadoras acabam se submetendo a cumprir, muitas vez, três jornadas de trabalho: familiar, profissional e educacional (MOTA-SANTOS; DE AZEVEDO; LIMA-SOUZA, 2021, p. 113).

(7) A taxa de participação mede a parcela da população em idade de trabalhar (15 anos ou mais de idade) que está na força de trabalho (ou seja, trabalhando ou procurando trabalho e disponível para trabalhar) (IBGE).

As tarefas de reprodução social, além de impedirem muitas mulheres de ingressarem no mercado de trabalho, também criam dificuldades para aquelas que, conseguindo ascender à seara laboral, permaneçam ocupadas. Por essa razão, a taxa de ocupação feminina é significativamente inferior à dos homens. No Brasil, em 2019, a taxa de ocupação das mulheres foi de apenas 46,1%, enquanto a dos homens foi de 65,5% no mesmo período(8) (IBGE, 2020).

Mesmo para as mulheres ocupadas, o seu maior envolvimento em atividades domésticas e de cuidado, que mesmo assim não deixa de existir(9), tende a impactar na forma de inserção dessas trabalhadoras no mercado de trabalho. Dada a naturalização das funções de zelo com a casa, filhos(as) e família como um papel feminino, as representações sociais de sexo compelem as mulheres a procurarem ocupações com jornadas reduzidas e/ou flexíveis para conciliá-las com os afazeres domésticos (RELATÓRIO ANUAL SOCIOECONÔMICO DA MULHER, 2017/2018, p. 22). Em sendo assim, as mulheres se veem propelidas a ingressarem em um "ciclo vicioso de precarização(10)", sendo mais afetadas por trabalhos inferiorizados social e economicamente, como é o caso dos contratos a tempo parcial e da informalidade (FERRITO, 2021, p. 24 e 71; LIMA; BERGSTRÖM; GEMMA, 2020, p. 13)(11). O caráter sexuado da precarização (VIEIRA, 2015, p. 508) se constata, especialmente, no crescimento da participação de mulheres no mercado laboral por meio dessas espécies de trabalho, traduzidas por ocupações instáveis, mal remuneradas, sem perspectivas de formação profissional ou promoção e com direitos sociais limitados ou inexistentes (HIRATA, 2002, p. 145). A realidade aponta que a deterioração das relações de trabalho incide de forma mais contundente sobre as mulheres, vez que somam e potencializam as relações sociais de sexo (VIEIRA, 2015, p. 509).

De acordo com Nathalie Cattanéo e Helena Hirata, a precarização que atinge as mulheres está centrada na flexibilidade "externa" imposta pelas novas formas de organização do trabalho:

> [...] a flexibilidade dita interna (polivalência, rotação, integração de tarefas, trabalho em equipe) está mais relacionada à mão de obra masculina, enquanto a flexibilidade dita externa é obtida, sobretudo, pelo recurso à

(8) A taxa de ocupação reflete o número de pessoas que exercem atividade profissional (formal ou informal, remunerada ou não); pessoas que exerceram trabalho, remunerado ou sem remuneração, ou que tinham trabalho remunerado do qual estavam temporariamente afastadas (IBGE).

(9) No Brasil, em 2019, as mulheres ocupadas dedicaram 18,6 horas semanais aos afazeres domésticos e cuidados de pessoas, enquanto os homens ocupados gastaram somente 10,5 horas (IBGE, 2019).

(10) "A ideia de precarização indica o processo pelo qual ocorre a degradação das relações de trabalho, com redução de garantias e direitos para os trabalhadores" (FERRITO, 2021, p. 71).

(11) No ciclo da precarização do trabalho, Bárbara Ferrito (2021, p. 72) também indica o empreendedorismo como uma estratégia que muitas mulheres se utilizam para se inserirem na seara produtiva, de forma vulnerável, sem proteções e garantias.

> mão de obra feminina (empregos precários, trabalho de tempo parcial, horários flexíveis). Esta aumenta as desigualdades nas condições de trabalho, emprego e saúde, segundo os sexos. A implantação dessa divisão sexual é possível na medida em que há uma legitimação social: é em nome da conciliação da vida familiar com a vida profissional que tais empregos são propostos às mulheres (CATTANÉO; HIRATA, 2009, p. 109-110).

Indicadores sociais revelam que, no Brasil, em 2019, cerca de 1/3 das mulheres estavam ocupadas em tempo parcial (29,6%) — até 30 horas —, quase o dobro do verificado para os homens (15,6%) (IBGE, 2021), o que demonstra claramente a necessidade das trabalhadoras de conciliarem suas vidas familiar e profissional. Essa espécie de contratação, como adotada no país, não é suficientemente capaz de satisfazer as necessidades econômicas das trabalhadoras, pois há uma redução para abaixo do necessário para o sustento próprio e familiar (FERRITO, 2021, p. 153). Com jornada reduzida e associada a condições de trabalho e remuneração significativamente inferiores em comparação com o labor em tempo integral, o contrato em tempo parcial é uma modalidade contratual que ocasiona às mulheres insegurança: no emprego, na carreira, na renda e nas perspectivas de desenvolvimento e formação e, até mesmo, na representatividade sindical (HIRATA, 2011, p. 17).

Da mesma maneira, segundo observa Marcelo Medeiros (2021, n.p.), a informalidade no mercado de trabalho pátrio é maior entre as mulheres, atingindo de modo mais sério aquelas mais pobres e com filhos(as). A informalidade constitui importante marcador de desigualdades e as trabalhadoras submetidas a esse tipo de ocupação não possuem acesso aos mecanismos de proteção social básicos vinculados à formalização e garantidos constitucionalmente, como a remuneração pelo salário-mínimo, o direito à aposentadoria e às licenças remuneradas para maternidade ou por afastamento laboral por motivo de saúde (IBGE, 2021).

Considerando-se todos os aspectos abordados até o momento, destaca-se a questão da maternidade e dos cuidados com a prole como o ponto mais crítico a inibir a plena participação das mulheres no mercado de trabalho.

Nessa direção, Cristina Bruschini sinaliza que:

> Se a persistência da responsabilidade das mulheres pelos cuidados com a casa e a família é um dos fatores determinantes da posição secundária ocupada por elas no mercado de trabalho, a maternidade é, sem dúvida, o que mais interfere no trabalho feminino quando os filhos são pequenos. A responsabilidade pela guarda, cuidado e educação dos filhos na família limita a saída da mulher para o trabalho remunerado, sobretudo se os rendimentos obtidos forem insuficientes para cobrir custos com formas remuneradas de

> cuidado infantil. [...]. A insuficiência de equipamentos coletivos como as creches, que atendem parcela muito pequena das crianças brasileiras, contribui para aumentar o peso da maternidade sobre as mulheres e, em particular, sobre as trabalhadoras (BRUSCHINI, 1998, p. 6).

Como reforça Helena Hirata (2010, p. 1), as responsabilidades tradicionais pela educação de crianças impostas às mulheres sedimentam mercados de trabalho que lhe são desvantajosos e que resultam em um poder desigual na esfera econômica. A variável associada à presença de filhos(as) representa um significativo fator limitador da entrada das mulheres na força de trabalho(12), e, nesta esteira, a presença de crianças pequenas no domicílio é uma característica importante na determinação da ocupação feminina.

Em 2019, no Brasil, entre mulheres que viviam em lares com crianças de até 3 anos, pouco mais da metade estava efetivamente ocupada (54,6%). Em lares sem crianças nessa faixa etária, o nível de ocupação das mulheres era de 67,2%. Já o nível de ocupação dos homens, para o mesmo período, apresentou-se bastante superior ao das mulheres em ambas as situações, sendo inclusive maior entre os homens com crianças de até 3 anos de idade vivendo no domicílio(13) (IBGE, 2021).

No trabalho formal, segundo pesquisa realizada por Cecilia Machado e Valdemar Rodrigues de Pinho Neto, da Fundação Getúlio Vargas (FGV) (2016), 48% das mulheres brasileiras saem de seus empregos um ano após retornarem da licença-maternidade, sendo a maioria dessas trabalhadoras desligada das empresas imotivadamente. O estudo também aponta que a participação no mercado de trabalho para mulheres entre 25 e 44 anos diminui de 65% para 41% após elas se tornarem mães. Desse total, apenas 28% trabalham com jornada semanal de 35 horas ou mais. Ao fazer um comparativo desses dados em relação à participação dos homens é possível notar que, na mesma faixa etária, 92% dos homens que têm filhos(as) de até um ano continuam ativos no mercado, sendo que 82% trabalham 35 horas ou mais em jornadas semanais.

Outros levantamentos mostram que 30% das mulheres empregadas deixam o mercado de trabalho para cuidar dos filhos e filhas, enquanto que, entre os homens, esse número é quatro vezes menor, atingindo 7%. O desenvolvimento da carreira das mulheres também é diretamente impactado após a maternidade: dados indicam que 47% de mulheres trabalhadoras que são mães já abriram mão de algumas oportunidades de

(12) Ana Luiza Neves de Holanda Barbosa (2014, p. 36) observa que a presença de filhas adolescentes pode gerar incentivos na participação da mulher no mercado de trabalho, na medida em que haveria uma realocação das obrigações domésticas entre mãe e filha (para o cuidado da casa e dos/as filhos/as menores, por exemplo). De toda sorte, na linha da presente pesquisa, compreende-se que, nessas situações, se repetiria o ciclo vicioso da permanência das atribuições de cuidado nas mãos das mulheres.

(13) O nível de ocupação de homens com crianças de até 3 anos vivendo no domicílio foi de 89,2%, e, sem crianças, 83,4% (IBGE, 2021).

empregos melhores e de promoções por saberem que teriam dificuldades em conciliar filhos(as) e a vida profissional (CARMO, 2022).

Nota-se, ainda, que a rotatividade entre as mulheres de dentro para fora do setor formal também é bastante alta e, consoante aponta Marcelo Medeiros, essa questão tem a ver com "padrões diários" a que estão submetidas as mulheres e com a maternidade: "o mecanismo para essas mulheres (gestantes), principalmente quando são de populações mais pobres, é sair do mercado, retornar primeiro para uma atividade informal e depois retornar para uma atividade de emprego formal, quando é possível. Se não, fica oscilando entre informal e formal", em um ciclo que perdura por anos, sendo a tendência que a mulher permaneça no setor informal (MEDEIROS, M., 2021, n.p.).

Além dos aspectos mencionados, Laís Wendel Abramo (2007, p. 53 e 18) destaca que a maternidade é significativa na formação de estereótipos que generalizam um senso comum de menor rendimento da mulher, maior absenteísmo, menor produtividade, em que pese sejam essas suposições não comprovadas por dados objetivos. No imaginário empresarial e social, a mulher, diante do papel de mãe que lhe é construído, é compreendida como uma força de trabalho secundária, que apresenta um comportamento pouco adequado ao trabalho, traduzido em um baixo grau de compromisso com o empregador, na impossibilidade de fazer horas extras, trabalhar em turnos noturnos e viajar, o que justificaria a exclusão feminina de determinados postos e funções e de cargos de gestão e alta hierarquia:

> A questão da ***maternidade*** é central na produção da imagem secundarizada da mulher como trabalhadora (e no mundo público em geral). É essa diferença intransferível entre homens e mulheres que as torna uma trabalhadora de "segunda categoria", que torna a mulher no trabalho um indivíduo sempre meio inadequado, sempre meio *fora do lugar* (ABRAMO, 2007, p. 53, grifos originais).

Com efeito, a maternidade se relaciona muito com as desigualdades de gênero que se verificam no mercado de trabalho. Os impedimentos gerados pela responsabilização atribuída às mulheres nos cuidados com os filhos e filhas e os estigmas e preconceitos daí advindos acabam por refletir na redução da empregabilidade da força de trabalho feminina, em menores remunerações e nas perspectivas do desenvolvimento da carreira profissional das trabalhadoras. A maternidade, por conta da má distribuição de papéis de gênero que ainda perdura na sociedade brasileira, pesa sobre a mulher, trazendo-lhe efeitos prejudiciais no que tange à sua inclusão, permanências e ascensão no mercado de trabalho (LOPES, 2006, p. 428).

De tudo quanto exposto, colige-se que a análise da situação da presença feminina no mundo do trabalho passa, necessariamente, por uma revisão das funções sociais da mulher. A divisão sexual do trabalho que se mantém, implica em uma condição do trabalho remunerado das mulheres ainda distante da posição ocupada por homens, sendo "tempo livre e renda" eixos fundamentais dessa distância (BIROLI, 2018, p. 30). É preciso refletir sobre quão deletérias são as consequências da dedicação exclusiva feminina ao trabalho não remunerado, principalmente em termos da escassez de tempo livre que essa circunstância acarreta às mulheres, da falta de acesso a espaços sociais e a direitos que normalmente acompanham o contingente feminino, da perda de autonomia financeira e da pobreza (RAMOS, 2009, p. 865).

1.3.2. Segregação ocupacional

Na análise das desigualdades estruturais enfrentadas pelas mulheres no mercado laboral, outro obstáculo a ser considerado diz respeito à segregação ocupacional ou segregação setorial por gênero.

Fenômeno que se refere à forma como as mulheres se distribuem entre as diversas categorias laborais em comparação com os homens (SALAS; LEITE, 2007, p. 242 e 257; FERNANDEZ, 2019, p. 88), manifesta-se por duas formas de expressão: a segregação horizontal, que implica na distribuição diferenciada dos sexos em ocupações e nichos de atividades; e a segregação vertical, que reflete as dificuldades que as mulheres enfrentam na ascensão a cargos de maior remuneração, prestígio e responsabilidade (VIEIRA, 2015, p. 506; CALIL, 2007, p. 109).

Sob qualquer uma de suas nomenclaturas, o processo de segregação e o persistente padrão de participação feminina no mercado de trabalho evidenciam a vulnerabilidade das mulheres no âmbito laboral, determinada pelo condicionamento imposto pela divisão sexual do trabalho.

1.3.2.1. Segregação ocupacional horizontal

A segregação ocupacional horizontal, de acordo com Denise Pasello Valente Novais (2005, p. 48), é observada quando se verifica a colocação de mulheres em ocupações consideradas mais femininas, enquanto que outros trabalhos são tidos por tipicamente masculinos, em função das características atribuídas culturalmente aos gêneros. Nessa esteira:

> A segregação horizontal do mercado de trabalho determinada com base em estereótipos de gênero faz que as mulheres fiquem concentradas em ocupações derivadas das funções de reprodução social, ligadas ao trabalho doméstico e ao cuidado — nos setores de educação, saúde, serviços sociais e serviços domésticos —, ou em atividades que requeiram qualidades estimuladas na socialização das meninas, como paciência, docilidade, meticulosidade e delicadeza (CNJ, 2021, p. 115).

Bárbara Ferrito pondera tratar-se da afirmação da lógica da separação, que fundamenta a divisão sexual do trabalho, validando a existência de trabalhos que são percebidos como próprios às mulheres, bem como de trabalhos que são vistos como específicos aos homens (FERRITO, 2021, p. 54).

Há uma série de ocupações que tradicionalmente são concebidas como adequadas às mulheres, de modo que outras, não. No primeiro grupo, podem ser elencadas atividades que acabam por reproduzir as funções que já são delegadas às mulheres no âmbito do lar, nas atividades de reprodução social, tais como as ocupações de doméstica, diarista, enfermeira, babá, garçonete, comissária de bordo, professora, cuidadora de idosos, recepcionista e secretária. Já no segundo grupo, formado por trabalhos socialmente inadequados às mulheres, especificam-se ocupações que refogem aos estereótipos femininos familiar e doméstico, como piloto de aeronaves, cirurgiões ou cientista (FERNANDEZ, 2019, p. 86-87), majoritariamente, portanto, executadas por homens.

No Brasil, esse quadro é bastante evidente, constatando-se as mulheres maciçamente ocupadas em funções enviesadas pelos afazeres da reprodução social. O trabalho doméstico remunerado, por exemplo, absorveu, no ano de 2019, 6,3 milhões de pessoas, sendo que 5,8 milhões eram mulheres, ou seja, 92% do contingente apresentado[14] (IBGE, 2020). Entre as babás, esse percentual foi ainda maior (96,4%) (PERISSÉ; LOSCHI, 2019, p. 24). Do mesmo modo, na educação, as professoras infantis mulheres formaram a quase totalidade do setor (97,3%) (PERISSÉ; LOSCHI, 2019, p. 24).

Insta ressaltar que o trabalho doméstico remunerado teve, no país, entre 2012 a 2018, o menor rendimento médio mensal em comparação a todas as outras atividades econômicas (como indústria, comércio, construção civil, serviços e etc.), equivalendo a pouco mais de 40% do rendimento médio mensal total da população brasileira ocupada (IBGE, 2019). Deve-se também pontuar que, apesar de em 2013 (apenas em 2013, diga-se) os direitos trabalhistas terem se estendido às(aos) trabalhadoras(es) domésticas(os) com a Emenda Constitucional n. 72, ainda se verifica alto índice de precarização nesse ramo de atividade: dentre as mulheres que se ocupavam, em 2019, do trabalho doméstico remunerado, 73,3% não possuíam carteira de trabalho assinada (IBGE, 2020). Nesse aspecto, sem proteção trabalhista, a contribuição previdenciária acaba por ser de responsabilidade própria das trabalhadoras, que acabam, muitas vezes, não as realizando: de acordo com dados do Departamento Intersindical de Estatística e Estudos Socioeconômicos — DIEESE (2019), somente na Região Metropolitana de São Paulo, 87,8% das domésticas mensalistas sem registro formalizado não contribuíram para a Previdência Social e, para diaristas, este número ficou na casa de 79,1%.

É possível se identificar a segregação horizontal também na concentração de mulheres e homens entre setores econômicos diversos (BRUSCHINI, 1998, p. 10-11).

(14) Somente 502 mil trabalhadores eram homens (IBGE, 2020).

Tradicionalmente, as mulheres se concentram mais no setor terciário da economia, de serviços, também diante de sua similitude com as tarefas que elas desempenham no espaço privado da residência (FERNANDEZ, 2019, p. 88).

No mercado nacional, segundo dados extraídos da Relação Anual de Informações Sociais (RAIS) para o ano de 2019, de um estoque de 20.155.087 trabalhadoras, 67,7% das mulheres estavam empregadas no ramo de serviços, sendo as áreas da saúde e educação as que absorveram uma expressiva parcela da força de trabalho feminina em empregos formais(15). Já os setores da indústria, da construção e da agropecuária, no mesmo período, tenderam a concentrar proporcionalmente mais a população masculina(16).

Adicionalmente, a segregação horizontal pode ser constatada no que pertine às áreas de conhecimento para as quais as mulheres se voltam majoritariamente (VIEIRA, 2015, p. 507). Segundo Nanci Stancki, "a discussão da divisão sexual do trabalho envolve outra divisão — a divisão sexual dos processos de formação profissional que podem ser um lugar da construção da incompetência das mulheres para determinadas áreas" (STANCKI, 2003, p. 7). A associação do gênero feminino ao trabalho de cuidado influencia as trajetórias e escolhas das mulheres no tocante à formação superior, em uma persistência de "guetos femininos" que se reproduzem, posteriormente, no mercado de trabalho (BRUSCHINI; LOMBARDI, 2002, p. 167)(17).

Nessa senda, Carlos Salas e Marcia Leite (2007, p. 249) ressaltam que as mulheres estão concentradas em ocupações que remetem ao imaginário social de que o trabalho de cuidar se constitui uma incumbência essencialmente feminina, não apenas por questões de políticas empresariais, mas também por conta da própria busca que as trabalhadoras realizam por colocações profissionais em carreiras identificadas com tal concepção. O Censo da Educação Superior 2019 mostrou que, no Brasil, as mulheres correspondiam, no período, a apenas 13,3% das matrículas nos cursos presenciais de graduação na área de Computação e Tecnologias da Informação e Comunicação, e 21,6% na área de Engenharia e profissões correlatas. Já nas áreas relacionadas ao cuidado, a participação feminina

---

(15) No ramo da saúde, as mulheres, em 2019, representaram 1.845.350 de vínculos de empregos formais ativos frente a 580.245 de vínculos formais de homens, o que indica uma participação da força de trabalho feminina em tal setor bem maior que a da força laboral masculina. Da mesma forma, na educação, a força de trabalho formal feminina foi superior à força masculina em cerca de 75% (RAIS, 2019).

(16) Na indústria, os vínculos formais de emprego de homens totalizaram 5.355.466 postos de trabalho em 2019 frente a um estoque de 2.116.935 de posições de trabalho ocupadas por mulheres. O mesmo fato ocorreu na construção, com 1.782.357 de vínculos formais masculinos e somente 205.033 vínculos femininos, e na agropecuária, com 1.236.345 de contratos formais de trabalho para os homens e apenas 237.450, para mulheres (RAIS, 2019).

(17) Cristina Bruschini e Maria Rosa Lombardi (2002, p. 167-168) também notam que a escolha de mulheres por áreas vistas como essencialmente femininas persiste igualmente no ensino técnico e profissional.

mostrou-se muito maior. Na área de Bem-Estar, que inclui cursos como Serviço Social, o índice de mulheres matriculadas foi de 88,3% (IBGE, 2021)[(18)].

Fato é que, como evidenciam Cristina Bruschini e Maria Rosa Lombardi, "a sexualização das ocupações é um processo que se forma ainda nos bancos escolares, com efeitos perversos sobre a inserção feminina posterior no mercado de trabalho" (BRUSCHINI; LOMBARDI, 2002, p. 169).

Conforme Fúlvia Rosemberg:

> [...] da mesma forma que o mercado de trabalho, o ensino formal, em seus diversos níveis, apesar da igualdade constitucional de oportunidades educacionais entre homens e mulheres, e da miscigenação sexual teórica e legal das escolas, vem atuando no sentido de segregar os sexos por ramos e áreas de conhecimento. A consequência direta em termos de trabalho profissional é que este sistema vem fornecendo (pelo menos) argumentos para a segregação ocupacional, que constitui um fator limitador da participação da mulher na força de trabalho (ROSEMBERG, 1994, p. 10).

Sob todos os aspectos apresentados, evidenciam-se que permanecem, no mercado laboral, elementos estruturais que associam as mulheres a ocupações vinculadas à atenção, ao cuidado e às atividades domésticas (NOVAIS, 2005, p. 48). As mulheres ainda desempenham, em grande medida, atividades relacionadas a seu "papel tradicional" de responsáveis pelos afazeres de reprodução social (GALEAZZI *et al.*, 2003, p. 10).

Contribuindo com esse processo de "reducionismo do trabalho feminino remunerado" (NOVAIS, 2005, p. 48), há também a questão da fragilidade da mulher que permeia o consciente coletivo social e que, conforme menciona Reginaldo Guiraldelli (2012, p. 717), reforça os espaços ocupacionais de homens e mulheres no mundo do trabalho, os associando, em muitas vezes, à força física e demais habilidades, e servindo, assim, como mecanismo de solidificação de relações de gênero hierarquizadas:

> [...] sustenta-se o discurso do trabalho pesado para os homens e do trabalho leve para as mulheres, ou seja, relaciona a força física, a coragem, os trabalhos sujos e insalubres como atributos masculinos e sinônimos de virilidade em contraposição aos trabalhos delicados e leves ligados aos atributos femininos (GUIRALDELLI, 2012, p. 716).

(18) Para além da questão do cuidado, cabe observar que a área de ciência e tecnologia são tidas como de domínio dos homens, dado o senso comum que considera que características compreendidas como masculinas, como maior habilidade com cálculos, levariam a esse encaminhamento (STANCKI, 2003, p. 7-9).

A masculinização e a feminização de tarefas são construídas e associadas às representações sociais do masculino e do feminino, respectivamente (STANCKI, 2003, p. 3). Nessa percepção, Helena Hirata destaca que são atribuídas aos homens tarefas mais pesadas, sujas e penosas e, às mulheres, trabalhos limpos e leves:

> O estudo das atividades de trabalho segundo o sexo e o par masculinidade/virilidade e feminilidade desvenda o poder dos estereótipos sexuados no trabalho (a virilidade é associada ao trabalho pesado, penoso, sujo, insalubre, algumas vezes perigoso, trabalho que requer coragem e determinação, enquanto que a feminilidade é associada ao trabalho leve, fácil, limpo, que exige paciência e minúcia) (HIRATA, 1995, p. 42-43).

Helena Hirata (1995, p. 45) ainda observa que, constantemente, são relegados às mulheres trabalhos manuais e repetitivos, enquanto que aos homens se designam trabalhos que requerem conhecimentos técnicos. Nesse contexto, Regina Stela Corrêa Vieira (2015, p. 507) problematiza que a tendência é a de que novas tecnologias ampliem a marginalização ocupacional de mulheres não qualificadas, na medida em que venham a eliminar postos de trabalho não qualificados, restando aqueles marcados por atividades repetitivas e minuciosas, os quais prevalecentemente empregam mulheres. Cabe ressaltar, por oportuno, a existência de uma maior incidência das lesões por esforços repetitivos (LER/DORT) em mulheres trabalhadoras, "o que se deve não a uma maior sensibilidade ao adoecimento, mas devido à organização do trabalho e à segregação de grande parte das mulheres em profissões monótonas, que exigem gestos repetitivos e atenção redobrada" (VIEIRA, 2014, p. 20).

A atribuição de ocupações como sendo tipicamente femininas influencia as contratações, as remunerações e até mesmo a percepção que as próprias trabalhadoras têm sobre si mesmas e seus papéis, diante da naturalização de uma subordinação que é construída socialmente (CNJ, 2021, p. 25-26).

Os postos de trabalho considerados femininos se destacam em funções de menor prestígio e valoração coletiva, com baixa perspectiva de salário e promoção, além de, em regra, denotarem maiores índices de precariedade e menor cobertura social, em um desequilíbrio prejudicial à mulher no campo laboral (BARROS, 1995, p. 226; FERNANDEZ, 2019, p. 89).

Lea Elisa Silingowshi Calil salienta, a respeito, que:

> A formação e persistência de guetos de trabalho diferenciados por sexo é um problema na medida em que esta diferenciação permite que se formem verdadeiros bolsões de ramos de emprego onde se pode pagar salários menores às mulheres [...] sem que, aparentemente, haja diferença em relação aos salários pagos aos homens, vez que inexistem homens trabalhando naquele setor ou ramo de atividade (CALIL, 2007, p. 109).

A desvalorização do trabalho realizado por grande parte das mulheres, especialmente quando relacionado ao cuidado, deriva do pressuposto de que as competências que são exigidas para o exercício de funções consideradas femininas "são da mesma natureza, se não simples prolongamentos, das aptidões desenvolvidas na esfera doméstica" (RIBAULT, 2012, p. 124). Qualidades como zelo, paciência, destreza, organização e rapidez são compreendidas como inatas às mulheres e, portanto, desvalorizadas em um mercado de trabalho que é sexista (CNJ, 2021, p. 115).

A metáfora do "piso pegajoso" (*sticky floor*) refere-se exatamente à dificuldade que as mulheres, concentradas em ocupações menos valorizadas economicamente, encontram para alterar essa situação (FERNANDEZ, 2019, p. 89). As mulheres, sobre-representadas em trabalhos mais precários e com salários mais baixos, têm poucas perspectivas de mobilidade para deixarem essas posições (CNJ, 2021, p. 26; ENRÍQUEZ, 2012, p. 147).

Para finalizar este tópico, é interessante aventar, como pontua Bárbara Ferrito (2021, p. 56), que, muitas vezes, o argumento que se coloca para justificar a exclusão feminina de determinados nichos mercadológicos é ligado à escolha das próprias mulheres. Contudo, reduzir o debate da questão apenas a esse elemento, significa ignorar as verdadeiras condições nas quais os postos de trabalho são ofertados à mão de obra feminina e as dificuldades enfrentadas pelas trabalhadoras para a sua inserção ocupacional. É fundamental superar o fundamento de que a ausência das mulheres no mercado de trabalho é decorrente apenas de sua vontade, a fim de que se possa analisar verdadeiramente as condições de trabalho impostas e, assim, se construir um contexto de oferta de emprego equitativo para todos, trabalhadoras e trabalhadores (FERRITO, 2021, p. 58).

1.3.2.2. Segregação ocupacional vertical

Ao lado da segregação horizontal, a segregação vertical do mercado laboral opera com as mulheres ocupando posições menos valorizadas e distantes de cargos de gestão, enquanto os homens assumem melhores empregos e postos de chefia (CALIL, 2007, p. 109).

A divisão sexual das tarefas em termos verticais, manifestação conhecida como "teto de vidro", cria desvantagens às mulheres em comparação aos homens, no que pertine aos salários, ascensão profissional e condições de trabalho (VIEIRA, 2015, p. 507).

O conceito de teto de vidro (*glass ceiling*), de acordo com Léa Elisa Silingowshi Calil (2007, p. 69), foi introduzido na década de 80 nos Estados Unidos, sendo definido como uma barreira que, por ser tão sutil, é transparente, mas, ao mesmo tempo, suficientemente forte de modo a impedir a ascensão de mulheres a níveis mais altos da hierarquia organizacional e, portanto, de obterem melhores remunerações:

> [...] a expressão teto de vidro encerra vários significados, já que representa uma barreira que não é natural, mas que foi colocada lá para impedir que

> mulheres ascendam hierarquicamente nas empresas que trabalham por fatores diversos daqueles que realmente poderiam impedir um trabalhador de ser promovido, como seu desempenho e comprometimento com o trabalho. Todavia, representa uma barreira invisível, que, aparentemente, não está lá, ou seja, teoricamente, dentro das empresas, as mulheres podem alcançar os cargos mais altos [...], mas a realidade não é assim (CALIL, 2007, p. 70).

Diferentemente da segregação horizontal, a qual estabelece nitidamente ocupações que as mulheres não podem desempenhar, a segregação vertical cria uma falsa sensação de liberdade, como se as mulheres pudessem alcançar todas as possibilidades de trabalho que sua capacidade permitisse, impedindo, porém, essa ascensão ao mesmo tempo em que mantém o discurso da igualdade de oportunidades (FERRITO, 2021, p. 60). Em uma cultura de privilégios, os homens são tidos como pertencentes a um grupo dominante ao qual são garantidas vantagens apenas em função do *status* que possuem, muito embora sejam as benesses vistas como decorrentes do esforço próprio e pessoal. As mulheres, por outro lado, despossuídas de privilégios, estariam em situação de inferioridade social por carecerem de atributos e habilidades pessoais. Trata-se, portanto, de um discurso que acoberta a distribuição desigual de vantagens simbólicas (MOREIRA, 2017, p. 146).

Assim, o teto de vidro (ou "teto de cristal", para usar a nomenclatura adotada por Bárbara Ferrito, 2021, p. 59-60) refere-se à escassez de mulheres nos níveis superiores de organizações, em razão de fatores invisíveis que as mantêm longe do topo. A nomenclatura sugere que é pouco provável que estas influências ocultas desapareçam ao longo do tempo, pois um teto não é uma estrutura que se dissipe naturalmente. Ainda, o termo revela que, embora reste comprovado que a qualificação de mulheres seja, no mínimo, semelhante à dos homens, um teto é algo que mantém as pessoas para baixo, apesar de sua competência (VALIAN, 1999, p. 1).

No Brasil, é notória a sub-representação feminina nos altos postos de comando de carreiras executivas. Segundo o Instituto Brasileiro de Geografia e Estatística (IBGE), no ano de 2019, 62,6% dos cargos gerenciais eram ocupados por homens, enquanto somente 37,4% desses cargos eram preenchidos por mulheres (IBGE, 2021). É importante notar que a ausência de mulheres nas esferas diretivas dos postos de trabalho não pode ser justificada por uma eventual maior qualificação profissional dos homens, na medida em que as mulheres possuem melhores indicadores de ensino superior completo e frequência escolar no ensino médio no país (IBGE, 2021)[(19)].

---

(19) Entre a faixa etária de 25 a 34 anos, por exemplo, 25,1% de mulheres possuíam o ensino superior completo frente a 18,3% de homens, segundo dados da Pesquisa Nacional por Amostra de Domicílios (PNAD) contínua de 2019. Da mesma forma, a taxa de frequência escolar de mulheres no ensino médio, para o mesmo período, foi de 76,4%, enquanto a de homens, 66,7% (IBGE, 2021).

A pequena representatividade de mulheres em posições de poder e decisão é chamada por Mônica de Melo, Marcelo Nastari e Letícia Massula de "fenômeno da masculinização do comando e feminização da subalternidade": "Esse fenômeno demonstra que, mesmo frente aos espaços conquistados pelas mulheres na sociedade, o poder de mando permanece fiel à lógica da cultura patriarcal" (MELO; NASTARI; MASSULA, 2005, p. 1).

São múltiplos os fatores que mantém o teto de vidro no mercado de trabalho.

De acordo com Corina Rodríguez Enríquez (2012, p. 147), dentre os elementos que compõem a segregação ocupacional vertical, podem ser destacados: os estereótipos e preconceitos formados pela sociedade acerca das mulheres; as obrigações atribuídas à mulher em casa; a falta de oportunidade para as mulheres formarem experiência em gerenciamento e as culturas empresariais hostis[(20)].

Como discorre Regina Stela Corrêa Vieira:

> A crença de que mulheres não são capazes o suficiente para assumirem cargos de direção ou chefia — regida pelo estereótipo de que a competência para liderança é uma característica masculina e a presunção de que mulheres são menos dedicadas ao trabalho por "naturalmente" preocuparem-se mais com as questões domésticas — influencia no seu reconhecimento institucional, o que faz com que elas precisem, na maioria das vezes, esforçar-se mais que os homens nas mesmas funções, pois eles são os preferencialmente promovidos (VIEIRA, 2015, p. 508).

Bárbara Ferrito (2021, p. 60), a seu turno, também destaca que fatores como pausas na carreira para a maternidade, pobreza de tempo e a necessidade de equilibrar vida profissional e pessoal podem impedir ou retardar as oportunidades de promoção feminina.

O teto de vidro é hoje uma das principais consequências dos estereótipos de gênero no mercado de trabalho, pois impede a ascensão das mulheres com base em papéis sociais e pela falta de reconhecimento de suas habilidades e competências. A superação, ou ao menos o questionamento, desses estereótipos é fundamental para combater a desigualdade de gênero no ambiente laboral (FERRITO, 2021, p. 62).

Como último lanço, cabe referir que, ao lado do obstáculo do teto de vidro, verifica-se a ocorrência de outro fenômeno que dificulta ainda mais a carreira de mulheres em espaços organizacionais, chamado de "penhasco de vidro" (*glass cliff*), termo cunhado

---

(20) Corina Rodríguez Enríquez (2012, p. 147) também elenca a "falta de iniciativa e de espírito de liderança" às mulheres como elemento que integra as barreiras que compõe o fenômeno do teto de vidro. Todavia, na presente pesquisa, não se considera esse argumento, o qual se mostra eivado de sexismo e preconceito, desprovido de base científica.

por Michelle Ryan e Alex Haslam (2005). Nessa hipótese, verifica-se que, conforme as mulheres passam a galgar posições mais elevadas nas organizações, quebrando, portanto, o teto de vidro, elas encontram um abismo, na medida em que as posições de liderança a elas oferecidas muitas vezes estão associadas a um maior risco de fracasso (RYAN; HASLAM, 2005, p. 83). Tratam-se de situações em que as mulheres são lançadas a posições de liderança quando o cenário de uma empresa é de declínio ou crise, de maneira que o resultado negativo da gestão recairá automaticamente sobre elas, consoante ressaltam Mariana Rosa da Silva Alves e Fabio Vinicius de Macedo Bergamo:

> Ao longo dos anos algumas mulheres têm rompido barreiras e alcançado posições hierárquicas mais altas, as organizações sentem-se pressionadas para dar espaço a um maior número de mulheres nos cargos mais altos, porém, nota-se que grande parte dessas mulheres, assume estes cargos em que líderes masculinos já passavam por dificuldades de gestão. Tal cenário, dentro de um contexto de *Glass Cliff*, parece ensejar que muitas destas mulheres alcançam tais vagas apenas para que suas possíveis incompetências transpareçam e, portanto, seja provada sua incapacidade para ali estar (ALVES; BERGAMO, 2020, p. 4-5).

Esse modelo tem consequências bastante negativas às mulheres, que são vistas como responsáveis pelo fracasso, apesar de terem herdado uma situação de crise. É cediço que as mulheres enfrentam desafios maiores que os homens ao tentarem alcançar posições de liderança nas empresas. Outrossim, mesmo quando conseguem atingir essas posições, as mulheres são mais propensas a enfrentar escrutínio e críticas em comparação com os homens, mesmo desempenhando exatamente o mesmo papel de liderança. Não bastassem esses obstáculos, na ocorrência do penhasco de vidro, as posições de liderança ocupadas por mulheres são menos promissoras do que aquelas ocupadas por seus colegas masculinos. Com efeito, em tal circunstância, se uma mulher em posição de liderança falha (o que é mais provável, dada a precariedade de sua posição), toda a culpa e humilhação pelo desempenho negativo recaem sobre ela, a despeito das condições desfavoráveis de sua nomeação serem negligenciadas (RYAN; HASLAM, 2005, p. 88). Por consequência, reforça-se o estereótipo de que homens são melhores líderes do que as mulheres, gerando-se mais discriminação à força de trabalho feminina no mercado ocupacional.

1.3.3. Diferenças salariais

Se em qualquer uma das análises acima realizadas ficou evidente a diferença entre mulheres e homens no mercado de trabalho, um outro aspecto em que essa disparidade pode ser percebida com maior clareza reside na desigualdade salarial entre trabalhadoras e trabalhadores (CALIL, 2007, p. 110).

Desdobramento da condição social feminina construída como a principal responsável pelas tarefas domésticas e de cuidados da família, as mulheres ainda recebem salários mais baixos que homens no campo ocupacional.

De uma lista de 156 nações, o Brasil ocupa o 126º lugar em um ranking do Fórum Econômico Mundial (2021) sobre equidade salarial para trabalhos similares. Apesar de possuírem níveis mais elevados de instrução e escolarização(21), as mulheres recebem, no país, salários mais de 20% inferiores em relação aos homens. No ano de 2019, por exemplo, as trabalhadoras receberam uma remuneração equivalente a apenas 77,7% da remuneração percebida pelos homens, de acordo com dados do IBGE (2021): enquanto o rendimento médio mensal dos trabalhadores do sexo masculino foi de R$ 2.555,00, o das trabalhadoras foi de R$ 1.985,00 (IBGE, 2020). Entre grupos ocupacionais que auferem maiores rendimentos, como diretores e gerentes e profissionais das ciências e intelectuais, a desigualdade salarial, no período, foi ainda maior, e as mulheres receberam, respectivamente, 61,9% e 63,6% do rendimento dos homens (IBGE, 2021).

De acordo com Irene Maria Sassi Galeazzi et al. (2003, p. 30), os diferenciais de rendimentos do trabalho, indubitavelmente, representam o aspecto mais claro do padrão de desigualdade que caracteriza a relação social entre mulheres e homens e afeta a posição feminina no mercado de trabalho. Independentemente do recorte analítico adotado, como nível educacional, qualificação profissional, tipo de contrato ou forma de inserção na ocupação, idade, entre outros fatores, esse indicador revela uma realidade generalizada de ganhos inferiores para as mulheres.

Na mesma esteira, Cristina Bruschini (1998, p. 25) pondera que a desigualdade salarial enfrentada pelas mulheres não pode ser atribuída a fatores como setor econômico, número de horas trabalhadas, tipo de posição ou vínculo empregatício, ocupações comuns ou nível de instrução. Mesmo quando mulheres conseguem avançar na hierarquia corporativa, assumindo cargos de maior responsabilidade e de maiores ganhos, ainda assim, estão sujeitas a receber salários inferiores em comparação com seus colegas do sexo masculino.

O ordenamento jurídico pátrio garante a igualdade salarial entre mulheres e homens. A Constituição Federal de 1988 (CF/88), especificamente em seu art. 7º, inc. XXX, proíbe a diferença de salários por motivo de sexo. Do mesmo modo, a Consolidação das Leis

---

(21) A Pesquisa Nacional por Amostra de Domicílios (PNAD) contínua de 2019 revelou que, entre os homens com 25 anos ou mais de idade, 15,1% tinham ensino superior completo. Já entre as mulheres da mesma faixa etária, 19,4% completaram o ensino superior. Também, 40,4% dos homens de 25 anos ou mais não tinham instrução ou possuíam apenas ensino fundamental incompleto, proporção que era de 37,1% entre as mulheres (IBGE, 2021).

do Trabalho (CLT) contém ao menos quatro dispositivos (arts. 5º; 76; 373-A e 461) em que determina que os salários devem ser iguais "sem distinção de sexo"(22)(23).

Mas, ainda assim, a desigualdade salarial entre trabalhadoras e trabalhadores persiste no Brasil.

Os modelos explicativos de inspiração feminista que procuram compreender tal iniquidade baseiam-se na tese de que as diferenças salariais entre mulheres e homens expressam um tratamento desigual e, logo, injusto para com indivíduos iguais ou potencialmente iguais, o que é salientado por Brena Paula Magno Fernandez:

> As diferenças no valor do salário entre gêneros, em uma grande parte das ocupações, não tem causa biológica relacionada às diferenças nas habilidades ou na força física entre os sexos, mas possui sim um caráter social ainda hoje vigente na maior parte das sociedades, relacionado à atribuição das tarefas de sustento da família ao homem e de cuidados domésticos e reprodução da força de trabalho à mulher (FERNANDEZ, 2019, p. 86-87).

A desigualdade salarial percebida entre mulheres e homens, portanto, é socialmente legitimada pela noção usual do salário feminino visto como renda complementar (CATTANÉO; HIRATA, 2009, p. 110). Persiste a concepção de família na qual o homem é o principal ou único provedor e a mulher, a responsável principal ou exclusiva pela esfera do cuidado doméstico e familiar, ou, no máximo, uma "provedora secundária", pelo que a renda por ela gerada também seria, por definição, secundária, complementar (ABRAMO, 2007, p. 17).

É preciso que se reverta a lógica de complementação salarial pelas mulheres para uma lógica de participação igualitária e também que os homens assimilem um caráter de coparticipação no espaço privado (BERTOLIN; CARVALHO, 2010, p. 202).

---

(22) Mais recentemente, a Lei n. 14.457/22, que instituiu o "Programa Emprega + Mulheres" (a respeito do qual oportunamente se tecerá mais considerações), reforçou as disposições celetistas sobre igualdade salarial entre trabalhadoras e trabalhadores, dispondo que: "Art. 30: Às mulheres empregadas é garantido igual salário em relação aos empregados que exerçam idêntica função prestada ao mesmo empregador, nos termos dos arts. 373-A e 461 da Consolidação das Leis do Trabalho, aprovada pelo Decreto-lei n. 5.452, de 1º de maio de 1943".

(23) Em 04/05/2023, a Câmara dos Deputados aprovou o Projeto de Lei n. 1085 que exige das empresas publicação de relatórios sobre igualdade salarial entre mulheres e homens, além de estabelecer multa para assegurar o cumprimento da isonomia remuneratória. Dentre outras medidas. o texto aponta também outros meios para se atingir a igualdade salarial, tais como: a disponibilização de canais específicos para denúncias; promoção e implementação de programas de diversidade e inclusão no ambiente de trabalho por meio da capacitação de gestores, lideranças e empregados(as) sobre a temática da equidade entre mulheres e homens no mercado de trabalho, com aferição de resultados; e o fomento à capacitação e formação de mulheres para ingresso, permanência e ascensão no mercado de trabalho em igualdade de condições com os homens.

Segundo relatório da Organização Internacional do Trabalho (OIT, 2003, p. 54-55), um outro fator determinante do desnível salarial entre os sexos se deve à ideia de que a contratação de mulheres implica em aumento de custos ao empregador, estes relacionados a uma série de aspectos, tais como licença-maternidade; maior nível de absenteísmo; pouca disponibilidade para cumprimento de horas extras; menor compromisso e interesse para com o trabalho e mobilidade mais restrita que a dos homens. Como ressalta Laís Wendel Abramo (2007, p. 60-61), essas percepções estão centralmente relacionadas à maternidade e à maior atribuição da mulher à questão do cuidado, aspectos que tendem a ser entendidos como limitadores da inserção adequada da força de trabalho feminina no mercado. Com efeito, apesar de se tratar de uma compreensão simplista e estereotipada, sem embasamento científico, sendo certo também que a maior parte dos custos da maternidade é de responsabilidade do Estado(24), na visão empresarial as mulheres não merecem tanto investimento.

Adicionalmente, conforme colocam Luisa Rabioglio Cotrim, Marilane Oliveira Teixeira e Marcelo Weishaupt Proni (2020, p. 19), a desigualdade de salários decorre do baixo valor atribuído ao labor feminino, refletindo, assim, a divisão sexual histórica entre os sexos. Nesse sentido, pontua Bárbara Ferrito (2021, p. 58) que a "brecha salarial" ou "hiato salarial" representa a diferença de remuneração paga a trabalhadoras e trabalhadores, em razão do gênero. Refere-se à aplicação da dialética da hierarquia, fundante da divisão sexual do trabalho, pela qual o trabalho dos homens tem mais valia que o das mulheres. Em tal perspectiva, Nanci Stancki (2003, p. 5-6) observa que, quando uma profissão se torna predominantemente feminina, é comum que ocorra uma desvalorização da atividade e uma redução nos salários.

Irene Maria Sassi Galeazzi *et al.* (2003, p. 34) também ponderam que a desigualdade de salários entre mulheres e homens pode ser explicada pela persistência de segregações ocupacionais e setoriais no mercado de trabalho, bem como pelas formas de inserção ocupacional feminina, circunstâncias que já analisadas anteriormente. Na divisão social e sexual do trabalho, baseada no princípio da separação, mulheres e homens não exercem os mesmos tipos de trabalho e não se distribuem de maneira uniforme entre os setores da atividade econômica. O que se nota é que as mulheres estão concentradas em setores menos valorizados do mercado, como o de serviços e nos trabalhos domésticos, em ocupações que se aproximam do papel relacionado à esfera reprodutiva culturalmente a elas atribuído. Exatamente por esse motivo, a essas ocupações são atribuídos menor *status*

(24) Não é demais ressaltar que a legislação brasileira vigente estabelece que os benefícios médicos (assistência médica à gravidez e ao parto) e monetários (salário-maternidade) relacionados à maternidade não são financiados diretamente pelos empregadores, mas sim pela Previdência Social. O custo direto do salário-maternidade não recai sobre empregadores e as contribuições dos empregadores ao sistema previdenciário, incluindo as referentes à maternidade, não estão relacionadas ao número ou à idade das mulheres que empregam, mas ao número total de trabalhadores (de ambos sexos). De tal forma, o custo direto dos benefícios sociais da maternidade não incide de forma diversa nos custos do trabalho de mulheres e homens (ABRAMO, 2007, p. 138-139).

e menor valor, traduzido por rendimentos inferiores. De igual maneira, as mulheres se ocupam, majoritariamente, em modelos contratuais flexibilizados, em posições menos formalizadas e precarizadas, com reduzidas oportunidades de desenvolvimento e ascensão ocupacional, decorrendo daí rendimentos do trabalho significativamente mais baixos do que os auferidos pelos homens. Dessa análise, mais uma vez se verifica que a disparidade na valoração entre os trabalhos feminino e masculino pouca (ou nenhuma) relação têm com habilidades ou atributos naturais ou adquiridos que fundamentem tratamento desigual (GALEAZZI *et al.*; 2003, p. 34).

Enfim, Bárbara Ferrito (2021, p. 59) menciona que a questão da diferença salarial entre os sexos pode ser percebida sob uma concepção mais longa temporalmente, considerando-se a carreira das mulheres: intercorrências ao longo da vida profissional, como maternidade, cuidados com filhos(as) e idosos, e preterição em promoções, podem resultar em uma redução salarial ao longo da carreira.

A verdade é que todo esse processo de inclusão das mulheres em trabalhos desvalorizados e desprotegidos contribui para a chamada "feminização da pobreza", consoante sopesa Léa Elisa Silingowshi Calil:

> A diferenciação de salários pagos por igual trabalho, seja entre homens e mulheres ou por qualquer outro critério que reflita preconceito, é uma das formas mas cruéis de discriminação que existem, pois condena, de antemão, a parcela da população discriminada a uma vida como cidadãos de segunda categoria e perpetua os ciclos de pobreza e exploração ao diminuir a possibilidade de distribuição de renda por meio do trabalho (CALIL, 2007, p. 111).

Conceito que traduz a ideia de que as mulheres, ao longo do tempo, vêm se tornando mais pobres do que os homens, trata-se de um fenômeno intimamente relacionado ao modo de participação feminina no mercado de trabalho, que pode ser atribuído aos seguintes motivos: (a) prevalência de mulheres em trabalhos em tempo parcial ou temporários; (b) discriminação salarial; (c) concentração de mulheres em ocupações menos qualificadas e para as quais os salários são mais baixos; e (d) participação nos níveis mais baixos da economia informal (NOVELLINO, 2004, p. 2-3).

O índice de feminidade da pobreza adotado pela Organização das Nações Unidas (ONU)[25], por seu Observatório de Igualdade de Gênero da América Latina e do Caribe, sinaliza que, no Brasil, em 2019, para cada 100 homens vivendo em lares pobres, havia

(25) O índice de feminidade da pobreza compara o percentual de mulheres pobres na faixa etária de 20 a 59 anos em relação aos homens pobres na mesma faixa etária. Trata-se de indicador que aponta que os esforços de redução da pobreza em uma determinada região não beneficiaram mulheres e homens de maneira igualitária, de modo que os lares pobres concentram uma maior proporção de mulheres em idade de maior demanda produtiva e reprodutiva (ONU 2019).

118,5 mulheres nesta mesma situação. Este dado evidencia a falta de autonomia econômica das mulheres no país, as quais, na ausência de outras fontes de renda provenientes de membros da família, são mais propensas a estarem em situação de pobreza, situação que é ainda mais agravada em lares com maior presença de crianças (ONU, 2019).

No mesmo período, segundo dados do IBGE (2019), nos domicílios brasileiros com arranjos familiares compostos por mulheres sem cônjuge e com filho(s) de até 14 anos, aproximadamente 40% de seus integrantes estavam abaixo da linha de pobreza, nos casos em que mulheres brancas eram responsáveis pela família. Esse número chegou a 63% quando a família era chefiada por mulheres pretas ou pardas, sem companheiros e com filhos(as). Nota-se, aqui, que os impactos das relações de gênero trazem consequências que ultrapassam a população feminina e recaem, principalmente, sobre crianças e adolescentes, levando ao comprometimento, portanto, do futuro da população como um todo (BERTOLIN; CARVALHO, 2010, p. 203).

Vale ressaltar que a desigualdade de renda importa em menores recolhimentos previdenciários e, por conseguinte, menores benefícios sociais (FERRITO, 2021, p. 71). Os obstáculos impostos à força de trabalho feminina no mercado laboral intensificam as dificuldades que as mulheres enfrentam para adquirir os pré-requisitos necessários a uma proteção social adequada no fim de suas vidas ocupacionais. A permanência da divisão sexual do trabalho, que ainda impõe às mulheres a responsabilidade pelos afazeres domésticos e pelas tarefas de cuidados com a família, impede-as de construir uma trajetória laboral com mais qualidade. Em conseguinte, o fato de as mulheres terem menor envolvimento com a atividade econômica e trabalharem durante menos tempo e em piores condições faz com que sua contribuição para a Previdência também ocorra em situação desvantajosa (DIEESE, 2019).

Caminhando-se para o final deste capítulo, algumas observações se fazem ainda necessárias.

Em primeiro lugar, faz-se importante colocar que, nesta pesquisa, não se obliterou que a divisão sexual do trabalho como se desenha hoje não se coloca da mesma forma para todas as mulheres. Conforme Flávia Birolli:

> [...] o trabalho doméstico é realizado pelas *mulheres*, mas isso não significa que seja realizado nas mesmas condições por mulheres brancas e negras, pelas mais ricas e pelas mais pobres [...]. Ao mesmo tempo, o acesso ao trabalho também se dá de forma distinta, segundo raça, posição de classe e nacionalidade, se levarmos em conta os fluxos migratórios. Na conexão entre divisão sexual do trabalho não remunerado e trabalho remunerado, a vida das mulheres se organiza de maneiras distintas, segundo a posição que elas ocupem em outros eixos nos quais se definem vantagens e desvantagens (BIROLI, 2018, p. 35-36).

Mulheres brancas e de maior renda têm melhores condições de se inserirem no mercado de trabalho e de ascenderem em suas carreiras, pois podem delegar as tarefas domésticas e de cuidado. A renda é um fator que impacta no nível da desigualdade entre as mulheres na execução do trabalho doméstico não remunerado, uma vez que permite acesso diferenciado a serviços de creches e à contratação de auxílio remunerado, possibilitando a delegação das atividades de cuidados de pessoas e/ou afazeres domésticos, sobretudo a outras mulheres, geralmente negras ou pardas e pobres. Cristina Bruschini e Maria Rosa Lombardi (2000, p. 101) destacam que as mulheres profissionais frequentemente se apoiam no trabalho de empregadas domésticas para poderem se dedicar às próprias carreiras. Mesmo quando as mulheres conseguem delegar o trabalho reprodutivo, havendo, então, um enfraquecimento de seus "papéis sociais", ainda assim essa realidade "é reflexo da concepção cultural de divisão dos espaços público e privado e, por sua vez, reflete a dificuldade da própria mulher de se desvencilhar do papel social que tradicionalmente lhe tem cabido" (BERTOLIN; CARVALHO, 2010, p. 201).

Assim, compreende-se que as mulheres não se encontram necessariamente em desvantagem. Entretanto, com base em todos os dados apresentados, é possível constatar que a vulnerabilidade é um traço marcante na maioria da população feminina brasileira, sendo esse o grupo de mulheres abordado nesta dissertação.

Como segundo ponto, tem-se a questão da interseccionalidade. As estatísticas que foram mencionadas neste capítulo se referem à população feminina brasileira em geral. De toda sorte, não se ignora que há diferenças que se acentuam na análise conjunta de sexo e cor ou raça, apontando-se situação de maior vulnerabilidade para as mulheres pretas ou pardas. Considerando-se uma perspectiva interseccional, é fundamental lembrar que as mulheres são afetadas de maneira diferenciada pelos marcadores sociais que as rodeiam, o que se reflete nas expectativas e oportunidades de trabalho a elas disponíveis (CNJ, 2021, p. 25).

Com efeito, sabe-se que todos os indicadores sociais baseados em análises feitas a partir da desagregação de dados por cor ou raça evidenciam a intensificação e o aprofundamento de dinâmicas de desigualdade social que estruturam a sociedade brasileira. Contudo, esses dados, unicamente por uma questão metodológica, não foram trazidos de forma detalhada nesta pesquisa.

Por fim, nota-se que os dados estatísticos indicados restringirem-se ao ano de 2019, porque, em 2020, o mundo passou a enfrentar uma pandemia causada pelo Coronavírus (Covid-19) e, com ela, a condição da mulher trabalhadora inevitavelmente se agravou, especialmente no Brasil, país marcado por tantas desigualdades sociais. Esse ponto específico não faz parte do recorte desta dissertação, mas não há como deixar de mencioná-lo, principalmente porque a pandemia aumentou o número de mulheres afastadas do trabalho remunerado, expostas a maior vulnerabilidade e pobreza, além de escancarar o fato de estarem tão presas à divisão sexual do trabalho reprodutivo.

A maior crise sanitária mundial dos últimos 100 anos, trouxe consequências danosas não só à saúde da população, mas também à economia. Tanto a queda da renda quanto a destruição de postos de trabalho atingiram recordes históricos no último ano da década atual, afetando mulheres e homens. No caso das mulheres, contudo, as consequências foram mais severas.

De acordo com o Relatório Global sobre a Lacuna de Gênero — *Global Gender Gap Report* (2021), do Fórum Econômico Mundial, o processo de busca pela paridade de gênero estagnou com a pandemia, mundialmente, aumentando o tempo estimado para se sanar a diferença global para 135,6 anos.

No Brasil, em uma comparação entre os anos de 2019 e 2020, o IBGE (2021) revelou como os efeitos deletérios da pandemia de Covid-19 no mercado de trabalho afetaram relativamente mais os grupos populacionais de maior vulnerabilidade e com menor escolaridade: dentre esses grupos, as mulheres sofreram as maiores reduções na taxa de ocupação (-10,9%), acima da média geral de –8,7% (considerados todos os níveis de instrução). Dados do DIEESE (2021) indicam que, entre o 3º trimestre de 2019 e 2020, o contingente de mulheres fora da força de trabalho aumentou 8,6 milhões, a ocupação feminina diminuiu 5,7 milhões e mais de 504 mil mulheres passaram a ser desempregadas.

De acordo com a pesquisa Estatísticas do Cadastro Central de Empresas — 2020 (Cempre 2020), divulgada pelo IBGE (2022), no que pertine aos empregos formais, mais de 70% dos 825,3 mil postos de trabalho perdidos entre 2019 e 2020 foram de mulheres, ou 593,6 mil. Esses dados refletem tanto o fato de que as atividades que mais perderam vagas são justamente aquelas com maior participação feminina, quanto por questões históricas de a mulher estar mais voltada para os cuidados com a família (PERDA..., 2022). No que se refere ao trabalho doméstico remunerado — maior nicho de ocupação remunerada feminina, conforme já mencionado — se em 2019 as mulheres eram 5,8 milhões de trabalhadoras, em 2020 esse número caiu para 4,5 milhões (IBGE, 2020 e 2021). Comparando-se esses números, pode-se concluir que, apesar de as mulheres permanecerem de forma massiva no trabalho doméstico remunerado, elas sentiram o forte efeito da pandemia em suas ocupações, uma vez que mais de 1 milhão delas perderam seus trabalhos.

Já o contingente de trabalhadoras informais, exceto as ocupadas em emprego doméstico, passou de 13,5 milhões para 10,8 milhões, indicando outro grupo expressivo que perdeu o trabalho e a renda (DIEESE, 2021).

Finalmente, para além da perda de postos de trabalho e da perda da renda, o isolamento social imposto como medida de combate à pandemia e a responsabilidade duas vezes maior por afazeres domésticos e cuidados não remunerados, afetou de maneira desproporcional as mulheres em comparação aos homens. Com profundas alterações nas dinâmicas de vida, de trabalho e de cuidado na sociedade, e ante a necessidade de interrupção de atendimentos presenciais em instituições como creches e escolas, a pandemia fez com que as mulheres sofressem uma sobrecarga ainda maior de trabalhos domésticos e de cuidado: 50% das mulheres brasileiras passaram a cuidar de alguém no período (SEM PARAR, 2020, p. 11). Dentre as mulheres que conseguiram manter seus empregos durante o surto de Coronavírus, 41% afirmaram trabalhar mais na quarentena: com atividades remuneradas realizadas de forma remota, no chamado *home office*, as jornadas de trabalho se estenderam. Além disso, as relações entre trabalho remunerado e atividades domésticas se sobrepuseram ainda mais e, se antes a delegação dos serviços domésticos era uma solução possível para algumas, a pandemia mostrou a intensificação do trabalho de *care* por parte das mulheres, já que as tarefas ainda não são distribuídas igualmente no ambiente doméstico (SEM PARAR, 2020, p. 13). A conciliação dos cuidados com os filhos e filhas fora da escola; a preocupação com os idosos sob sua responsabilidade; os afazeres domésticos e as longas jornadas trazidas pelo *home office* implementado por muitos empregadores, enfim, também tenderam a agravar problemas de saúde física e mental de muitas mulheres.

Feitas todas essas considerações, conclui-se, tomando das ponderações de Reginaldo Guiraldelli, que o mundo do trabalho atual se apresenta estruturado em "*tempos precarizados e sexuados* nas suas relações de produção, diante de postos de trabalho instáveis e oscilantes às prerrogativas do capital e de baixo custo da mão de obra feminina" (GUIRALDELLI, 2012, p. 719)[(26)].

A divisão sexual do trabalho está no cerne desse cenário onde as mulheres ocupam posição de desvantagem em comparação aos homens. Consoante ponderam Helena Hirata e Danièle Kergoat, "sempre que se tenta fazer um balanço da divisão sexual do trabalho em nossas sociedades, se chega à mesma constatação em forma de paradoxo: nessa matéria, tudo muda, mas nada muda" (HIRATA; KERGOAT, 2007, p. 597).

É preciso que se desconstrua esse paradoxo, buscando-se superar a divisão sexual do trabalho e a concepção de que o trabalho feminino é inferior ao trabalho masculino e que o trabalho da mulher não deve ser valorizado como o trabalho do homem. É primordial se sedimentar que não há mais espaço para trabalhos apenas "de mulheres" e trabalhos somente "de homens". Do mesmo modo, uma maior articulação entre as tarefas familiares e domésticas com as tarefas profissionais remuneradas é condição *sine qua non* para que as mulheres ingressem e permaneçam no mercado de trabalho em condições de igualdade substancial com os homens. Se faz imperioso que a divisão social de papéis entre os gêneros, observada desde o início do capitalismo e ainda tão presente

(26) Além de todas as questões apontadas nos tópicos pertinentes, é certo que as mulheres também enfrentam outros obstáculos no mundo do trabalho, como o assédio moral e sexual, pontos, contudo, que não fazem parte do escopo desta pesquisa e por isso não foram desenvolvidos.

na sociedade contemporânea, seja revista e recomposta, de modo a não mais trazer prejuízos às mulheres em seu desenvolvimento profissional e econômico.

O Brasil continua muito distante desse ideal, diante de um mercado laboral onde as mulheres ainda encontram posições desiguais, preconizadas pela equivocada mantença da divisão sexual do trabalho.

Frente a esse quadro, não se pode olvidar de analisar a questão sob um olhar de gênero, de modo a contribuir com melhores condições de vida às mulheres trabalhadoras (VIEIRA, 2015, p. 509).

Importante, também, aventar que a redução das lacunas de gênero no mercado de trabalho é crucial para o crescimento humano e econômico de uma nação. Tanto assim que a Assembleia Geral das Nações Unidas adotou, em 2015, a Agenda 2030 de Desenvolvimento Sustentável (ONU, 2015), prevendo, como um dos 17 objetivos globais estabelecidos, justamente o alcance da igualdade de gênero e o empoderamento de mulheres e meninas dentro de um plano de ação para promoção do desenvolvimento e erradicação da pobreza mundiais (Objetivo de Desenvolvimento Sustentável — ODS n. 5).

Por fim, vale destacar, com base nas lições de Amartya Sen, que "o desenvolvimento consiste na eliminação de privações de liberdade que limitam as escolhas e as oportunidades das pessoas de exercer ponderadamente sua condição de agente" (SEN, 2018, p. 5). No caso das mulheres, nem sempre há plena liberdade de escolha de participação em atividades remuneradas, influenciada esta por diversas circunstâncias, especialmente ditadas pela imposta divisão sexual do trabalho, mantendo-se, assim, um ciclo vicioso de desigualdades e pobreza. Para se alcançar o desenvolvimento é preciso que se removam fontes de privação de liberdade, tais como a carência de oportunidades econômicas e destituição social sistemática e a pobreza e, nesse caminho, as mulheres devem ser vistas como agentes dinâmicas de transformações sociais, que podem alterar suas próprias vidas e de toda uma coletividade (SEN, 2018, p. 11 e 230).

Capítulo 2

Direito do Trabalho da Mulher

O trabalho das mulheres tem sido objeto de regulamentação ao longo da história. Desde as sociedades mais antigas, nas quais as mulheres desempenhavam papéis muito mais limitados em atividades econômicas, até as sociedades modernas, que reconhecem formalmente a igualdade de gênero, as normas referentes ao trabalho feminino têm evoluído.

O Direito pode ser uma forma eficiente de proteção e promoção ao mercado de trabalho das mulheres, sendo relevante instrumento no enfrentamento do problema fundamental da desigualdade. Nesse aspecto, no ordenamento brasileiro, resta sedimentado um sistema jurídico-trabalhista de normas constitucionais e infraconstitucionais, denominado de Direito do Trabalho da Mulher (TEODORO, 2017, p. 1-2), que, em sua concepção atual, especialmente após a Constituição de 1988, visa justamente a essa finalidade.

Como pondera Léa Elisa Silingowshi Calil (2007, p. 52), o Direito do Trabalho da Mulher é parte singular do Direito do Trabalho pátrio que busca, por intermédio de mecanismos de proteção e promoção, garantir às mulheres o mesmo acesso ao trabalho de que os homens usufruem.

Embora o objetivo desta dissertação não seja discutir a atuação do Direito no controle e combate das desigualdades de gênero, mas sim analisar o papel do próprio ordenamento jurídico como instituidor de mais desigualdades e discriminações, é relevante, por primeiro, contextualizar a legislação trabalhista no Brasil em relação ao labor feminino, traçando-lhe um panorama de desenvolvimento sistematizado a partir da evolução normativa internacional.

Após esse exame contextual, será possível abordar, com maior profundidade crítica, como o sistema jurídico nacional vigente, mesmo sob os paradigmas constitucionais de igualdade, acaba por prejudicar a contratação de mulheres e sua absorção pelo mercado de trabalho, em vez de proteger e promover o trabalho feminino.

2.1. Direito internacional

A ação estrangeira, especialmente da Organização Internacional do Trabalho (OIT), teve importante influência no desenvolvimento da legislação brasileira a respeito do trabalho feminino (BARROS, 2008, p. 348). Assim, as normas internacionais são importantes referências para a análise das normas nacionais em vigor.

Conforme visto no capítulo primeiro desta pesquisa, a Revolução Industrial legitimou a contratação de mulheres no mercado de trabalho produtivo (LUCENA FILHO, 2011, p. 135). Utilizada em larga escala nesse período, a força de trabalho feminina estava sujeita a toda sorte de explorações, ante a ausência de intervenção estatal nas relações jurídicas laborais. As mulheres recebiam salários irrisórios e inferiores aos dos homens e estavam expostas a longas jornadas e a condições insalubres, indo além, muitas vezes, de suas possibilidades físicas. Adicionalmente, inexistia qualquer proteção para as trabalhadoras gestantes ou em fase de amamentação (NASCIMENTO, A., 2004, p. 931-932). Evidenciava-se um verdadeiro abuso laboral, em uma relação de aproveitamento e utilitarismo das mulheres, chamadas de "meias-forças" (D'OLIVEIRA; SILVA, 2015, p. 3).

A alteração desse quadro somente veio a acontecer com a intervenção do Estado nas relações de trabalho. E, à vista disso, as primeiras leis trabalhistas que então surgiram voltaram-se, justamente, ao labor das mulheres, em coincidência com o surgimento do próprio Direito do Trabalho (VIEIRA, 2014, p. 73).

Nessa senda, a Inglaterra, em 1842, proibiu o trabalho de mulheres em subterrâneos; posteriormente, no ano de 1844, limitou a jornada de trabalho feminino a 12 horas diárias, proibindo o labor noturno; por fim, em 1878, vedou o emprego de mulheres em trabalhos perigosos e insalubres (ROCHADEL, 2007). Do mesmo modo, na França, em 1848, e na Alemanha, em 1891, surgiram normas de proteção ao trabalho feminino (NASCIMENTO, A., 2004, p. 932).

Como parte do Tratado de Versalhes, que encerrou a Primeira Guerra Mundial, fora criada, em 25 de janeiro de 1919, a Organização Internacional do Trabalho (OIT), fruto de reflexões acerca da exploração do trabalho humano e de suas repercussões na economia e na sociedade (CALIL, 2007, p. 29). E o trabalho feminino foi também uma das primeiras matérias a ser regulamentada pelo Órgão, o que se verifica nas Convenções n. 3 e 4, ambas sobre a proteção da saúde e segurança das mulheres no ambiente laboral.

A Convenção n. 3, adotada pela OIT em 1919, tratava sobre a proteção à maternidade, lembrando-se que as trabalhadoras gestantes não tinham nenhuma proteção à época. Por meio de tal regulamentação, a mulher era vedada de trabalhar durante seis semanas após o parto e esse período não era tratado como um direito, mas, sim, como uma proibição (ANGOTTI; VIEIRA, 2020, p. 314), sendo assegurada à trabalhadora, todavia, uma indenização correspondente ao tempo de afastamento, suficiente para sua subsistência e de seu(ua) filho(a). Ainda, a dispensa da empregada durante o período de gravidez ou enquanto afastada após o parto era tida por ilegal (art. 4º) e, quando do retorno ao trabalho, estavam previstos à mulher intervalos para amamentação do(a) filho(a)[(27)].

Já a Convenção de n. 4, também de 1919, versava sobre o trabalho noturno da mulher, proibindo-o em estabelecimentos industriais públicos ou privados, ou em qualquer de suas dependências, com exceção dos casos em que a obreira laborasse em locais em que trabalhassem apenas membros de sua família[(28)].

Além das Convenções citadas, merecem ser mencionados outros instrumentos editados pela OIT sobre o labor feminino. São eles a Convenção n. 13, de 1921, que continha expressa proibição do emprego de mulheres em trabalhos de pintura industrial que utilizassem sulfato de chumbo, cerusita ou quaisquer outros produtos com os referidos pigmentos[(29)]; a Convenção n. 45, de 1935[(30)], que vedou a ocupação de mulheres em trabalhos na parte subterrânea de minas; a Convenção n. 127, de 1967[(31)], sobre pesos máximos a serem suportados pelas trabalhadoras; e a Convenção n. 136, de 1971[(32)], acerca de riscos de intoxicação por benzeno e que determinou que mulheres grávidas e lacantes não devem ser empregadas em trabalhos com exposição ao material[(33)].

O que se observa, a partir dessas regulamentações, é que, em uma primeira fase da ação internacional, houve um tratamento claramente tutelar conferido ao trabalho da mulher, (BARROS, 1995, p. 35). Da ausência total de normas passou-se a um período de marcante intervenção estatal no trabalho feminino, que se dava sob a justificativa de proteção (VIEIRA, 2014, p. 74).

Os fundamentos utilizados para amparar tamanha interposição paternalista imposta ao trabalho profissional das mulheres eram, basicamente, de ordens fisiológicas e sociais (VIEIRA, 2014, p. 101). Em tal aspecto, Amauri Mascaro Nascimento (2004, p. 932)

---

(27) Ratificada pelo Brasil em 26.04.1934 e denunciada em 26.07.1961, a Convenção n. 3 da OIT foi revista pela Convenção n. 103, de 1952, esta também ratificada pelo Brasil em 18/06/1965.

(28) Ratificada pelo Brasil em 26.04.1934 e denunciada em 12.05.1937, a Convenção n. 4 foi revista pela Convenção n. 41, adotada pela OIT em 1934, e que manteve a proibição do trabalho noturno feminino em estabelecimentos industriais, permitindo, todavia, algumas exceções, como às mulheres que ocupassem postos de direção que importassem em responsabilidade e que não efetuassem normalmente trabalhos manuais (art. 8º). Do mesmo modo, a Convenção n. 89, de 1948, ampliou a previsão de flexibilizações ao trabalho noturno das mulheres, nas hipóteses de labor em serviços ligados à higiene e bem-estar (art. 8º) e por razões de interesse nacional (art. 5º), mantido, contudo, o mesmo teor proibitivo geral. O Brasil ratificou a Convenção n. 41 em 08.06.1936 e a denunciou em 24.04.1957, como resultado da ratificação da Convenção n. 89, em 25.04.1957.

(29) Não ratificada pelo Brasil.

(30) Ratificada pelo Brasil em 22.09.1938.

(31) Ratificada pelo Brasil em 21.08.1970.

(32) Ratificada pelo Brasil em 24.03.1993.

(33) As Convenções ns. 45, 127 e 136 da OIT permanecem todas ainda em vigor.

pondera que os argumentos fisiológicos estavam ligados à ideia de que a mulher, por não possuir a mesma resistência física que a do homem, sendo, assim, mais frágil que o sexo masculino, estava a exigir do Direito regras compatíveis com seu estado. Ainda, os argumentos sociais estavam ligados ao interesse da sociedade na proteção da família, pelo que o trabalho feminino deveria ser tutelado de forma a permitir que o tempo destinado pela mulher às atividades fora de casa não lhe causasse um obstáculo ao cumprimento de seus deveres domésticos.

Em verdade, esboçava-se uma fase regulamentadora que tendia mais a proibir a realização de certas atividades às mulheres do que propriamente garantir sua proteção no ambiente de trabalho (CALIL, 2007, p. 31) e, de fato, as regras colocadas se destinavam, indubitavelmente, a preservar a atividade reprodutiva da mulher e a assegurar-lhe condições para cumprir as demandas relativas à família (NASCIMENTO, S., 1996, p. 18; NOVAIS, 2005, p. 69).

A mulher, ao se inserir no mercado de trabalho, era vista como uma espécie de trabalhador especial que, por isso, deveria ter um regramento próprio (FERRITO, 2021, p. 52). Daí que as primeiras deliberações internacionais sobre o trabalho feminino, com disposições acima de tudo proibitivas, almejavam mesmo garantir que a mulher continuasse a desempenhar os papéis que lhe eram impostos pela sociedade, adotando, como modelo de prescrição, a divisão sexual do trabalho.

Não havia, nesse momento, intento de se atribuir igualdade de direitos e tratamento entre todos os trabalhadores, mulheres e homens. O precípuo objetivo das normatizações era a mantença da posição cultural e socialmente atribuída às mulheres. E essa concepção influenciou fortemente a legislação trabalhista nacional, como se verificará adiante.

Não se olvida que, em um segundo momento, a ação internacional adotou um perfil caracterizado pela necessidade de garantir às mulheres, no trabalho, igualdade de remuneração, oportunidades e tratamento em relação aos homens (BARROS, 2008, p. 348).

Após o final da Segunda Guerra Mundial, no ano de 1945, e com a criação da Organização das Nações Unidas (ONU), em 1948, a atenção aos direitos humanos ganhou diferente relevo e, como ponderam Bruna Angotti e Regina Stela Corrêa Vieira (2020, p. 315), a advinda Declaração Universal de Direitos Humanos deu ênfase à igualdade de gênero e impulsionou novos documentos internacionais relativos aos direitos das mulheres.

Essa mudança de paradigma trazida pela ONU gerou importantes reflexos nas normas editadas pela OIT, e por isso os novos documentos atinentes às mulheres que vieram a ser adotados no período tiveram o fomento à igualdade no trabalho como grande objetivo (VIEIRA, 2014, p. 75).

Nesse sentido, destaca-se a Convenção n. 100 da OIT, de 1951[34], complementada pela Recomendação n. 90, que tratou sobre a igualdade de remuneração entre mulheres e homens para trabalho de igual valor, além da Convenção n. 111, de 1958[35], e Recomendação n. 111, que abordaram a não discriminação em matéria de emprego e ocupação.

Na mesma esteira, a Convenção n. 3 da OIT foi revista, em 1952, pela Convenção n. 103, alterando-se o tratamento da maternidade no trabalho. No lugar de se proibir o labor da parturiente, passou-se a falar em amparo à maternidade, direito à licença-maternidade e direito à remuneração correspondente.

Em 1975, a OIT editou a Declaração sobre Igualdade de Oportunidade de Tratamento para as Trabalhadoras, responsável por introduzir um novo paradigma à proteção normativa das mulheres obreiras, que, em modo geral, passou a ser limitada aos casos de resguardo da gestante e da lactante (VIEIRA, 2014, p. 76).

A restrição ao trabalho noturno das mulheres foi revista pela OIT por meio do Protocolo de 1990, relativo à Convenção de n. 89 sobre o tema, abrindo-se a possibilidade de legislações nacionais ampliarem exceções ao labor noturno feminino. No mesmo ano, a OIT aprovou a Convenção de n. 171[36] também sobre o labor noturno, mas com medidas válidas para trabalhadoras e trabalhadores, sem distinção de sexo, objetivando proteger-lhes a saúde, auxiliar-lhes no cumprimento de suas responsabilidades familiares e sociais e compensá-los de forma adequada. A única proteção especial trazida pelo convênio em questão se referiu às trabalhadoras gestantes, com a determinação da adoção de medidas para assegurar alternativas ao trabalho noturno, bem como garantir a licença-maternidade (VIEIRA, 2014, p. 76-77).

Entrementes, merece ser referida a Convenção para Eliminação de Todas as Formas de Discriminação contra a Mulher (CEDAW), adotada pela ONU, em 1979[37], que igualmente representou grande avanço nos direitos femininos, pois passou a não mais aceitar proibição ao trabalho das mulheres com base em suposta proteção à saúde das trabalhadoras (VIEIRA, 2014, p. 77).

Ante o exposto, percebe-se que a Organização Internacional do Trabalho, de forma gradual, passou a seguir uma orientação de proteção total ao trabalhador, independentemente de seu sexo, mantendo somente algumas restrições ao trabalho das mulheres, especialmente aquelas destinadas à defesa da maternidade (VIEIRA, 2014, p. 78)[38].

---

(34) Ratificada pelo Brasil em 25.04.1957.

(35) Ratificada pelo Brasil em 26.11.1965.

(36) Ratificada pelo Brasil em 18.12.2002.

(37) Ratificada pelo Brasil em 1984.

(38) Interessante notar, de toda sorte, que os instrumentos da OIT que objetivaram igualar o trabalho da mulher e do homem, ainda coexistem com normas do mesmo organismo de caráter simplesmente tutelar e proibitivo, como as abordadas Convenções ns. 45, 127 e 136 (BARROS, 2008, p. 348).

Porém, na contextualização histórica a que aqui se propõe, o que se destaca é que as primeiras normas editadas pela OIT acerca do trabalho das mulheres, como visto, eram meramente proibitivas e voltadas ao resguardo do papel social delegado ao feminino, e, dentro desse enfoque, foram incorporadas à legislação interna de muitos países como parte integrante do Direito do Trabalho, inclusive pelo Brasil (BARROS, 1995, p. 36).

Com efeito, seguindo a concepção internacional que imperava, iniciava-se também no ordenamento jurídico pátrio uma "fase protetora do trabalho feminino", com a adoção de uma legislação tendente muito mais à proibição de determinados tipos de trabalho às mulheres, significando-se, na verdade, em um elemento que reforçava a posição incumbida à mulher no lar, responsável pelos afazeres domésticos e pela assistência à família e filhos(as) (NOVAIS, 2005, p. 76).

2.2. Direito nacional

No Brasil, assim como no restante do mundo, o desenvolvimento industrial foi um fator importante a impulsionar a colocação das mulheres no mercado de trabalho produtivo.

A Revolução Industrial nacional foi tardia, tendo início na segunda metade do Século XIX, muito embora a economia tenha permanecido predominantemente agrícola até os anos de 1930. A partir daí, o processo de industrialização se tornou crescente, com marcante urbanização da população que deixava o campo a procura de trabalho nas cidades (RODRIGUES *et al.*, 2015, p. 3).

O mercado de trabalho, na época, era formado por uma maioria masculina, mas a força de trabalho feminina também era utilizada em larga escala (NOVAIS, 2005, p. 74). A utilização da força de trabalho feminina nas primeiras décadas de industrialização brasileira ocorreu em ramos em que a mecanização era reduzida, como os setores de fiação e tecelagem[39] (CALIL, 2007, p. 27). As mulheres incorporavam o conjunto de trabalhadores fabris e urbanos, em atividades sempre desprovidas de poder decisório e submetidas a um chefe masculino (RAGO, 1985, p. 65). Contratadas maciçamente, as trabalhadoras desempenhavam tarefas menos especializadas e recebiam salários cerca de 30% menores do que os homens, isso sem contar a jornada de trabalho excessiva e o preconceito que enfrentavam apenas por trabalharem (CALIL, 2007, p. 26-27).

Sob inspiração liberal, representada pela ideia de um Estado Mínimo, as relações de trabalho, na época, eram completamente desprotegidas e, de tal sorte, as operárias careciam de qualquer tipo de proteção social frente a seus empregadores (NOVAIS, 2005, p. 74).

---

(39) As indústrias com maior mecanização, como as de metalurgia, calçados e mobiliário, por exemplo, tinham suas vagas ocupadas por homens (CALIL, 2007, p. 27).

Essa situação perdurou até o início do Século XX, quando então, da mesma forma havida no Direito Internacional, começaram a surgir as primeiras normas pátrias de regulamentação ao trabalho feminino (NOVAIS, 2005, p. 75).

Os abusos do liberalismo levaram a protestos a favor da intervenção do Estado quanto ao trabalho das mulheres nas fábricas e, por isso, como destacado por Cristiane Maria Sbalqueiro Lopes (2006, p. 412), a doutrina se referia a uma inspiração "humanitária" a dar origem às normas de proteção ao labor feminino. No entanto, a mesma autora observa que os movimentos que aconteciam a favor das mulheres trabalhadoras, no período, eram realizados por homens que, de fato, estavam preocupados com o desemprego frente ao baixo custo da força de trabalho feminina, e também por empresários, que queriam evitar a concorrência desleal. Logo, o motivo real da proteção ao labor feminino, em um primeiro plano, teria causas econômicas, voltadas a evitar que o trabalho masculino fosse preterido e que as empresas fossem beneficiadas (LOPES, 2006, p. 412-413).

Outrossim, Reginaldo Guiraldelli (2012, p. 710) ressalta que os movimentos operários que emergiam no Brasil no cenário da incipiente industrialização e urbanização do país, todos liderados por homens, frise-se, defendiam a manutenção das funções reprodutiva e doméstica ocupadas culturalmente pelas mulheres e, com isso, as mobilizações contribuíam, de maneira significativa, ao asseguramento da divisão sexual do trabalho.

Foi nesse contexto, então, que a força de trabalho feminina passou a ser regulamentada pelo ordenamento jurídico brasileiro.

O avanço legislativo nacional acerca do trabalho das mulheres se deu de forma muito similar à evolução internacional, diretamente influenciado pelas primeiras normatizações sobre o tema feitas pela OIT, especialmente as Convenções n. 3 e n. 4. Com vedações e proibições ao livre emprego das trabalhadoras, iniciava-se a chamada "fase protetora do trabalho feminino", por meio de instrumentos destinados a preservar a atividade reprodutiva feminina e a assegurar às mulheres condições para o atendimento às obrigações familiares. O Direito pátrio ultrapassava, a princípio, a perspectiva de conferir amparo ao labor da mulher, traduzindo-se, em verdade, em um elemento que implicava em obstáculos ao acesso da força de trabalho feminina ao mercado produtivo (NOVAIS, 2005, p. 76).

Conforme explica Bárbara Ferrito:

> Nessa primeira fase de regulamentação do trabalho das mulheres, tida como paternalista, procurava-se proteger as mulheres, impedindo que essas trabalhassem em ambientes entendidos como perigosos, imorais, etc. Assim, a suposta proteção das mulheres era feita a partir da sua exclusão de certos ambientes ou condições de trabalho (FERRITO, 2021, p. 52).

Em tal perspectiva, a primeira lei de cunho protecionista direcionada à mulher operária, segundo Léa Elisa Silingowshi Calil (2007, p. 28), surgiria na esfera estadual, em São Paulo[(40)]. A Lei n. 1.596, de 29 de dezembro de 1917, que instituiu o Serviço Sanitário do Estado, vedava o trabalho de mulheres em estabelecimentos industriais no último mês de gravidez e no primeiro de puerpério.

Em âmbito federal, Luzia Margareth Rago (1985, p. 69-71) aponta, como novéis legislações, o Código Sanitário de 1919, que proibia o trabalho noturno para mulheres, e o Regulamento Nacional de Saúde Pública, de 1923, que disciplinava uma licença-maternidade de 30 dias e propunha lugares adequados para amamentação nos locais de trabalho.

Alice Monteiro de Barros (1995, p. 414) indica, posteriormente, o Decreto n. 16.300, de 1923, que regulamentava o Departamento Nacional de Saúde. A norma facultava às mulheres, empregadas em estabelecimentos industriais e comerciais, descanso de 30 dias antes e 30 dias após o parto; previa o direito à amamentação de filhos(as) e também estabelecia a criação de creches e salas de amamentação, além da organização de "caixas" com a finalidade de socorrer financeiramente mães pobres.

O Decreto n. 21.417-A, publicado em 17 de maio de 1932, regulamentou as condições de trabalho das mulheres em estabelecimentos industriais e comerciais. De conteúdo eminentemente tutelar, o diploma proibiu, às trabalhadoras, o labor noturno, salvo algumas exceções; vedou-lhes o trabalho em: subterrâneos, minerações, pedreiras e em obras de construção; em atividades perigosas e insalubres e no período de quatro semanas antes e de quatro semanas depois do parto; bem como impediu-lhes o levantamento de materiais pesados. Por outro lado, o Decreto em questão assegurava às mulheres remuneração legal igual à dos homens por trabalho de igual valor; ditava ao empregador que era vedada a dispensa de mulheres grávidas apenas por este motivo; além de garantir às trabalhadoras: direito de rompimento do contrato de trabalho se comprovado que a função exercida fosse prejudicial ao estado gravídico; auxílio-maternidade correspondente à metade de

(40) Léa Elisa Silingowshi Calil (2007, p. 27-28) também relata que, anteriormente, em 1912, iniciou-se, no Congresso Nacional, a tramitação de um projeto de Código do Trabalho, que, dentre outros assuntos, apresentava uma legislação específica para o trabalho feminino. No aspecto, seu texto estabelecia que a mulher poderia trabalhar independentemente da autorização do marido; que lhe era proibido o trabalho noturno; que sua jornada estava limitada a 8 horas diárias e que poderia se afastar do trabalho entre 15 a 25 dias antes do parto e até 25 dias depois, sendo-lhe garantido o retorno ao emprego e a percepção de um terço do salário no primeiro período de afastamento e, metade, no segundo período. Segundo a autora, tal projeto jamais foi aprovado e a reação dos parlamentares, na época, a respeito dos dispositivos que tratavam do trabalho das mulheres foi bastante rumorosa, apesar de alguns defenderem não apenas o próprio Código, mas também a necessidade de proteção ao trabalho feminino: "Alguns acreditavam que seria desonroso ao marido permitir que a mulher contratasse emprego sem autorização dele; outros alegavam que o trabalho da mulher era anti-social em termos econômicos, dado que seu valor era muito inferior ao do homem; outros ainda diziam que o amparo salarial no período que antecede e procede ao parto era tornar a gravidez rendosa e cômoda profissão" (CALIL, 2007, p. 28).

seus salários nos períodos de afastamento do trabalho antes e após o parto; direito ao retorno às mesmas funções exercidas antes da licença; e intervalos para amamentação e local apropriado para tanto em estabelecimentos de mais de 30 empregadas acima de 17 anos[41] [42] (CALIL, 2007, p. 31-32).

A efetiva tutela ao trabalho da mulher só veio a acontecer com o advento da Consolidação das Leis do Trabalho (CLT), em 1º de maio de 1943, promulgada pelo Decreto-lei n. 5.452 (NOVAIS, 2005, p. 77).

A CLT foi fruto da política populista de Getúlio Vargas, que tinha como sustentáculo a propaganda de ser um Governo voltado aos problemas sociais e preocupado com a classe trabalhadora. Com efeito, a legislação trabalhista brasileira, no período, abandonou em definitivo ao modelo liberal, adotando o princípio de que o Estado deveria intervir nas relações laborais a fim de promover a igualdade. Assim, na vindoura Consolidação das Leis do Trabalho foram compilados todos os textos que existiam até então sobre direito individual do trabalho, direito coletivo do trabalho e direito do processo do trabalho, acrescidas, ainda, inovações legais (CALIL, 2007, p. 35-36).

No que pertine ao trabalho feminino, a CLT disciplinou o assunto no Capítulo III de seu Título III, intitulado "Da proteção do trabalho da mulher", basicamente coligindo as normas já existentes no Decreto n. 21.417-A/32 então vigente, abordando os seguintes aspectos: duração e condições de trabalho; trabalho noturno, períodos de descanso, métodos e locais de trabalho e proteção à maternidade (BARROS, 2008, p. 349).

Em todas as disposições colocadas, o legislador celetista, ao prever às mulheres uma "proteção especial"[43], buscou tutelar as trabalhadoras quanto a sua saúde, moral e capacidade reprodutiva (CALIL, 2007, p. 36).

A proteção à saúde da mulher era fundamentada no juízo de debilidade física do sexo feminino (NOVAIS, 2005, p. 77). Em consequência, a redação original da CLT

(41) Vale notar que alguns dispositivos do Decreto n. 21.417-A/32 foram revogados por conta da promulgação da Convenção n. 3 da OIT pelo Brasil, ocorrida pelo Decreto n. 423, de 12.11.1935, dentre eles o atinente à duração da licença à gestante, que passou de quatro para seis semanas.

(42) As Constituições brasileiras de 1934 e 1937, posteriores ao Decreto n. 21.417-A/32, mantiveram em seus bojos o mesmo raciocínio proibitivo deste em relação ao trabalho feminino. Significa dizer que ambos os Textos Constitucionais vedaram o labor de mulheres em atividades insalubres, em que pese não tenham proibido o trabalho noturno às mulheres. Além das disposições citadas, a Constituição de 1934, em relação às mulheres trabalhadoras, determinou a igualdade salarial entre os sexos e previu assistência médica e sanitária à gestante, assegurado descanso antes e depois do parto, sem prejuízo do salário e do emprego. Já a Constituição de 1937 significou retrocesso ao Direito do Trabalho das mulheres, vez que, apesar de garantir assistência médica e licença-gestante, omitiu a garantia de emprego à trabalhadora gestante. Ainda, não prestigiou a garantia de isonomia salarial entre homens e mulheres, em que pesa tenha previsto o princípio da igualdade de todos perante a lei; com isso, se permitiu que, em 1940, o Decreto-lei n. 2.548 previsse a possibilidade de mulheres receberem salários até 10% menores dos valores pagos aos homens.

(43) Na redação do art. 372 da CLT.

impedia a realização de horas extras por mulheres sem que houvesse atestado médico que as autorizassem(44) e proibia o trabalho noturno feminino(45). No mais, vedava que as empregadas fossem submetidas a atividades com emprego de força muscular acima de 20 kg, habitualmente, ou 25 kg, ocasionalmente(46). Na mesma senda, proibia o trabalho da mulher em subterrâneos; minerações; pedreiras e obras de construção pública ou particular e em atividades perigosas ou insalubres(47) (LOPES, 2006, p. 418).

Igualmente partindo do pressuposto da fragilidade das mulheres, a CLT previa a obrigação do empregador de prover estabelecimentos higiênicos, ventilados e iluminados de modo a garantir a segurança e o conforto de suas empregadas; instalar bebedouros, lavatórios, banheiros e vestiários; dispor de assentos que permitissem às trabalhadoras o labor sem esgotamento físico; e, ainda, fornecer gratuitamente recursos de proteção individual, visando à segurança e conforto das mulheres(48). Nesse ponto, Regina Stela Corrêa Vieira observa:

> Cabe aqui a crítica de que o direito à saúde e segurança no local de trabalho diz respeito à proteção do ser humano, não justificando a garantia legal restrita ao sexo feminino, que não se estenda a todos os trabalhadores e trabalhadoras, o que influenciou sua posterior reforma e universalização (VIEIRA, 2014, p. 82).

Para além da preocupação com a saúde da mulher, a proibição de horas extras e de trabalho noturno ao sexo feminino encontrava fundamentos em razões de ordem moral e familiar. O argumento da moral, em verdade, visava a conservação da hierarquia colocada entre mulheres e homens, além de igualmente buscar a preservação da estrutura

(44) Era o que disciplinava o caput do art. 375 da CLT: "Mulher nenhuma poderá ter o seu horário de trabalho prorrogado, sem que esteja para isso autorizada por atestado médico oficial, constante de sua carteira profissional".

(45) Sobre o trabalho noturno das mulheres, dispunha a CLT: "Art. 379. É vedado à mulher o trabalho noturno, considerado este o que for executado entre as vinte e duas (22) e as cinco (5) horas do dia seguinte. Parágrafo único. Estão excluídas da proibição deste artigo, além das que trabalham nas atividades enumeradas no parágrafo único do art. 372: a) as mulheres maiores de dezoito (18) anos, empregadas em empresas de telefonia, rádio-telefonia ou radiotelegrafia; b)as mulheres maiores de dezoito (18) anos, empregadas em serviços de enfermagem; c) as mulheres maiores de vinte e um (21) anos, empregadas em casas de diversões, hotéis, restaurantes, bares, e estabelecimentos congêneres; d)as mulheres que, não participando de trabalho contínuo, ocupem postos de direção. Art. 380. Para o trabalho a que se refere a alínea c do artigo anterior, torna-se obrigatória, além da fixação dos salários por parte dos empregadores, a apresentação à autoridade competente dos documentos seguintes: a) atestado de bons antecedentes, fornecido pela autoridade competente; b)atestado de capacidade física e mental, passado por médico oficial".

(46) Nesse aspecto, o art. 390 da CLT, que permanece em vigor, dispõe que: "Ao empregador é vedado empregar a mulher em serviço que demande o emprego de força muscular superior a 20 (vinte) quilos para o trabalho contínuo, ou 25 (vinte e cinco) quilos para o trabalho ocasional".

(47) Redação dada ao art. 387 da CLT, revogado pela Lei n. 7.855/89.

(48) Redação original do art. 389 da CLT.

familiar. Nesse aspecto, a mulher era "protegida" para que desse conta da realização das atividades do lar e de cuidado com os(as) filhos(as), tarefas essas consideradas próprias para seu sexo. Trabalhar fora de casa em jornadas estendidas ou à noite faria com a que mulher se descuidasse de suas obrigações domésticas de "rainha do lar operário" (LOPES, 2006, p. 471-418)[(49)].

Quanto à proteção celetista dada às trabalhadoras gestantes e mães, mantiveram-se as garantias previstas pelo Decreto n. 21.417-A/32, com algumas inovações e ampliações[(50)]: para os propósitos almejados pelo presente trabalho, destaca-se que o trabalho da mulher grávida era proibido no período de seis semanas antes e seis semanas depois do parto[(51)], com previsão de auxílio-maternidade referente ao salário integral da empregada. As normas de proteção à maternidade, fundamentadas nas diferenças biológicas entre homens e mulheres, buscavam, acima de tudo, proteção à própria existência da espécie humana (NOVAIS, 2005, p. 78).

As Constituições promulgadas seguidamente à CLT não trouxeram grandes mudanças no que pertine ao trabalho das mulheres, à exceção, de certo, da Constituição Federal de 1988, sobre a qual se tratará adiante: a Constituição de 1946 não apresentou nenhuma inovação sobre o tema, enquanto que a Constituição de 1967 e a Emenda Constitucional n. 1, de 1969, no que aqui interessa frisar, mantiveram a proibição do trabalho da mulher em condições insalubres.

Diante do panorama traçado, cabe concluir que a legislação nacional que se promulgou inicialmente quanto ao trabalho feminino, do Decreto n. 21.417-A/32 até a redação original da CLT, passando pelas Constituições consentâneas, adotava regramentos que, deveras, como ressalta Alice Monteiro de Barros, "refletiam uma estrutura cultural arraigada de estereótipos sexistas, que atribuíam à mulher apenas o 'papel' secular de mãe e dona de casa, fortalecendo o mito da fragilidade feminina e o preconceito do homem, no tocante às atividades familiares e domésticas" (BARROS, 2008, p. 353). Segundo reforça Luzia Margareth Rago (1985, p. 69), as primeiras medidas legislativas foram tomadas

(49) Acerca do labor noturno feminino, Cristiane Maria Sbalqueiro Lopes observa que "o mais curioso é que, apesar do discurso de moralidade que amparava a proibição do trabalho noturno da mulher, o trabalho em casas de diversões, bares, hotéis e 'estabelecimentos congêneres', foi expressamente ressalvado. A análise deste dispositivo pode sugerir que efetivamente as normas de proteção tiveram, dentre tantas, a finalidade de garantir o mercado de trabalho masculino contra uma 'invasão' feminina." (LOPES, 2006, p. 425). Do mesmo modo, a mesma autora aponta que as outras exceções feitas ao trabalho noturno das mulheres diziam respeito "justamente às profissões feminizadas (saúde, educação, estabelecimentos bancários)" (LOPES, 2006, p. 425).

(50) Redações originais dadas aos arts. 392 e 393 da CLT.

(51) Assim como previsto na Convenção n. 3 da OIT, então vigente, a CLT tratava o período de afastamento da trabalhadora gestante como uma verdadeira proibição, não como um direito. Com o Decreto-lei n. 229, de 1967, a proibição do trabalho de gestantes fora alterada para quatro semanas antes e oito semanas depois do parto, de modo a adequar o ordenamento jurídico brasileiro à Convenção n. 103 da OIT, que havia sido ratificada e promulgada pelo Decreto n. 58.820/1966 (ANGOTTI; VIEIRA, 2020, p. 320). De igual modo, o teor proibitivo restou mantido.

tendo em vista a representação da mulher como frágil e naturalmente constituída para a realização da vocação de ser mãe e "guardiã do lar".

As normas assim dispostas no ordenamento jurídico brasileiro, especialmente na CLT, tendentes à vedação de determinados tipos de serviços em detrimento às mulheres, traduziam-se em uma necessidade de intervenção legislativa pautada, de fato, por questões de ordem moral e familiar, para além de aspectos fisiológicos e biológicos, reforçando preconceitos de gênero há muito arraigados na sociedade e reduzindo as perspectivas de emprego das mulheres (NOVAIS, 2005, p. 79).

Para atingir sua finalidade de manter a mulheres em seu papel social de frágil e dócil reprodutora, a legislação orientava-se pela proibição ao uso da força de trabalho feminina em diversas situações, negando-lhe acesso a postos de trabalho e acentuando a divisão sexual das atividades realizadas por mulheres e homens (CALIL, 2007, p. 37). A feminização do trabalho é uma consequência desse tipo de proteção proibitiva, gerando a colocação de mulheres em determinados nichos de atividades e profissões, com efeitos prejudiciais as suas contratações e remunerações.

Vale ressaltar que os trabalhos então proibidos às mulheres (noturno; em sobrejornada; em subterrâneos, nas minerações em subsolo, nas pedreiras e obras de construção pública ou particular; e em atividades perigosas ou insalubres) eram (e o são) igualmente agressivos aos trabalhadores homens e, à exceção de situações de gravidez, não haveria motivo suficiente para o encaminhamento de uma proteção especial somente à mulher, devendo-se buscar a criação de condições satisfatórias de trabalho para qualquer ser humano, independentemente de seu sexo, o que, todavia, não se verificava na legislação regente (LOPES, 2006, p. 419). A proibição desses trabalhos às mulheres, sem dúvida, contribuía com a discriminação de gênero na seara laboral, por deixar de proteger os homens dos mesmos riscos e negar acesso igualitário das mulheres ao mercado (VIEIRA, 2014, p. 17-18).

O único fundamento de origem biológica que realmente justificaria (e justifica) a edição de normas de proteção ao trabalho da mulher, por critérios de sexo, é a maternidade. Ainda assim, as normas destinadas à proteção da maternidade, em que pese acertadas, colocaram-se como um ônus ao empregador quando do advento da CLT(52) e, ainda hoje, como se discutirá mais à frente, impõem desigualdades de gênero no mercado de trabalho.

Os homens, no momento da promulgação da legislação compilada celetista, eram tão desprovidos de direitos sociais, que os garantidos às mulheres repercutiam quase como uma proibição a sua contratação (CALIL, 2007, 38). Com tantas normas e garantias estendidas às mulheres, o empresariado acabava por preferir a contratação de homens, evidentemente. Esta situação de garantias exclusivas concedidas apenas às

(52) A princípio, a remuneração devida à mulher quando afastada do trabalho após dar à luz, o salário-maternidade, era encargo devido pelo empregador diretamente, sendo-lhe este retirado somente em 1974, por meio da Lei n. 6.136.

mulheres persiste em determinadas hipóteses do ordenamento jurídico atual e, assim, continua a trazer danos à inclusão feminina no mercado de trabalho, o que também será debatido adiante.

Indo além, é claro que as normas de proteção ao trabalho das mulheres foram oportunas, uma vez que proporcionaram benefícios relevantes para a época. Porém, de acordo com o que observa Cristiane Maria Sbalqueiro Lopes, havia uma "falsa benignidade" nessas normas, as quais, a bem da verdade, "não se destinaram a reverter a situação de opressão da mulher trabalhadora" (LOPES, 2006, p. 410). Nesse aspecto:

> [...] o trabalho do homem também era sobrecarregado e nem por isso se pensou em providências semelhantes; o que comprova que o interesse de 'proteger' não era mais que recordar o verdadeiro lugar da mulher na sociedade de então (em casa, cuidando da família) (LOPES, 2006, p. 410).

Logo, estudando-se as razões que levaram ao estabelecimento de normas de proteção ao trabalho da mulher, em uma primeira análise, o que se pode notar é que nenhuma delas se prestava a proteger o trabalho feminino, a valer: "O que efetivamente buscou-se proteger foi a estrutura da família patriarcal" (LOPES, 2006, p. 411).

As regras inicialmente editadas pelo legislador brasileiro a respeito do trabalho feminino refletiam estreitamente uma rígida divisão sexual do trabalho, estabelecida em uma sociedade de bases patriarcais, na qual o trabalho remunerado das mulheres não poderia impedir a realização de sua "principal função", qual seja, a de reprodução social e de cuidados domésticos e familiares.

Vale pontuar que não apenas a CLT, em sua redação inicial, interferia no trabalho feminino e reforçava a posição conferida à mulher pela divisão social e sexual do trabalho.

Em tal sentido, o Código Civil de 1916 estabelecia que a mulher casada era relativamente incapaz, devendo ser tutelada pelo marido. O homem era considerado o chefe da sociedade conjugal e a mulher, nessa condição, não podia exercer uma profissão **sem a aprovação** do marido(53). Atendo ao que previa o Diploma Civil vigente, a CLT presumia autorização marital ao trabalho da mulher casada, todavia ao cônjuge era facultado pleitear a rescisão do contrato de trabalho de sua esposa quando a sua continuação ameaçasse os vínculos familiares ou trouxesse perigo manifesto às "condições peculiares da mulher"(54). Regina Stela Corrêa Vieira pondera a respeito:

> Apesar de urgir a pergunta sobre quais seriam as tais "condições peculiares da mulher", claramente observamos neste dispositivo o argumento biológico das

(53) Assim dispunham os arts. 6º, inc. II; 233, *caput* e inc. IV; e 242, inc. VII, todos do Código Civil de 1916.

(54) Era o que previa o art. 446 da CLT, *caput* e parágrafo único. Com a Lei n. 4.121/62, o denominado Estatuto da Mulher Casada, a mulher foi retirada do rol de incapazes e, como isso, revogou-se tacitamente o art. 446 da CLT. Entretanto, a revogação expressa do dispositivo celtista somente ocorreu em 1989, pela Lei n. 7.855.

> diferenças do organismo feminino, utilizado para reforçar o papel primário das mulheres na esfera reprodutiva e sua subjugação à família (VIEIRA, 2014, p. 82).

Sobre esse aspecto, a propósito, Cristiane Maria Sbalqueiro Lopes relata que, em 1918, quando se discutiu no Brasil um novo projeto de Código do Trabalho, a possibilidade de contratação da mulher casada sem a prévia autorização do marido sofreu uma forte oposição de parte dos parlamentares da época, dentre eles do então Deputado Augusto de Lima, que, segundo a autora, posicionou nos seguintes termos:

> Este contrato traz a separação não sabida, não consentida pelo marido e, portanto, altamente suspeita, pondo em perigo o bom nome do lar. De uma mulher que se apresenta sem assistência do seu marido e até talvez, com oposição deste, o que se presume logo? O primeiro dever da mulher é estar de acordo com o seu marido em todos os casos. Em relação a esta mulher, que vai para uma fábrica, para um meio desconhecido, cuja moralidade o marido não conhece, cujo patrão pode ter anexos ou em outras partes outras indústrias que explora, a disposição é profundamente imoral (LOPES, 2006, p. 416-417).

De todo o exposto, constata-se que o Direito do Trabalho pátrio passou por uma fase de proteção alguma à mulher trabalhadora até alçar um outro extremo, essencialmente proibitivo e calcado em fundamentos sexistas, o que acabou por excluir as mulheres de muitos postos de trabalho e perpetuar estereótipos e discriminações.

No meio desses extremos, caminhou-se até a Constituição Federal de 1988, que baseada no princípio da igualdade material, veio para alterar o rumo da legislação trabalhista no tocante às mulheres e mudar o paradigma da proibição para a promoção do trabalho feminino.

Buscando superar, ainda que em parte, uma visão protecionista do ordenamento vigente, a CF/88 determinou a isonomia entre mulheres e homens em direitos e obrigações (art. 5º, inc. I) e, ao mesmo tempo, previu uma norma específica de proteção ao mercado de trabalho feminino (art. 7º, inc. XX) (FERRITO, 2021, p. 52).

Diante das novas diretrizes trazidas pelo Texto Constitucional, não se poderia mas aceitar um ordenamento jurídico que tutelasse o trabalho feminino de forma especial, apenas baseado em noções preconceituosas de superioridade do labor masculino e de fragilidade da mulher, seja física, psíquica, social ou moral. Com isso, a redação original da CLT no que pertine ao trabalho feminino foi fundamentalmente alterada, a fim de se deixar de lado a ideia patriarcal de proteção às mulheres e buscar-se a promoção da igualdade entre os sexos no trabalho. Isso ocorreu com a revogação de artigos que limitavam e proibiam o trabalho feminino; com a inserção de mecanismos de combate à discriminação e pela reformulação de normas de proteção às mães-trabalhadoras (VIEIRA, 2014, p. 89).

Teve início, no Brasil, portanto, a fase normativa que vige atualmente, em que se aponta para um caráter promocional do Direito do Trabalho da Mulher, pelo qual se objetiva fomentar a igualdade entre os gêneros, buscando com que a proteção legal às mulheres trabalhadoras apenas se faça presente onde diferenças, como as biológicas e de tratamento, de fato assim o exigirem (D'OLIVEIRA; SILVA, 2015, p. 7).

2.3. Atualidade normativa do direito do trabalho da mulher brasileiro

2.3.1. A Constituição Federal de 1988

Fazendo uma análise histórica acerca da evolução do labor feminino no Brasil, Léa Elisa Silingowshi Calil (2007, p. 40-41) pondera que o trabalho das mulheres, apesar dos entraves legais, apresentou um significativo aumento no país a partir da industrialização. Nos anos 1950 e 1960, com a expansão de unidades fabris no espaço geográfico nacional, surgiram novos bens de consumo, dentre eles utensílios que eram produzidos para facilitar as tarefas domésticas, sendo ainda que grande parte do que era produzido domesticamente passou a ser industrializado, como vestuários e pães, por exemplo. Para suprir as necessidades familiares diante desses novos itens e produtos, era preciso dinheiro, o que proporcionou a inclusão das mulheres no mercado de trabalho, somado a mudanças culturais que aconteciam na sociedade:

> [...] há uma mudança no papel da mulher na sociedade, vez que a nova realidade a empurrava para o mercado de trabalho, atraída por uma maior independência e a possibilidade de realizar suas necessidades de consumo pessoal e familiar. Não que não houvesse preconceito contra o trabalho da mulher – ele ainda estava presente, bem como havia várias proibições legais ao trabalho da mulher na CLT, mas a mulher trabalhadora se tornava um personagem cada vez mais comum no dia a dia das cidades, e sua luta por seus direitos sociais também (CALIL, 2007, p. 41).

O Estatuto da Mulher Casada, promulgado no ano de 1962, refletiu o novo papel feminino que se construía, eliminando do ordenamento jurídico a condição de relativamente incapaz da mulher casada, constante até então no Código Civil de 1916 e, repercutindo, assim, também na CLT, ao retirar do marido o poder de autorizar o trabalho de sua esposa (CALIL, 2007, p. 42).

Nos anos de 1970, a presença de trabalhadoras no mercado de trabalho continuou a aumentar, tendo sido uma das mais importantes transformações ocorridas no país em tal década. A necessidade econômica e as oportunidades oferecidas pelo mercado, somadas às transformações demográficas, culturais e sociais que ocorriam, atingiram, positivamente, a força de trabalho feminina. Fatores como a intensa queda da fecundidade e a expansão da escolaridade viabilizaram o acesso das mulheres a novas oportunidades de trabalho. Ainda, transformações nos padrões culturais e nos valores ao papel social da mulher, intensificadas pela força de movimentos feministas e pela presença cada vez mais atuante das mulheres nos espaços públicos, modificaram a constituição da própria identidade feminina, cada vez mais voltada ao trabalho produtivo (BRUSCHINI, 1998, p. 3).

Denise Pasello Valente Novais (2005, p. 79) indica que a década de 1980 foi marcada por uma forte crise no Brasil, com estagnação das atividades econômicas, altos índices de inflação e mudanças na estrutura de emprego, o que, paradoxalmente, impulsionou ainda mais as mulheres em busca de trabalho para complementar o orçamento familiar. No mais, de acordo com a autora:

> Nesse mesmo período, o Brasil assistiu ao retorno do movimento sindical, ao fortalecimento dos movimentos feministas e à importante luta do País pela redemocratização. A intensa mobilização da sociedade possibilitou uma reavaliação da legislação concernente à mulher e a busca por uma efetiva igualdade entre os sexos (NOVAIS, 2005, p. 79-80).

Vale lembrar que o Brasil, até então, vivia sob o regime da Ditadura Militar, que se iniciou em 1964 e terminou no ano de 1985, com a eleição indireta de Tancredo Neves como presidente. Instalava-se, assim, no mesmo ano, a Assembleia Nacional Constituinte, com objetivo de formular uma nova Constituição para o país: "O processo constituinte que antecedeu a promulgação da Carta de 1988 retratou embates políticos pela afirmação de direitos e pela ampliação das garantias de cidadania, contando com a participação intensa de vários movimentos sociais" (VERSIANI, 2010, p. 237-238).

Dentro desse contexto, muito se debateu sobre a condição da mulher, principalmente em relação a seus direitos trabalhistas (CALIL, 2000, p. 55).

Com o lema "Constituinte pra valer tem que ter palavra de mulher", o Conselho Nacional dos Direitos da Mulher — CNDM, iniciou, em novembro de 1985, uma campanha intitulada de "*Mulher e Constituinte*", por meio da qual foram realizados uma série de debates entre mulheres por todo o Brasil, resultando na elaboração da "*Carta das Mulheres aos Constituintes*". *Este documento* foi entregue ao Congresso Nacional, em março de 1987, e apresentava reivindicações para a embrionária Constituição, que tinham como principal fundamento a efetivação do princípio da igualdade e não discriminação, abordando temas como família, trabalho, saúde, educação, cultura e violência:

> Nós, mulheres, estamos conscientes que este país só será verdadeiramente democrático e seus cidadãos e cidadãs verdadeiramente livres quando, sem prejuízo de sexo, raça, cor, classe, orientação sexual, credo político ou religioso, condição física ou idade, for garantido igual tratamento e igual oportunidade de acesso às ruas, palanques, oficinas, fábricas, escritórios, assembleias e palácios (CARTA DAS MULHERES, 1986, p. 2).

Finalmente, foi promulgada a Constituição Federal de 1988, que representou imenso avanço na igualdade de gênero.

A previsão de igualdade perante a lei para os cidadãos sempre esteve expressa em todos os outros Textos Constitucionais brasileiros, porém, a isonomia de gênero alçou outro patamar com a Constituição de 88, ao ser consagrada como garantia fundamental (TABORDA, 1998, p. 261).

Destarte, a Constituição representou, no plano jurídico nacional, importante marco legislativo quanto aos direitos da mulher e à ampliação da cidadania feminina, tendo sido incorporadas ao novo texto constitucional muitas das reivindicações levadas ao Constituinte por meio da "Carta das Mulheres" (SILVA, S., 2012, p. 61). A CF/88 marcou, de tal modo, a primeira norma constitucional do Brasil construída com ampla participação feminina.

Denominada de "Constituição Cidadã", a Constituição de 88 encaminhou significativos avanços no tocante no reconhecimento de direitos individuais e sociais das mulheres, fruto também do trabalho intenso de articulação de movimentos feministas, conhecido como "*lobby* do batom": "termo jocoso utilizado pela imprensa da época para diminuir a pauta feminina, mas sabiamente apropriado pelas deputadas-constituintes para encaminhar seus pleitos e convencer os demais parlamentes que essa deveria ser uma pauta de ambos os gêneros" (LACERDA; VALE; FERREIRA, 2021, p. 109).

Com o advento do novel Texto Constitucional, o tratamento conferido ao tema da igualdade de gênero objetivou reconhecer as mulheres "como sujeitos de direitos e titulares de cidadania plena" (SILVA, S., 2012, p. 65), não só quando estabeleceu, em seu art. 5º, inc. I, que "homens e mulheres são iguais em direitos e obrigações", mas também quando determinou, no inc. XLI do mesmo artigo que "a lei punirá qualquer discriminação atentatória aos direitos e liberdades fundamentais". Do mesmo modo, a igualdade foi contemplada no âmbito familiar, quando a Constituição previu, em seu art. 226, § 5º, que "os direitos e deveres referentes à sociedade conjugal são exercidos igualmente pelo homem e pela mulher".

No campo do trabalho feminino, a CF/88 proibiu a diferença de salários, de exercício de funções e de critérios de admissão por motivo de sexo e estado civil (art. 7º, inc. XXX); aumentou a licença-maternidade de 84 para 120 dias, sem prejuízo do emprego e salário (art. 7º, inc. XVIII); assegurou às trabalhadoras assistência gratuita aos filhos e dependentes do nascimento aos 5 anos de idade em creches e pré-escolas (art. 7º, inc. XXV) e programou a proteção do mercado de trabalho da mulher mediante incentivos específicos (art. 7º, inc. XX). Acresce-se a esses direitos a garantia provisória no emprego à trabalhadora gestante, desde a confirmação da gravidez até 5 meses após o parto (art. 10, inc. II, alínea *"b"*, do Ato das Disposições Constitucionais Transitórias). Por fim, a Constituição de 1988 silenciou sobre a proibição do trabalho da mulher em condições insalubres.

A avaliação que se deve fazer do perfil dos direitos e garantias constitucionais conferidos às mulheres é, portanto, positiva, uma vez que a ordem jurídica anterior tratava a mulher como indivíduo de segunda classe, sequer lhe sendo atribuída igualdade jurídica formal. A Constituição Federal de 88 surgiu balizada pela cidadania e dignidade da pessoa humana, fundamentos da República Federativa do Brasil (art. 1º, incs. II e III), sendo o princípio da igualdade o maior sustentáculo desses fundamentos. Sem igualdade não há cidadania e dignidade e uma sociedade justa e solidária só pode ser construída baseada na isonomia entre mulheres e homens.

2.3.2. A Consolidação das Leis do Trabalho

Como anteriormente analisado, o ordenamento jurídico laboral pátrio, até a CF/88, inclinava-se por "proteger" o trabalho da mulher, traduzindo-se essa "proteção", a bem da verdade, em vedação à ampla participação feminina no mercado, o que contribuía para a perpetuação da discriminação contra as trabalhadoras (LOPES, 2006, p. 410).

Após a promulgação da Constituição de 1988, iniciou-se um processo de adaptação das regras jurídicas regentes aos novos princípios constitucionais, especialmente em atenção à previsão de igualdade entre mulheres e homens e vedação à discriminação por motivos de sexo. Consoante ressalta Denise Pasello Valente Novais:

> A Constituição Federal de 1988 imprimiu uma nova feição às relações de trabalho, inaugurando uma era de promoção da igualdade entre homens e mulheres que impulsionou uma séria de modificações no texto consolidado a fim de adequá-lo aos novos princípios vigentes (NOVAIS, 2005, p. 80).

Nessa esteira, foram muitas as alterações legislativas no Direito do Trabalho nacional, destacando-se: a) o abandono do princípio de "proteção da mulher", mediante revogação, por meio das Leis ns. 7.855/89 e 10.244/01, de normas falsamente protetivas; b) o redimensionamento das normas de proteção à maternidade nos âmbitos trabalhista e previdenciário (arts. 392 e seguintes da CLT, com acréscimos da Lei n. 9.799/99 e Lei n. 8.213/91, e redação aperfeiçoada por leis subsequentes); e c) a instituição de normas de combate à discriminação e meios de se assegurar a igualdade de gênero (Leis ns. 9.029/95 e n. 9.799/99) (LOPES, 2006, p. 426).

Em virtude do novel texto constitucional, a redação original da CLT, em seu Capítulo III referente ao trabalho das mulheres, foi fundamentalmente modificada, havendo uma "mudança de paradigma" nas normas consolidadas pela qual se procurou abandonar a ideia patriarcal de proteção às mulheres, migrando-se para a busca da promoção da igualdade entre os sexos no trabalho (VIEIRA, 2014, p. 89).

Analisando uma a uma das Seções do Capítulo celetista em comento, cumpre destacar que a Seção I, então denominada "Da duração e condições de trabalho" foi praticamente toda alterada, sendo que importante alteração ocorreu por meio da Lei n. 7.855/89, a qual revogou os arts. 374, 375 e 378 da CLT, que limitavam a prestação de horas extras por mulheres e impediam a prorrogação da jornada caso não houvesse autorização por meio de atestado médico oficial[55]. Foi por meio da mesma Lei, aliás, que o art. 446 consolidado fora revogado, adequando-se o texto da CLT ao que já estipulava o Estatuto da Mulher Casada no sentido de não ser mais cabível a interferência marital ou paterna no contrato de emprego da mulher adulta.

Por força da Lei n. 9.799/99, o texto consolidado passou a cuidar de medidas contra a discriminação das mulheres no trabalho. De tal feita, a mesma Seção I do Capítulo III da CLT passou a ser intitulada de "Da duração, condições do trabalho e da discriminação contra a mulher", sendo-lhe inserido o art. 373-A, que elencou uma série de práticas discriminatórias vedadas contra as trabalhadoras, na esteira do que já disciplinava, no aspecto, a Lei n. 9.029/95.

Cabe aqui notar que a Lei n. 13.467/17, que instituiu a chamada "Reforma"Trabalhista[56], revogou o parágrafo único do art. 372 da CLT, o qual dispunha sobre a exclusão

(55) Interessante notar que o art. 376 da CLT, que proibia a realização de horas extraordinárias por mulheres, com exceção de "casos excepcionais, por motivo de força maior", apenas fora revogado no ano de 2001, por meio da Lei n. 10.244.

(56) Ao longo do texto desta pesquisa, será utilizado o termo "Reforma" (entre aspas) como crítica à expressão difundida para referência à Lei n. 13.467/17. Para fazer a mesma crítica, alguns autores se utilizam do termo "Contrarreforma Trabalhista", como, por exemplo, Marcos Paulo da Silva Oliveira e Maria Cecília Máximo Teodoro (2018). Fato é que referida legislação demonstrou uma forte ofensiva do capital sobre o trabalho, imposta sob a justificativa falaciosa da necessidade de modernização das leis trabalhistas e da geração de empregos (FERREIRA, 2017). Em verdade, consoante refletem Saionara da Silva Passos e Márcio Lupatini, "A contrarreforma trabalhista imprimiu um significativo capítulo de retrocesso dos direitos sociais (e estes já eram limitados), constituídos ao longo do contexto histórico brasileiro, ao argumento de que os problemas socioeconômicos estão relacionados ao suposto 'excesso' de normas de proteção aos trabalhadores. No entanto, esta contrarreforma, que flexibilizou as relações de trabalho e suprimiu direitos, como era de se esperar, em nada alterou os índices de desocupação e, além disso, aumentou o número de trabalhadores com relações de trabalho informais" (PASSOS; LUPATINI, 2020, p. 139). Analisada a questão sob a ótica de gênero,

de proteção legal às trabalhadoras de estabelecimentos familiares dirigidos pelo pai, mãe, esposo, tutor ou filho, verdadeiro resquício da estrutura patriarcal do Código Civil de 1916, vigente quando da promulgação da Consolidação das Leis do Trabalho. Essa revogação se mostrou benéfica, contribuindo para a modernização e adequação da CLT à realidade contemporânea, em êxito dos movimentos feministas para igualdade no mercado de trabalho (SILVA, M., 2021, p. 89).

Quanto ao trabalho noturno das mulheres, disciplinado pela Seção II do Capítulo III celetista, somente o art. 381 permaneceu (e permanece) em vigor, prevendo regra que, de fato, é válida para todos os trabalhadores, independente do sexo, no sentido de ser remunerado o labor noturno com acréscimo de no mínimo 20% e hora noturna reduzida. Já os arts. 379 e 380 da CLT, que proibiam o trabalho noturno às mulheres (com algumas exceções), foram revogados pela já referida Lei n. 7.855, de 1989.

No que tange à Seção III, intitulada "Dos Períodos de Descanso", não houve alterações na redação dos respectivos dispositivos imediatamente após a Constituição de 1988. Apenas o art. 384 da CLT, que determinava um descanso obrigatório de 15 minutos para as mulheres antes da realização de jornada extraordinária, veio a ser revogado em 2017, com a Lei n. 13.467 ("Reforma" Trabalhista). Apesar de não fazer parte do escopo da pesquisa, interessa notar que referido dispositivo até então havia sido declarado constitucional pelo Tribunal Pleno do Tribunal Superior do Trabalho (TST)(57), e, posteriormente, pelo Supremo Tribunal Federal (STF)(58), sob o argumento de que as mulheres teriam maior desgaste físico e mental que os homens, merecendo, com isso, apenas elas, um intervalo prévio nas situações de jornada extraordinária. Nesse aspecto, entende-se que tais decisões fundamentaram-se em argumentos predominantemente "biologicistas" e sexistas, baseados na (suposta) fragilidade dos corpos femininos (VIEIRA, 2014, p. 92 e 163), levando, assim, à oneração da força de trabalho das mulheres no mercado. A bem da verdade, à luz da isonomia entre os sexos insculpida na Constituição Federal de 1988, seria pertinente que os homens fossem igualmente contemplados com

---

segundo colocam Amauri Cesar Alves e Michelle Cristina Farias, "A desregulamentação trabalhista [...] pode atingir as mulheres trabalhadoras de maneira mais intensa, devido à sua baixa integração social no mundo do trabalho, ocasionada, principalmente, pelo modo de produção capitalista, que alimenta ou cria padrões sociais que servem de pretexto para a divisão sexual do trabalho e para a consequente marginalização delas no mundo do trabalho" (ALVES; FARIAS, 2020, p. 187-188).

(57) BRASIL. Tribunal Superior do Trabalho. Incidente de Inconstitucionalidade em Recurso de Revista n. 154000-83.2005.5.12.0046. Mulher – intervalo de 15 minutos antes de labor em sobrejornada — constitucionalidade do art. 384 da CLT em face do art. 5º, I, da CF. [...]. Tribunal Pleno. Relator: Ministro Ives Gandra Martins Filho. Julgado em 17 nov. 2008. *Diário da Justiça Eletrônico*, 13 fev. 2009.

(58) BRASIL. Supremo Tribunal Federal. Recurso Extraordinário n. 658.312/SC. Repercussão geral reconhecida. Direito do Trabalho e Constitucional. Recepção do art. 384 da Consolidação das Leis do Trabalho pela Constituição Federal de 1988. Constitucionalidade do intervalo de 15 minutos para mulheres trabalhadoras antes da jornada extraordinária. Ausência de ofensa ao princípio da isonomia. Mantida a decisão do Tribunal Superior do Trabalho. Recurso não provido. Relator Ministro Dias Toffoli. Julgado em 15 set. 2021. *Diário da Justiça Eletrônico*, 06 dez 2021.

a previsão legal em comento. Com as decisões judiciais prevalentes, no entanto, com a "Reforma" Trabalhista, acabou ocorrendo no Poder Legislativo o denominado "efeito *backlash*", que gerou, assim, a revogação do ordenamento do art. 384 celetista. Por "efeito *backlash*", a propósito, entende-se o fenômeno que ocorre quando decisões do Poder Judiciário geram grande comoção, e então o Poder Legislativo, por sentir-se controlado pelo Judiciário e no intuito de proteger-se, atua para minar estas decisões (TEODORO, 2017, informação verbal[(59)]).

A respeito da Seção IV, nomeada "Dos métodos e locais de trabalho", o art. 387 da CLT, que vedava o trabalho de mulheres em subterrâneos, minerações, pedreiras e obras de construção e em atividades perigosas ou insalubres, foi revogado pela Lei n. 7.855/89. Ainda, a Lei n. 9.799/99, inseriu à CLT dispositivos de incentivo ao trabalho de mulheres e seu aperfeiçoamento profissional (arts. 390-B, 390-C e 390-E).

Na mesma Seção, continuaram (e continuam) vigentes os arts. 389 e 390 da CLT. O art. 389 e seus incisos[(60)] estabelecem a obrigação de as empresas adotarem medidas de saúde, segurança e higiene no local de trabalho. Já o art. 390 celetista veda o trabalho das mulheres "em serviço que demande o emprego de força muscular superior a 20 quilos para trabalho contínuo, ou 25 quilos para o trabalho ocasional".

Muito embora não se pretenda, nesta dissertação, o desenvolvimento de análises específicas quanto a esses dois últimos dispositivos, não se pode deixar de referir discordância frente a seus teores e permanência na legislação. Sobre o art. 389 celetista, como já manifestado anteriormente, o direito à saúde e segurança no local de trabalho, da forma como disciplinado, deve dizer respeito à proteção de qualquer ser humano trabalhador, não se justificando sua previsão como se fosse uma garantia legal restrita apenas às mulheres (VIEIRA, 2014, p. 82). Quanto ao art. 390 da CLT, tal como aponta Cristiane Maria Sbalqueiro Lopes (2006, p. 419-420), trata-se de normatização vista normalmente pela doutrina como um caso de diferença justa entre mulheres e homens. Contudo, apesar de ser de conhecimento geral que a mulher, via de regra, consegue levantar menos peso que o homem, também é certo que os seres humanos podem ser consideravelmente variáveis. Assim, um homem pode ser pequeno e ter pouca força muscular, enquanto que uma mulher pode ser mais alta e mais forte, com mais disposição a tarefas que demandem exercícios físicos. Logo, o limite de esforço que cada indivíduo pode aguentar não é absoluto e quando o legislador protege apenas a saúde de mulheres, não se atentando também para proteção da saúde dos homens, a norma, do ponto de vista da preservação da integridade física dos trabalhadores, mostra-se ineficaz (LOPES, 2006, p. 419-420), olvidando que o tema da saúde e da segurança laboral é um fim social que deve ser almejado pela lei, independentemente do gênero. No mesmo sentido, a posição de Maria Cecília Máximo

(59) Palestra proferida por Maria Cecília Máximo Teodoro em seminário virtual realizado na Ordem dos Advogados do Brasil (OAB) de Minas Gerais (MG), em 08 nov. 2017.

(60) Com alterações trazidas pelo Decreto-lei n. 229, de 1967.

Teodoro para quem a distinção imposta às mulheres não se justifica, "sendo que a legislação deveria caminhar para estabelecimento de critérios considerando o trabalhador individualmente, independentemente do gênero, conforme seu vigor físico, por exemplo" (TEODORO, 2020, p. 134)[(61)].

Por fim, a Seção V do Capítulo III da CLT, que trata da "Proteção à maternidade" pelos arts. 391 a 401.

O art. 391 celetista, que permanece vigente em sua redação original, ao determinar que "não constitui justo motivo para a rescisão do contrato de trabalho da mulher o fato de haver contraído matrimônio ou de encontrar-se em estado de gravidez", foi complementado pelo art. 10 do ADCT, o qual, em seu inc. II, alínea *"b"*, previu a garantia provisória no emprego da trabalhadora gestante, da confirmação da gravidez até cinco meses após o parto.

Acerca da licença-maternidade, a redação original do art. 392 da CLT proibia, inicialmente, o trabalho das mulheres no período de seis semanas antes e seis semanas depois do parto. Posteriormente, com o Decreto-lei n. 229/67, a proibição do trabalho de gestantes fora alterada para quatro semanas antes e oito semanas depois do parto. Como antes mencionado, a CLT, até então, tratava o período de afastamento da trabalhadora gestante como uma verdadeira proibição, não como um direito. Somente no pós-88, o tema foi abordado como um direito e a previsão expressa de licença-maternidade de 120 dias no artigo celetista em comento foi fruto de alteração trazida pela Lei n. 10.421/02, nos termos do art. 7º, inc. XVIII, da Constituição.

Por meio da mesma Lei n. 10.421/02, o art. 392-A foi inserido à CLT, estendendo-se a licença-maternidade para a mãe adotante[(62)]. Importante destacar que apenas com a Lei n. 12.010/09, equiparou-se definitivamente a mãe adotante à mãe biológica, revogando-se, assim, os incisos do artigo discutido que diferenciavam os períodos de licença-maternidade de acordo com a idade da criança adotada, e sendo unificado o direito aos 120 dias constitucionais.

O art. 393 da CLT cuidou do salário-maternidade, complementar à licença-maternidade, estabelecendo que este seja equivalente ao salário integral da trabalhadora. Sua redação original estabelecia que o auxílio-maternidade era de responsabilidade do empregador. Esse ponto somente foi modificado em 1974, por intermédio da Lei n. 6.136, que alterou a previsão inicial da CLT, em atenção à Convenção n. 103 da OIT ratificada pelo Brasil dez anos antes, e transferiu a prestação como encargo da Previdência Social, um

(61) Resta também mencionar que o dispositivo em comento pode significar mais um desafio à contratação de mulheres em determinados nichos do mercado de trabalho, ao trazer garantias exclusivas às trabalhadoras.

(62) A redação original do *caput* do art. 392-A sofreu alterações por meio da Lei n. 12.873, de 2013, e, após, pela Lei n. 13.509, de 2017, sem modificações substanciais no que interessa ao proposto neste estudo.

importante passo, vale dizer, no enfrentamento à discriminação das mulheres trabalhadoras (VIEIRA, 2014, p. 94).

Com textos inalterados desde a promulgação da CLT em 1943, os arts. 394 e 395 versam sobre a faculdade conferida às mulheres grávidas de romperem a relação de emprego que possa causar prejuízos à gestação e sobre a previsão de repouso remunerado de duas semanas em caso de aborto não criminoso, respectivamente.

Inserido inicialmente pela Lei n. 13.287/16, o art. 394-A da CLT estabeleceu o afastamento de trabalhadoras gestantes e lactantes de atividades, operações ou locais insalubres. Com a "Reforma" Trabalhista de 2017, a redação do dispositivo foi alterada, permitindo-se que grávidas pudessem laborar em ambientes insalubres de grau médio e mínimo, e lactantes, em locais insalubres de qualquer grau, havendo possibilidade de afastamento das trabalhadoras apenas mediante apresentação de atestado médico para tanto. Essa alteração do art. 394-A celetista levou à propositura da Ação Direta de Inconstitucionalidade (ADI) n. 5.938 perante o STF, ajuizada pela Confederação Nacional de Trabalhadores Metalúrgicos, tendo o Supremo Tribunal Federal declarado **inconstitucional a** autorização do trabalho de gestantes e lactantes em ambientes insalubres. Com isso, a regra a ser aplicada é a da redação original do dispositivo citado, em que gestantes e lactantes não podem laborar em ambiente considerado insalubre, independentemente de seu grau, não sendo necessário apresentar atestado médico para tal mister e devendo ser realocadas em outras atividades dentro da empresa ou afastadas mediante recebimento de salário-maternidade. Não se tratará sobre esse tema nesta pesquisa, por questões de metodologia, porém cabe pontuar que a previsão legal em foco pode se colocar como mais um fator de risco à empregabilidade de mulheres no Brasil (TEIXEIRA, 2020, p. 197-209).

Por fim, os dispositivos que encerram a Seção V do Capítulo III celetista dispõem sobre o cuidado dos(as) filhos(as) de trabalhadoras após o nascimento. O art. 396 da CLT concede às mulheres o direito a dois descansos especiais de meia hora cada para amamentação do(a) filho(a) até os seis meses de idade, sendo esse direito também concedido à mulher adotante de acordo com a redação dada pela Lei n. 13.509/17[(63)]. Já os arts. 397, 398 e 400 da CLT cuidam do fornecimento de creches para guarda dos filhos e filhas de trabalhadoras.

A partir da análise do contexto apresentado, percebe-se a evolução das leis trabalhistas voltadas às mulheres no Brasil, até se chegar à atualidade normativa do Direito do Trabalho feminino. A doutrina aponta que o ordenamento, no aspecto, pautando-se

(63) Esse dispositivo sofreu modificação pela "Reforma" Trabalhista, de 2017, sendo-lhe acrescido o § 2º, por meio do qual passou a ser possível que os períodos de amamentação disciplinados possam ser definidos por acordo individual entre a mulher e o empregador, medida que acredita-se interessante na promoção da igualdade de gênero no mercado de trabalho.

pelos princípios trazidos pela Constituição Federal de 1988, deixou de ser protetivo e passou a ser promocional, como sinaliza Amauri Mascaro Nascimento:

> O direito promocional da mulher surgiu quando as premissas que inspiraram a legislação anterior proibitiva foram afastadas e a mulher deixou de ser considerada um ser inferior que necessita da proteção do Estado, como se fosse incapaz para as mesmas oportunidades de trabalho oferecidas pela sociedade ao homem (NASCIMENTO, A., 2004, p. 933).

Nessa concepção, o sistema jurídico, a fim de promover a inserção feminina no mercado laboral em igualdade de gêneros, deve minimizar as regras de proteção às mulheres, buscando mantê-las apenas em aspectos de verdadeira importância para as trabalhadoras, onde diferenças biológicas e de tratamento assim de fato o exijam (BARROS, 1995, p. 36). O Direito do Trabalho da Mulher coloca-se como medida necessária para assegurar às trabalhadoras, além de garantias específicas decorrentes de suas particularidades biológicas, oportunidades paritárias de ingresso no mercado laboral em equivalência aos homens (CALIL, 2007, p. 15).

Decorre que, apesar das mudanças ocorridas na legislação trabalhista brasileira e dos avanços rumo à igualdade defendidos pela Constituição Federal, é cediço que as mulheres ainda enfrentam expressivas dificuldades no ingresso, permanência e desenvolvimento no mercado de trabalho, em uma posição desvantajosa em relação aos homens. Com efeito, é possível concluir que a evolução normativa não se mostrou bastante em seu intento de promover a igualdade e fomentar o labor feminino (BARROS, 1995, p. 224). Se formalmente as desigualdades caíram com a Constituição de 1988, do ponto de vista material se mantiveram (CASTILHO, 2018, p. 2).

2.4. Uma análise do ordenamento jurídico nacional como desafio à busca da igualdade pelas mulheres no mercado de trabalho

Acompanhando a evolução do arcabouço de normas que disciplinam o labor feminino no Brasil, especialmente após a Constituição Federal de 1988, sem dúvidas que podem ser identificadas mudanças positivas no desenvolvimento do trabalho das mulheres nos últimos tempos. Dados apontados ao início da dissertação desvelaram que a ocupação e o emprego feminino cresceram, consolidando um movimento de inserção maciça de mulheres na força de trabalho produtiva. A taxa de atividade feminina entre 1950 e 2010 mais que triplicou, alcançando 48,9% (ALVES, 2013).

Simultaneamente, no entanto, certas características estruturais denotam segregações e discriminações que subsistem, baseadas nas concepções sociais de gênero e na divisão sexual do trabalho (LOMBARDI, 2018, p. 138). Nesse sentido, os números também apresentados evidenciaram que a força de trabalho feminina no mercado pátrio, em que pese sejam as mulheres a maioria da população, ainda é bastante reduzida, com taxa de participação consideravelmente menor que a taxa masculina. Igualmente, os índices de desemprego e informalidade às mulheres são superiores aos dos homens e, no trabalho remunerado, as mulheres, mesmo mais escolarizadas, ainda possuem menores rendimentos em comparação aos trabalhadores masculinos; estão distantes de ocuparem cargos de gerência e gestão; e são mais propensas a ocupações a tempo parcial. O trabalho das mulheres, visto como hierarquicamente inferior, é impactado por forte segregação ocupacional, alocado em nichos específicos ligados à saúde, bem-estar e ao cuidado, com grande tendência à precarização e baixas retribuições, alijadas, assim, de importantes setores da economia (POSTHUMA; LOMBARDI, 1997; ABRAMO; ARMIJO, 1997; BRUSCHINI, 1998; BRUSCHINI; LOMBARDI, 2000; IBGE, 2010; IBGE, 2020; IBGE, 2021).

Diante desse cenário, poderia se partir da ideia do Direito como instrumento promotor de igualdade, mormente se considerado que o ordenamento jurídico-trabalhista brasileiro pretendeu-se promocional ao labor feminino.

Porém, sem ignorar essa perspectiva, até mesmo porque a se tem por insuficiente, o objetivo desta pesquisa é direcionar o foco para a atuação do Direito como verdadeiro agente discriminatório. Isso implica em abordar como a regulamentação da legislação trabalhista brasileira, em relação ao trabalho feminino, pode instituir e fomentar ainda mais a discriminação contra as mulheres no mercado produtivo, inobstante as mudanças culturais e principalmente normativas havidas (FERRITO, 2021, p. 133).

O tema é relevante, como ressalta Regina Stela Corrêa Viera, vez que inserir a concepção de gênero no Direito faz com que se possa enxergar as estruturas que acabam por significar realidades tão distintas entre mulheres e homens no trabalho, objetivando-se, assim, combater a naturalização das diferenças entre os sexos que fundamenta a desigualdade. Ainda que normas de vedação a determinadas práticas discriminatórias sejam de grande relevância, isso não significa simplesmente criá-las, mas, sim, possibilitar que as mulheres sejam juridicamente consideradas em suas relações dentro da sociedade, e não pelas diferenças, debilidades ou inferioridades (VIERA, 2015, p. 510).

2.4.1. Igualdade jurídica

A palavra "igualdade" possui muitas acepções possíveis e as indagações sobre seu alcance não são recentes no Direito, realizadas há muito por filósofos e juristas, desde Rousseau (SILVA, M., 2021, p. 15).

Em verdade, o conceito de igualdade revela-se instável, variando de acordo com a época e, modo geral, segundo os valores que fundam uma coletividade em um determinado momento cultural (BARBUGIANI, 2012, p. 9). Como direito assegurado constitucionalmente nas sociedades contemporâneas, "a igualdade figura clara e nebulosa, em seu sentido e extensão" (FERRITO, 2021, p. 140).

Pensar na igualdade entre os seres humanos indica, antes de tudo, uma medida de comparação, vez que uma pessoa não pode ser igual a ela mesmo e, com isso, pressupõe que se confrontem dois elementos, no mínimo (BARBUGIANI, 2012, p. 21).

Posto isso, pode parecer uma contradição que os seres humanos devam ser considerados iguais juridicamente, quando não existe um indivíduo igual a outro. As pessoas se diferenciam por conta de características naturais, como sexo e raça, por exemplo; características baseadas em opções de vida e conduta, tais como estado civil, religião, opinião política, dentre outras; e também por estarem inseridas em diferentes contextos econômicos, sociais e culturais. Assim, cada pessoa possui traços próprios e identidade única, não sendo possível que uma seja totalmente igual à outra (LIMA, 2010, p. 39-40).

Destarte, estabelecer-se o significado de igualdade, na ótica jurídica, é muito mais difícil do que aparenta ser.

No panorama de diversidades humanas, é exatamente por conta da existência de desigualdades, naturais ou contingentes, que se aspira à igualdade (BARROSO, 1986, p. 70). A igualdade se coloca como uma meta que visa oferecer plenas condições a todos, "uma opção escolhida pela humanidade como elemento necessário para uma convivência pacífica e para que se tenha um sistema político equilibrado e estável, com características democráticas" (LIMA, 2010, p. 41).

A conceituação de igualdade passa, portanto, pela complexidade em se definir qual parâmetro deve ser considerado para a concretização da isonomia entre os seres humanos.

Os preceitos utilizados para a efetivação da igualdade como meio de nivelamento dos direitos, de forma a atingir todos os cidadãos, foram se transformando com a evolução da sociedade, gradativamente, passando-se de uma igualdade meramente formal para o que a doutrina concebeu como uma igualdade material (BARBUGIANI, 2012, p. 9).

Em sua origem documentada, a igualdade se vinculava apenas a uma acepção puramente formal, expressa simplesmente na compreensão da "igualdade perante a lei". Historicamente atribuída à Declaração de Direitos do Homem e do Cidadão[64], de 1789, a igualdade, nessa acepção, veio a ser reproduzida em praticamente todas as Constituições posteriores à Revolução Francesa e surgiu com o Estado Liberal, como mecanismo de contenção, pela burguesia, dos privilégios concedidos à nobreza nos antecedentes regimes monárquicos absolutistas (BARROSO, 1986, p. 68).

(64) Dispunha o art. 1º da Declaração de Direitos do Homem e do Cidadão: "Art. 1º. Os homens nascem livres e permanecem livres e iguais em direitos; as distinções sociais não podem ser baseadas senão na utilidade comum".

Fundamentada na ideia de que todas as pessoas deveriam ser tratadas pela lei da mesma forma, a igualdade formal pressupunha um caráter estatal negativo. A lei, que deveria ser genérica e abstrata, deveria ser aplicada a todos igualmente, sendo vedadas distinções. É o que explica Nícolas Trindade da Silva:

> A igualdade formal sempre que é evocada, refere-se ao Estado visto sob sua natureza formal, no sentido de ser a igualdade perante a lei com a preocupação e o comando legal do tratamento igualitário sem aferições sobre qualidades ou atributos pessoais e explícitos dos destinatários da norma. A igualdade formal resulta da perspectiva política do Estado de Direito, que é fundado na lei, no sentido da lei igual para todos. Assim, todos são iguais perante a lei como forma de garantia dos direitos fundamentais estabelecidos por este Estado legal (SILVA, N., 2012, n.p.).

Nas palavras de Maren Guimarães Taborda, sob essa concepção formal de igualdade perante a lei, o critério que igualava os homens era o momento de aplicação da lei, que devia valer para todos indistintamente e ser aplicada de maneira uniforme (TABORDA, 1998, p. 225). De tal feita, a igualdade formal se dirigia, a princípio, ao executor da norma, a quem caberia aplicá-la de acordo com os critérios colocados pela própria lei (RIOS, J., 2006, n.p.).

Ocorre que, quando se propõem leis de cunho meramente genérico e abstrato, que não regulam, de maneira diferenciada, pessoas em circunstâncias diversas, obviamente que não se pode ter uma justiça efetiva (BARBUGIANI, 2012, p. 28). Nas lições de Cláudio Petrini Belmonte:

> [...] esse entendimento formal do princípio da igualdade, respaldando apenas uma igualdade perante a lei, não é, *de per si*, garantidor de um tratamento justo e adequado aos cidadãos, tendo em conta as diversas situações vislumbradas no cotidiano das pessoas. Ou seja, se o legislador, ao criar a norma legal, o fizer apenas com base num critério universalista de igualdade dos cidadãos, como se todos estivessem nas mesmas condições culturais, econômicas, saudáveis, etc., mesmo que no próprio preceito legal não faça nenhuma distinção espontânea, efetiva e faticamente poderá desrespeitar o princípio da igualdade, pois é sabido que, na prática, as pessoas não se encontram todas nas mesmas situações e condições (BELMONTE, 1999, p. 160).

Isonomia ou igualdade, portanto, não poderia significar apenas tratar a todos absolutamente de forma igualitária, pois isso certamente geraria desigualdades. A igualdade, sendo assim compreendida, não passaria de simples devaneio em termos concretos.

E é nesse diapasão que irrompe o conceito de igualdade material ou substancial, a qual expressa a ideia de "igualdade na lei" ou "igualdade na formulação do direito", voltando-se ao legislador (TABORDA, 1998, p. 260).

Com o advento do Estado Social, resultado de maior intervencionismo nas relações privadas, a igualdade meramente formal exigiu ser revisitada e passou a ser concebida sob a ótica da "igualdade de oportunidades": de acordo com esse novo aspecto, a igualdade seria alcançada com a garantia de iguais condições de competição pelas necessidades essenciais, sendo, com isso, reconhecida a inevitabilidade de, por vezes, determinados grupos de indivíduos serem até mesmo privilegiados, em detrimento de outros, na busca do atingimento da igualdade maior (SILVA, M., 2021, p. 16).

No mesmo sentido, Maren Guimarães Taborda esclarece que "Com o objetivo de colocar todos os membros da sociedade em condições iguais de competição pelos bens da vida considerados essenciais, muitas vezes é necessário favorecer uns em detrimento de outros" (TABORDA, 1998, p. 257). Assim, a autora explica que são introduzidas, de modo artificial ou imperativamente, discriminações que de outro modo não existiriam, a fim de que estas se tornem instrumentos de igualdade, apontando que o Direito do Trabalho, inclusive, nasceu nesse contexto onde se reconhece existir um desequilíbrio de forças entre empregados e empregadores como discriminação basilar para o ordenamento jurídico, que privilegia a proteção do trabalhador hipossuficiente, desde o momento de criação da lei (TABORDA, 1998, p. 257-258).

O princípio da igualdade, assim visto, reconhece a diversidade humana, pelo que, conforme observa Luís Roberto Barroso, "se projeta no abismo que separa os homens em concepções políticas distintas e ideologias antagônicas, configurando, ao menos idealmente, uma igualdade **material**, equiparando a todos perante os bens da vida" (BARROSO, 1986, p. 65, grifo do autor). Partindo da visão de Aristóteles ao asseverar que igualdade é tratar igualmente os iguais e desigualmente os desiguais, na medida de suas desigualdades (FERRITO, 2021, p. 144), a isonomia, por essa medida, não só impede um tratamento diferenciado, mas, por vezes, o pressupõe, como pontua Nicolas Trindade da Silva:

> Para alcançar a efetividade do princípio da igualdade, haveria que se considerar em sua operacionalização, além de certas condições fáticas e econômicas, também certos comportamentos inevitáveis da convivência humana. Apenas proibir a discriminação não garantiria a igualdade efetiva. Daí surgiu o conceito de igualdade material ou substancial, que se desapegava da concepção formalista de igualdade, passando-se a considerar as desigualdades concretas existentes na sociedade, de maneira a tratar de modo dessemelhante situações desiguais (SILVA, N., 2012, n.p.).

A ideia de isonomia, por conseguinte, vista de seu aspecto substancial, não se mostra como um conceito ou um estado absoluto, na medida em que "tende mais ao relativismo, por implicar numa série de fatores que podem influenciar em sua concepção, sendo certo que a igualdade plena em todos os aspectos do ser humano é praticamente impossível" (BARBUGIANI, 2012, p.26).

A igualdade não existe para superar as diferenças em si, mas para subjugar a desigualdade, dialogando com a diversidade humana na busca de harmonizar essa aparente incoerência (FERRITO, 2021, p. 141). A igualdade, como uma convenção para o avanço da vida em sociedade, deve atentar às diferenças entre as pessoas, o que é ressaltado por Firmino Alves Lima:

> As diferenças são inerentes ao ser humano e não podem ser deixadas de lado, elas são a essência de diferenciação do ser humano sobre os demais seres humanos, posto que o homem tem o condão de ter consciência e questionar a si próprio. Não é possível entender como modelo de igualdade efetiva aquela baseada na desconsideração da diversidade humana, posto que haverá um tratamento geral a situações distintas (LIMA, 2010, p. 45).

Somente desse modo a ideia de igualdade assume real valor, demonstrando que "as características, competências e atributos específicos não determinam a posição do sujeito na pirâmide social, nem limitam seu acesso às oportunidades (educação, cultura, emprego) em geral" (FERRITO, 2021, p. 143).

Na compreensão da igualdade material, por consequência, a lei não pode se limitar a tratar a todos, sem distinção, diante da norma, ao contrário da igualdade vista apenas pelo lado formal. Cabe ao legislador reconhecer e considerar as diferenças, editando normas com um conteúdo apropriado à situação das pessoas, isto é, tratando de maneira igual os semelhantes e, desigual, os dessemelhantes (TABORDA, 1998, p. 260).

Buscando meios de fazer valer efetivamente a igualdade, o ordenamento jurídico deve procurar equiparar os seres humanos no que se refere à fruição de direitos e à sujeição a deveres, indo além, contudo, de simplesmente dar tratamento uniforme apenas formalmente, mas objetivando uma igualdade real, verdadeira e efetiva perante os bens da vida (SILVA, N., 2012, n.p.). De acordo com o que pondera Luiz Henrique Sormani Barbugiani, "O Poder Legislativo, segundo essa concepção, ao se pautar pela igualdade, não só deve se abster de discriminar quando indevido ou ilegítimo, como também o fazer quando essencial para assegurar a igualdade" (BARBUGIANI, 2012, p. 29). Logo, a regra da igualdade material assim concebida deslegitima discriminações arbitrárias, assim entendidas as que não são plenamente justificadas. A discriminação só se justifica quando a conexão entre o critério discriminador e a finalidade da norma for razoável e suficiente, pelo que, conforme Maren Guimarães Taborda, "o elemento discrímen não é autônomo em relação ao elemento finalidade" (TABORDA, 1998, p. 262).

Importante mencionar, por fim, que, atualmente, a ideia de igualdade na lei, reflexo da igualdade material ou substancial, deve ser lida pela expressão "igualdade através da lei'", ou seja, consoante esclarece Lutiana Nacur Lorentz, "a possibilidade de criação, através de regras e princípios, de tratamentos diferenciados para pessoas ou grupos que têm desigualdades reais com relação ao resto da sociedade, para que, assim, ao final, todos possam ter uma igualdade real" (LORENTZ, 2004, p. 92). Essa reflexão indica uma tendência na evolução das discussões quanto ao redimensionamento da concepção de igualdade material, que tem o objetivo de melhor adequá-la à realidade social atual (BARBUGIANI, 2012, p. 30).

2.4.1.1. Igualdade constitucional entre mulheres e homens

Com base nas considerações anteriores, é possível direcionar a atenção para a questão da igualdade entre os sexos estabelecida pelo ordenamento jurídico-constitucional pátrio.

Conforme já mencionado, a Constituição Federal de 1988, fruto da derrocada do regime militar no Brasil, estabeleceu, em sua primeira parte dispositiva, direitos e garantias fundamentais como nunca antes havia acontecido em qualquer outra Constituição anterior do país. Esse fato demonstra a importância atribuída a esses direitos pelo Texto Constitucional, em contraposição ao desrespeito verificado durante o período da ditadura militar (CALIL, 2007, p. 49).

A Constituição de 88 surgiu, assim, balizada na cidadania e na dignidade da pessoa humana, fundamentos da República Federativa do Brasil (art. 1º, incs. II e III). E, nesse contexto, o princípio da igualdade coloca-se como o maior sustentáculo de tais fundamentos. Sem igualdade não há cidadania e dignidade e uma sociedade justa e solidária só pode ser construída baseada na igualdade.

O Estado Democrático de Direito tem o critério da igualdade como pressuposto de sua existência e um dos pontos de partida para o tratamento dos cidadãos (LUCENA FILHO, 2011, p. 130-31). Segundo coloca Maren Guimarães Taborda, o "direito de igualdade" pretende "facilitar e tomar possível o desenvolvimento integral da pessoa e o exercício efetivo e real de sua dignidade" (TABORDA, 1998, p. 266).

Todas as Normas Constitucionais brasileiras sempre contemplaram a igualdade, mas foi na CF/88 que se consagrou, como garantia fundamental, a isonomia entre mulheres e homens. A igualdade, tratada então pela Constituição, estabelece que todos são iguais perante a lei e que mulheres e homens são iguais em direitos e obrigações (art. 5º, *caput* e inc. I).

Deve-se compreender que a isonomia jurídica entre mulheres e homens preconizada pela Constituição de 1988 deve ser tida não apenas sob a abordagem da igualdade formal. A abrangência total do sentido e do alcance da igualdade constitucional somente pode ser encontrada quando sopesado também seu aspecto material (BELMONTE, 1999, p. 161).

Nas palavras de Maren Guimarães Taborda (1998, p. 263-264), a CF/88, ao asseverar serem objetivos da República Federativa do Brasil: "construir uma sociedade livre. justa e solidária"; "erradicar a pobreza e a marginalização e reduzir as desigualdades sociais e regionais" e "promover o bem de todos, sem preconceitos de origem, raça, sexo, cor, idade e quaisquer outras formas de discriminação" (incs. I, III e IV do art. 3º), alçou a valor supremo do Estado a igualdade formal e a material, proibindo, de antemão, discriminações arbitrárias.

A propósito, em que pesem as diferenças conceituais antes abordadas a respeito da igualdade "na lei" e "perante a lei", Luiz Henrique Sormani Barbugiani (2012, p. 29) aponta que, no Brasil, essa divergência, típica do direito comparado, não vingou para parte significativa da doutrina, que entende a segunda com o mesmo conteúdo da primeira, ao ser consagrada no Texto Constitucional. Por isso mesmo, a isonomia preconizada pela Constituição de 1988 deve ser entendida como a "junção do direito a igual tratamento e do direito a ser tratado como igual" (SILVA, M., 2021, p. 38):

> O primeiro postulado define que sejam vedados os tratamentos diferenciados por critérios discriminatórios não permitidos, e preconiza uma aplicação mais delimitada da igualdade. Já o segundo defende que se adote postura de considerar quanto mais diferenças concretas possíveis, e que se determinem proteções jurídicas específicas para cada necessidade (SILVA, M., 2021, p. 38).

Uma interpretação meramente literal da Constituição Federal, quando esta preconiza que todos são iguais perante a lei, sem distinção de qualquer natureza (art. 5º, *caput*), levaria a uma compreensão rasa da igualdade, sem a amplidão que requer tão relevante garantia. Do mesmo modo, a simples enunciação do art. 5º, inc. I, da CF/88, conduziria o intérprete a convencer-se da existência de uma igualdade jurídica absoluta entre mulheres e homens, na medida em que expresso, no dispositivo, que "homens e mulheres são iguais em direitos e obrigações" (RIOS, J., 2006, n.p.).

Não pode existir igualdade entre mulheres e homens, se as diferenças entre os sexos são afastadas ou desconsideradas pela lei e, nesse aspecto, Anne Phillips reforça que "não podemos esperar alcançar a igualdade ignorando as diferenças, pois todos os intentos de não levar em conta as diferenças — não observando se alguém é homem ou mulher [...] — acabarão por reforçar a dominância dos grupos já dominantes" (PHILLIPS, 2009, p. 224). O reconhecimento da "diversidade ao invés da uniformidade" é ponto primordial para que se alcance a igualdade plena (PHILLIPS, 2009, p. 224).

Com efeito, nota-se que o Texto Constitucional, ao lado de reconhecer que todos são iguais perante a lei e que mulheres e homens são iguais em direitos, possui diversos dispositivos nos quais confere situações privilegiadas às mulheres, justamente para ser fiel ao princípio isonômico como deve ser compreendido, em sua grandeza substancial, reconhecendo diferenças justas em relação ao sexo oposto. Segundo explana Maria Cristina Irigoyen Peduzzi:

> O Estado de Direito congrega duas noções de igualdade: a) na sua acepção formal, a lei deve ser igual para todos, vedando toda sorte de tratamento discriminatório ou privilégios em razão de raça, gênero, deficiência física, religião, educação ou classe social; b) na sua dimensão material, o Estado deve promover igualdade de oportunidades por meio de políticas públicas e leis que atentem às necessidades e especificidades dos grupos menos favorecidos, quer em decorrência do preconceito ou do próprio processo histórico e cultural (PEDUZZI, 2009, p. 65).

No aspecto, o art. 7º, inc. XVIII, da CF/88, assegurou à trabalhadora, urbana e rural, licença à gestante, com duração de 120 dias. Também no encarte dos Direitos Sociais, programou-se a proteção do mercado de trabalho da mulher, mediante incentivos específicos, nos termos da lei (art. 7º, inc. XX). Quanto às regras previdenciárias, a Constituição providenciou, considerando diferenças biológicas entre mulheres e homens, que, para fins de implemento de requisitos objetivos, fossem fixados parâmetros diversos, com a mulher alcançando benefícios com idade inferior à do homem (art. 40, § 1º, inc. III, e art. 201, § 7º, inc. I). No serviço militar obrigatório, foi dispensada, também por questões biológicas, a contribuição da mulher (art. 143). Com relação à gestão da família, corrigindo distorção cultural e histórica no sentido de que apenas ao homem cabia chefiá-la, a Constituição de 88, por não existir razão para tal diferenciação na ordem dos fatos, igualou mulheres e homens (arts. 183, 189 e 226).

Em diversos dispositivos, enfim, a Constituição de 1988 buscou dar a marca do tratamento aos direitos da mulher com base na isonomia substancial. Por vezes, confere-lhe situações aparentes de vantagem ou privilégio em relação ao homem, contudo, tem como premissa igualar as oportunidades, levando em conta as peculiaridades da biologia feminina e de outros aspectos de natureza física, social e cultural. Nos termos do que pondera José Lázaro Carneiro Rios:

> [...] diz-se que o princípio da igualdade de direitos tem como escopo a ideia de que todas as pessoas possuem direito de tratamento idêntico pela lei. Entretanto, não será *jure et jure,* pois comporta temperamento em sua interpretação, ao admitirem-se diferenciações. O que se veda, em verdade, são discriminações arbitrárias e sem razão plausível, pois no conceito de justiça inclui-se o tratamento desigual na medida dessas desigualdades (RIOS, J., 2006, n.p.).

Válido citar, neste ponto, que o princípio constitucional da igualdade opera em dois planos, o que ressalta Alexandre de Moraes:

> De uma parte, frente ao legislador ou ao próprio executivo, na edição, respectivamente, de leis, atos normativos e medidas provisórias, impedindo que possam criar tratamentos abusivamente diferenciados a pessoas que se encontrem em situações idênticas. Em outro plano, na obrigatoriedade ao intérprete, basicamente, a autoridade pública, de aplicar a lei e atos normativos de maneira igualitária, sem estabelecimento de diferenciações [...] (MORAES, A., 2007, p. 32).

De fato, Maren Guimarães Taborda (1998, p. 261) observa que a discussão sobre os destinatários do preceito da igualdade, que tanto dividiu, e ainda divide, doutrinadores estrangeiros, não se estabeleceu no Brasil, onde a doutrina sempre entendeu estarem vinculados à igualdade tanto o legislador quanto o executor da lei.

Nesse aspecto, a propósito, compartilha-se da posição de Luiz Henrique Sormani Barbugiani, que menciona que o respeito ao princípio da igualdade não deve vincular apenas os Poderes Executivo, Legislativo e Judiciário, mas também a todos os cidadãos que convivem em uma sociedade:

> A vinculação apenas do poder público a esse princípio fragilizaria a aplicação e consagração da igualdade no meio social, na medida em que os seres humanos, enquanto elementos do tecido social em seu interrelacionamento, devem se pautar por uma conduta não discriminatória, que na hipótese de inobservância deverá ser sancionada pelo aparato estatal que, por sua vez, não deve se restringir a dar o exemplo no trato de seus servidores e administrados, mas, principalmente, coibir a prática de todos os componentes da sociedade, desde que o ato discriminatório em si seja ilegítimo e desproporcional (BARBUGIANI, 2012, p. 29-30).

Feitas essas observações, como o objeto principal do presente trabalho é tratar sobre o papel do Direito como meio instituidor e fomentador de desigualdades contra as mulheres no mercado de trabalho, cumpre mencionar que a igualdade constitucional entre os sexos, enquanto dirigida ao legislador, é a que aqui mais interessa.

Sob essa avaliação, é certo que o Texto Constitucional de 88, em razão de sua posição de proeminência no ordenamento jurídico pátrio, deve informar toda a legislação infraconstitucional. Logo, pela concepção mais ampla da igualdade nos moldes abordados e como hodiernamente aceito, deve-se concluir que as normas infraconstitucionais podem (e devem) impor tratamento jurídico diferenciado entre mulheres e homens quando existam, de fato, diferenças entre ambos (PUYOL, 2001, p. 103). Nos moldes do que realça Alexandre de Moraes, "o que se veda são as diferenciações arbitrárias, as discriminações absurdas, pois, o tratamento desigual dos casos desiguais, na medida em que se desigualam, é exigência tradicional do próprio conceito de Justiça" (MORAES, A., 2007, p. 31).

Ismael Evangelista Benevides Moraes destaca que deve o Estado, em um primeiro momento, "abster-se de tratar as pessoas diferentemente, mas, sempre que necessário, pode e deve adotar tratamento diferenciado no sentido de proporcionar uma igualdade real, de oportunidades" (MORAES, I., 2007, p. 148). Fala-se, de tal modo, na "igualdade na diferença" (FERRITO, 2021, p. 145). A discriminação feita pela lei só é constitucionalmente válida quando justificada, isto é, quando encontrar finalidade razoável e suficiente.

Não cabe ao Direito, deste modo, proibir todas as diferenças entre os sexos, mas apenas as diferenças injustificadas. Conferir um tratamento diferenciado às mulheres que em nada tem a ver com sua condição significa verdadeira lesão ao princípio constitucional da igualdade, traduzindo-se em verdadeira discriminação pelo simples fato de serem do sexo feminino. O que o ordenamento jurídico, desse modo, deve almejar coibir é o tratamento diferenciado entre mulheres e homens sem justa razão (FERRITO, 2021, p. 142).

2.4.2. Discriminação: conceito e espécies

Adilson José Moreira (2017, p. 27) discorre sobre a pluralidade de significados do termo "discriminação", que pode designar tanto o ato de classificar objetos a partir de fatores específicos, quanto sugerir o tratamento arbitrário de alguém. Na acepção jurídica, o autor ressalta que ambos os sentidos estão presentes. No que se refere à concepção de igualdade substancial, as instituições estatais devem classificar os indivíduos com base em critérios necessários para o alcance da isonomia. Nesse contexto, "discriminar" significa categorizar pessoas de acordo com uma característica ou situação jurídica para atribuir-lhes uma consequência justa. Em outra acepção, a palavra enfatiza suas dimensões moral e jurídica, adquirindo conotação negativa e indicando um tratamento desvantajoso imposto por uma pessoa à outra, fundamentado em um julgamento moral negativo.

No Direito, o termo "discriminação" é geralmente utilizado no sentido de tratamento diferenciado e prejudicial dispendido a alguém (BARBUGIANI, 2012, p. 36). Em tal aspecto, por exemplo, a definição feita por Maria Cristina Irigoyen Peduzi, para quem "Discriminar [...] é adotar comportamento de dominação do mais favorecido em relação ao menos favorecido, é valorizar, distinguir, excluir, restringir com base em critérios perversos" (PEDUZZI, 2009, p. 68). Também para Patricia Tuma Martins Bertolin e Suzete Carvalho, "Discriminar é segregar, separar, excluir ao arrepio da lei, fruto de um preconceito arraigado cujas perversas consequências geralmente não se restringem ao plano individual, chegando a afetar imensos contingentes de seres humanos" (BERTOLIN; CARVALHO, 2010, p. 189-190).

Sucede que a palavra discriminação não deveria ser relacionada, sempre, a uma ideia de injustiça, como refere Luiz Henrique Sormani Barbugiani:

> A discriminação encontra-se atrelada, indubitavelmente, com o princípio da igualdade. Entretanto, o seu significado faz intuir, inicialmente, uma interpretação tendente a obstar práticas desarrazoadas de distinção entre os seres humanos, de conotação claramente inibitória, contudo, tal fato por si só não impede que sob seu aspecto positivo surja a concepção de discriminação como atenuação de diferenças, com o objetivo de consagrar preceitos maiores defendidos pela Lei Fundamental (BARGUGIANI, 2012, p. 36-37).

A partir dessas definições, portanto, podem-se extrair parâmetros para se elencar as noções de discriminação positiva e discriminação negativa.

A discriminação positiva possui o objetivo de minimizar as diferenças sociais e econômicas existentes entre os indivíduos, na comunidade, com intuito de alcançar-lhes a isonomia material. Traduzindo-se em medidas deliberadamente adotadas, em caráter temporário[(65)], procura promover socialmente determinados grupos historicamente prejudicados, por meio de atitudes diferenciadoras, conferindo-lhes maior igualdade de oportunidades (LIMA, 2010, p. 243). Consoante ensina Luiz Henrique Sormani Barbugiani, atos discriminatórios são aplicados, por meio de ações afirmativas, para se chegar a uma igualdade mais real, com a instituição de políticas públicas de inserção e justiça social:

> Na contemporaneidade, a ação afirmativa está umbilicalmente ligada à noção de promoção de maior inclusão social das minorias, a fim de que também possam usufruir dos *benefícios inerentes à vida em sociedade, envolvendo medidas evidentemente temporárias* (incluindo a atuação do poder público e da iniciativa privada) e apenas necessárias até que os beneficiados se integrem de modo efetivo à comunidade de um país ou região, livrando-os da discriminação negativa e consagrando uma sociedade lastreada numa democracia embasada no respeito às diferenças dos mais variados tipos [...] (BARBUGIANI, 2012, p. 39).

---

(65) Adilson José Moreira (2017, p. 31) entende que a discriminação positiva também pode se dar na criação de uma vantagem permanente a membros de um determinado grupo que possuem uma história de desvantagem ou que estão em uma situação de vulnerabilidade, de modo a melhorar-lhes as condições de vida.

Com efeito, a discriminação positiva visa à melhoria de condições de vida de grupos sociais por intermédio de ações que se distanciam do ideal de tratamento simétrico, pretendendo a eliminação da marginalização como objetivo estatal legítimo e, destarte, legalmente e moralmente justificado. Nessa esteira, a ideia de discriminação positiva apresenta-se relacionada aos princípios de igualdade substancial, justiça social e solidariedade (MOREIRA, 2017, p. 18 e 31).

Já a discriminação negativa implica no tratamento menos favorável de uma pessoa ou grupo, ocasionando-lhes exclusão ou prejuízo acentuado (LIMA, 2010, p. 241). Como destaca Adilson José Moreira:

> A *discriminação negativa* designa um tratamento que viola o princípio segundo o qual todos os membros de uma comunidade política devem ser igualmente respeitados. Ela acontece quando um agente público ou privado trata uma pessoa de forma arbitrária, o que é frequentemente motivado por estigmas culturais. [...] está baseada em uma motivação ilegítima: ela procura manter certas classes de pessoas em uma situação de subordinação, propósito incompatível com o objetivo de se construir uma sociedade democrática (MOREIRA, 2017, p. 30-31).

Não faz parte do escopo do presente trabalho cuidar da discriminação em seu aspecto positivo, contudo não se poderia deixar de mencioná-lo.

Interessa aprofundar o tema sob seu enfoque negativo, partindo-se da análise de sua classificação doutrinária bipartida em discriminação direta e indireta, sendo esta última de maior relevância para a pesquisa.

Segundo Firmino Alves Lima (2010, p. 219), o elemento essencial que distingue a discriminação direta da discriminação indireta é a intencionalidade do sujeito ativo da conduta discriminatória(66).

Na discriminação direta existe a figura de um indivíduo que, por ato comissivo ou omissivo, tem o intento de promover um ato diferenciador que, de algum modo, significa a alguém ou a uma coletividade um tratamento menos (ou mais) favorável que o dispendido a outra pessoa ou grupo. A discriminação direta se coloca, assim, como um "repúdio ostensivo a indivíduos ou grupos" (ALMEIDA, 2019, p. 25), externalizando preconceitos imbuídos na sociedade de forma não dissimulada e criando, intencionalmente, desvantagens ou privilégios para pessoas ou ajuntamentos sociais, sem justificativas (FERRITO, 2021, p. 146-147).

---

(66) Daí a classificação adotada pelo autor se referir à discriminação intencional e não intencional (LIMA, 2010, p. 219).

Nas ponderações de Adilson José Moreira:

> A intenção de discriminar alguém está frequentemente baseada no interesse na preservação de arranjos sociais que mantêm certos grupos em uma situação de privilégio e outros em uma condição subordinada. Os procedimentos utilizados para isso são legitimados por uma série de estereótipos culturais, representações criadas por grupos majoritários, segmentos que têm o poder simbólico e político para construir e difundir sentidos culturais (MOREIRA, 2017, p. 29).

Ao lado da intencionalidade, a integrar o conceito de discriminação direta há o caráter da arbitrariedade: a ação ou omissão realizada com o propósito de conferir tratamento desvantajoso a alguém ou a um conjunto de pessoas apresenta uma desproporcionalidade entre o meio e o objetivo visado e não encontra respaldo na lei ou no ordenamento jurídico (FERRITO, 2021, p. 146).

Para Adilson José Moreira (2017, p. 98-102), a discriminação direta, além dos pressupostos elencados, implica em outros elementos. Nesse aspecto, o autor aponta o caráter relacional desse tipo de discriminação, de modo que ela é medida de forma comparativa com pessoas que formam um grupo congênere: ou seja, o tratamento dispensado a uma pessoa deve se mostrar desvantajoso se comparado ao conferido a um indivíduo de outro grupo social simétrico. Moreira ainda indica um aspecto interpessoal do fenômeno, esclarecendo que a discriminação negativa direta significa um tratamento desfavorável (ou até favorável) de uma pessoa em relação a outra, baseado em estereótipos sociais sobre indivíduos de um determinado grupo. De tal feita, a discriminação "pode ocorrer quando estereótipos negativos e positivos atuam na mente das pessoas para determinar como um agente se relaciona nas suas interações sociais. Essas falsas generalizações motivam comportamentos discriminatórios [...]" (MOREIRA, 2017, p. 99). Por fim, merecem destaque os aspectos procedimental e comportamental da discriminação direta também apontados pelo autor: a discriminação direta ocorre entre pessoas ou grupos de pessoas identificáveis, caracterizando-se por uma violação do dever de tratamento isonômico entre os membros de uma comunidade política, baseada na premissa de que os atores sociais atuam racionalmente na intenção de discriminar a partir de um determinado vetor.

Concluindo, verifica-se que a discriminação negativa direta é a forma mais explícita de segregação, pois ocorre de maneira ostensiva, mediante práticas baseadas em circunstâncias não autorizadas pelo ordenamento jurídico e, portanto, sem justificação plausível ou legítima (BARBUGIANI, 2012, p. 45). Essa espécie, a propósito, revela a compreensão comum e tradicional do conceito de discriminação dentro da cultura jurídica da maioria das sociedades liberais: as pessoas são tratadas de modo diferenciado e desvantajoso por razões que não podem ser moral ou juridicamente justificadas (MOREIRA, 2017, p. 97 e 102).

Ocorre que pensar que atitudes discriminatórias ficam restritas apenas ao campo da intencionalidade, significa ignorar outras formas de discriminação que se perpetuam a partir dos efeitos do comportamento de uma sociedade desigual (LIMA, 2010, p. 227). A exclusão social pode ocorrer sem a intenção de discriminar e também em situações onde não há uso de formas de diferenciação legalmente proibidas (MOREIRA, 2017, p. 102).

Dessa percepção, portanto, é que exsurge o conceito de discriminação indireta:

> A palavra discriminação adquiriu sentidos ainda mais complexos em tempos recentes em função da percepção de que indivíduos são excluídos porque sofrem diferentes formas de tratamento desvantajoso que não expressam intencionalidade. [...] Por esse motivo, a palavra discriminação encobre também aqueles mecanismos que não classificam as pessoas a partir de um determinado traço, mas que concorrem para agravar a situação na qual elas vivem. Essas diferentes acepções do termo em estudo sugerem que ela descreve pessoas ou grupos que se encontram em uma *situação de desvantagem* em função de atos que podem ser intencionais ou não (MOREIRA, 2017, p. 27-28, grifos originais).

Com efeito, na discriminação negativa indireta, a vontade do agente não é expressa diretamente, mas as consequências de sua conduta, que embora possa parecer inofensiva em um primeiro momento, levam a discrepâncias de tratamento e de resultados, ocasionando em uma clara e ilegítima diferenciação (BARBUGIANI, 2012, p. 46).

Em assim sendo, a discriminação indireta concentra-se nos efeitos da conduta discriminatória, e não no agente que a comete ou em sua intenção, como destaca Bárbara Ferrito:

> [...] a intenção é irrelevante para determinação da prática de discriminação, bem como a arbitrariedade da distinção feita. A discriminação ocorre independentemente da vontade do agente e, por vezes, contra esta, estando entranhada na própria estrutura da sociedade, formando um sistema que opera automaticamente, reproduzindo e fortalecendo a discriminação invisível (FERRITO, 2021, p. 147).

Nesses termos, para a consideração dessa espécie de discriminação é preciso apenas que seja verificado o ato prejudicial, analisando-se se sua prática é justificável (LIMA, 2010, p. 118).

Deve-se ainda observar que, enquanto a discriminação direta normalmente indica práticas adversas contra indivíduos, a discriminação indireta denota um caráter coletivo, identificando formas que impactam grupos sociais específicos como um todo (FERRITO, 2021, p. 148). Do mesmo modo, o impacto causado pela discriminação indireta deve ser desproporcional e injustificado em relação a um grupo que já sofre desvantagens no seio da comunidade: "Esse impacto negativo aumenta o nível de opressão dos membros desse grupo, impedindo que eles possam atingir os mesmos propósitos que membros de outros grupos com os quais possam ser comparados" (MOREIRA, 2017, p. 104).

A discriminação não intencional pode advir da atuação ou omissão de agentes privados ou públicos. Uma decisão institucional, uma norma jurídica ou política pública podem, em sua aplicação, gerar um efeito desproporcional para uma determinada categoria de indivíduos, o que define a discriminação indireta (MOREIRA, 2017, p. 102).

Como exemplo de discriminação indireta advinda da atuação de agentes privados, Firmino Alves Lima (2010, p. 215-216) cita o caso de uma empresa alemã (*Bilka Kaufhaus GmbH*), que decidiu implementar alterações em seu sistema de pensões de seguridade social, sendo que uma das medidas adotadas foi excluir os trabalhadores em tempo parcial do plano, exceto se tivessem trabalhado em tempo integral por, pelo menos, quinze anos. Acionada judicialmente por uma empregada prejudicada pela medida, a decisão da Corte Europeia foi no sentido de que, não obstante a prática da empresa não tenha tido, a princípio, qualquer conotação intencional, sem dúvida afetaria, de maneira prejudicial, um número muito maior de mulheres do que de homens que trabalham em tempo parcial, em flagrante discriminação por sexo de modo indireto.

No que pertine aos entes públicos, o que mais importa nesta pesquisa é o fato de que a discriminação indireta é capaz de ser verificada na edição de normas provenientes de leis em sentido estrito.

A discriminação indireta pode ser constatada em normas que, voltadas ao tratamento de situações específicas dentro da ideia de igualdade material, acabam justamente por causar impacto adverso aos grupos que pretende trazer isonomia. Nessas hipóteses, a norma jurídica, por vezes, incorpora um elemento fortemente associado a determinados grupos por razões históricas ou sociais, causando-lhe discriminação (MOREIRA, 2017, p. 103).

Do mesmo modo, seria o caso de normas que são moralmente neutras e que obedecem ao princípio da generalidade, mas que, ainda assim, acabam tendo um impacto negativo sobre certos grupos de pessoas. Isso ocorre porque a norma não leva em consideração ou não prevê, de forma concreta, as consequências de sua aplicação (MOREIRA, 2017, p. 102-103). Nas palavras de Bárbara Ferrito, a neutralidade serviria como um elemento que acaba por manter e reforçar as desigualdades sociais:

> Ideias como generalidade, impessoalidade e abstração, que moldam a norma jurídica e a atuação dos poderes públicos ignoram o contexto de aplicação

> da norma ou medida. Ao desprezar a realidade social na qual será aplicada, esse atos apresentam-se como neutros, isto é, não adotam preferências por qualquer das partes envolvidas. Essa postura olvida que a sociedade na qual esses atos produzirão efeitos não apresenta-se de forma equilibrada, havendo opressão, conflito, discriminação e exclusão. Nesse cenário, a aplicação de um elemento regulador neutro não tornará o ambiente mais neutro, apenas o manterá desigual como era (FERRITO, 2021, p. 147-148).

Deve-se sopesar em termos de igualdade de resultados. As normas, ainda que neutras, não podem gerar prejuízos que não sejam justificáveis a um grupo social (FERRITO, 2021, p. 149). Consoante colocado por Firmino Alves Lima, "O que importa nessa modalidade de igualdade é que o resultado obtido com determinada medida, não obstante seja neutra ou mesmo de boa-fé, o resultado desigual proporcionado a invalida completamente" (LIMA, 2010, p. 57). Destarte, uma norma que estabeleça uma mesma consequência jurídica a todas as pessoas a ela submetidas pode vir a afetar certos grupos que já passam por consequências de outros modos de exclusão (MOREIRA, 2017, p. 103).

Com base nos conceitos de discriminação expostos, especialmente a noção de discriminação indireta, pode-se realizar uma análise efetiva da discriminação enfrentada pelas mulheres no mercado de trabalho e do papel do Direito diante dessa problematização.

2.4.3. O Direito como instrumento de fomento e instituição de desigualdades de gênero no mercado laboral: o impacto adverso da legislação

Analisada a legislação pátria trabalhista regente e firmados os termos essenciais ao debate sobre igualdade e discriminação, chega-se à pergunta fundamental desta pesquisa: qual o papel do Direito no contexto discriminatório enfrentado pelas mulheres no mercado de trabalho brasileiro?

As mulheres enfrentam o machismo e o sexismo na esfera laboral, onde sentidos negativos atribuídos ao sexo feminino são institucionalizados devido a contextos históricos e sociais (ABRAMO, 2007, p. 6-7). O machismo, como uma dimensão estrutural da vida social, influencia o comportamento de agentes, como os tomadores de mão de obra, resultando em condições desfavoráveis para as mulheres. Além disso, o sexismo, verdadeiro sistema de dominação e subordinação social, cria desigualdades culturais e materiais para as mulheres, afetando tanto o valor que a sociedade atribui a elas enquanto grupo, quanto suas condições de existência (MOREIRA, 2017, p. 33).

Reconhecendo-se a influência da cultura e da história, bem como dos sistemas de opressão, no mercado de trabalho, este se coloca como altamente ofensivo à força feminina. Sendo o trabalho uma forma de inserção do indivíduo na sociedade e o principal mecanismo de obtenção de renda para sustento, é inadequada a posição coadjuvante ocupada pelas mulheres (FERRITO, 2021, p. 134).

Laís Wendel Abramo, a respeito, afirma que:

> [...] a mulher continua sendo considerada "força de trabalho secundária" (pela teoria econômica, pelos empresários, por várias instituições do mundo do trabalho e por formuladores de políticas públicas) apesar do aumento das suas taxas de participação, da extensão e continuidade das suas trajetórias ocupacionais, das suas jornadas de trabalho e da sua contribuição econômica — às famílias, às empresas, à sociedade. Continua sendo considerada "mais cara" apesar de não sê-lo; menos produtiva, apesar de não existir nenhuma mensuração objetiva minimamente confiável de produtividade desagregada por sexo (ABRAMO, 2007, p. 53).

Verifica-se, portanto, um quadro de discriminação estrutural, onde processos sociais persistentes convergem para colocar as mulheres em uma situação durável ou permanente de subordinação (MOREIRA, 2017, p. 136).

Maurício Godinho Delgado (2006, p. 773) pondera que o combate à discriminação é uma das áreas de mais importante avanço do Direito, característico das democracias ocidentais modernas.

Sob esse aspecto, a Constituição de 1988, reconhecendo expressamente o princípio da isonomia como um dos pilares do Estado Social brasileiro, objetivou extirpar do mundo jurídico toda e qualquer medida discriminatória (BERTOLIN; CARVALHO, 2010, p. 186).

Desde o seu preâmbulo, a CF/88 estabeleceu o compromisso de instituir um Estado democrático, pautado na igualdade e em uma sociedade sem preconceitos. Também incluiu, entre os objetivos fundamentais da República, a erradicação da pobreza, a redução das desigualdades sociais e regionais e a promoção do bem-estar de todos, sem preconceitos de origem, raça, sexo, cor, idade e quaisquer outras formas de discriminação (art. 3º, incs. III e IV).

No contexto empregatício, a Constituição buscou eliminar quaisquer práticas discriminatórias contra as mulheres ou que lhes pudesse restringir o acesso ao mercado de trabalho (DELGADO, 2000, p. 102).

Maria Luiza Rocha Silva (2021, p. 83) observa que os incs. XX e XXX do art. 7º constitucional podem ser considerados as pedras angulares do regime jurídico da não discriminação contra as mulheres no mercado laboral. Diz a autora que, ao enunciar a "proteção do mercado de trabalho da mulher, mediante incentivos específicos, nos termos da lei", o inc. XX do art. 7º da Constituição se coloca como fundamental:

> Sua importância reside no reconhecimento da especificidade da inserção das mulheres no mercado de trabalho, de um subconjunto desse sistema, ocupado pelas trabalhadoras, que merece proteção direcionada e especializada, por incentivos próprios e individualmente concebidos para essa finalidade. De fato, esse dispositivo demonstra a inocorrência de demandas intrinsecamente femininas no trabalho, tendo em vista a própria condição de mulher e as suas implicações, como a maternidade, e os desdobramentos das discriminações sistêmicas, como as diferenças salariais e a segregação ocupacional (SILVA, M., 2021, p. 82-83).

Ainda, prossegue Maria Luiza Rocha Silva no sentido de que o inc. XXX do art. 7º do Texto Constitucional, que estabelece a "proibição de diferença de salários, de exercício de funções e de critério de admissão por motivo de sexo, idade, cor ou estado civil", é igualmente relevante no enfrentamento à discriminação de gênero no mercado de trabalho, na medida em que:

> [...] a diferença salarial constitui um dos principais efeitos da discriminação sistêmica observado pelas mulheres, pois engloba implicações imediatas para as trabalhadoras, ou seja, de restrição de seu poder aquisitivo e, consequentemente, de seu acesso aos bens necessários à vida digna, bem como decorrências mediatas, notadamente na aposentadoria, cujo valor será menor do que o percebido pelos homens, influenciando sua qualidade de vida a curto e longo prazo (SILVA, M., 2021, p. 83).

O Ato das Disposições Constitucionais Transitórias (ADCT), também trata da não discriminação contra as mulheres no contexto do trabalho produtivo, especialmente em seu art. 10, inc. II, alínea *b*, que assegura garantia provisória ao emprego à trabalhadora-mãe, antes e após o parto, vedando que seja dispensada arbitrariamente, sem justa causa, durante o referido período.

A Constituição de 1988, como anteriormente analisado, refletiu na Consolidação das Leis do Trabalho, especialmente em atenção à previsão de igualdade entre mulheres e homens e vedação à discriminação por motivos de sexo.

Por meio da Lei n. 7.855/89, parte significativa da CLT que tratava da "proteção ao trabalho da mulher" foi revogada, banindo-se, do ordenamento, dispositivos expressamente limitadores e proibitivos do trabalho feminino, que, a despeito de proteger, dificultavam a inserção de mulheres no mercado de trabalho, discriminando-as (VIEIRA, 2015, p. 497-498).

Outras leis posteriores foram promulgadas, como as de ns. 9.029/95 e 9.799/99, seguindo a matriz implementada pela Constituição Federal e objetivando o combate a condutas discriminatórias diretas contra as mulheres no ambiente laboral (BERTOLIN; CARVALHO, 2010, p. 187)[(67)].

No âmbito internacional, como também já referido, o Brasil, mesmo antes da CF/88, já havia ratificado, em 1957, a Convenção n. 100 da OIT, de 1951, sobre igualdade de remuneração entre mulheres e homens, além da Convenção n. 111, de 1958, quanto a não discriminação em matéria de emprego e ocupação, ratificada no ano de 1965[(68)]. No mais, em 1984, fora ratificada a Convenção sobre a Eliminação de Todas as Formas de Discriminação contra a Mulher (CEDAW), aprovada em 1979 pela ONU.

O que se percebe, do exposto, é que o manejo jurídico pátrio dado às práticas discriminatórias decorrentes das relações de gênero no mercado de trabalho volta-se, basicamente, à compreensão da discriminação fundamentalmente tida como um ato direto e intencional, na conceituação de discriminação direta, pressupondo, assim, a imposição de um tratamento arbitrário por um indivíduo a outro (no caso, às mulheres), baseado em um critério de diferenciação que as normas jurídicas consideram inválido.

Para Adilson José Moreira (2017, p. 17), o ordenamento jurídico parte das ideias de intencionalidade e arbitrariedade como elementos indispensáveis para a caracterização de um ato discriminatório. Desse modo, em toda a legislação nacional que trata de discriminações praticadas contra as mulheres em âmbito laboral, identifica-se "a regulação de comportamentos que pressupõem tanto a existência de agentes sociais que têm o propósito de impedir o exercício de algum direito, como também a noção de que o ato constitui um desvio do dever de tratamento igualitário" (MOREIRA, 2017, p. 17).

No mesmo aspecto, pondera Humberto Lima de Lucena Filho:

> A Ciência Jurídica debruça-se, em regra, sobre problematizações oriundas das relações humanas. O resultado da atividade jurídico-legislativa sobre a

(67) Não se tratará detalhadamente de referidas normas por não fazerem parte do escopo desta pesquisa. No entanto, é relevante mencionar que a Lei n. 9.029/95, importante diploma a tratar da discriminação de gênero no mercado de trabalho, proibiu a adoção de qualquer prática discriminatória e limitativa para efeito de acesso à relação de trabalho por motivo de sexo, aliado a outros critérios vedados e elencados no dispositivo (art. 1º). Também, tipificando como crime algumas condutas discriminatórias, como a exigência de comprovação de gravidez ou esterilização e a instigação à esterilização e outras formas de controle de natalidade, a legislação em comento ganhou relevo ao garantir-se como instrumento legal de defesa contra a violação de direitos trabalhistas e dignidade das mulheres (SILVA, M., 2021, p. 94). Conjuntamente, a Lei n. 9.799/99 reforçou o posicionamento antidiscriminatório trazido pela Constituição de 1988.

(68) Existem outras duas Convenções da OIT muito relevantes para a igualdade de gênero no mercado de trabalho, entretanto ainda não ratificadas pelo Brasil. São elas a Convenção de n. 156, de 1981, que dispõe sobre a igualdade de oportunidades e de tratamento para mulheres e homens trabalhadores com encargos de família, e a Convenção n. 190, de 2019, sobre violência e assédio no trabalho. O assunto da Convenção n. 156 será abordado oportunamente.

> socialidade dos indivíduos e consequente conduta dos homens traduz-se no conceito de fontes materiais do Direito e criação de um corpo legislativo *lato sensu* estabilizador dos desequilíbrios relacionais e concretizador da igualdade substantiva (LUCENA FILHO, 2011, p. 131).

Sucede que, mesmo com os significativos avanços observados desde 1988, com o ordenamento jurídico brasileiro regido por preceitos de igualdade e não discriminação, as mulheres ainda se encontram em posição de relevante desigualdade perante os homens, enfrentando toda sorte de discriminações no ambiente laboral, que se manifestam em múltiplos contextos (VIEIRA, 2015, p. 498).

Como destacam Patricia Tuma Martins Bertolin e Suzete Carvalho (2010, p. 188), em que pese a Constituição e a legislação infraconstitucional vigentes contemplarem, de maneira inconteste, a isonomia entre mulheres e homens, reconhecendo-se no Direito um papel central à igualdade, a tutela jurídica imposta não se revela eficaz. De acordo com as autoras, "quando se fala em 'corrigir discriminações' no que diz respeito ao trabalho feminino, não se trata apenas de aumentar a presença de mulheres no mercado de trabalho, mas de superar os espaços de segregação que as têm confinado historicamente" (BERTOLIN; CARVALHO, 2010, p. 206). E esse objetivo está distante de ser implementado.

Por isso, a leitura que se pode fazer é que a ideia de discriminação direta presente no ordenamento jurídico pátrio se mostra insuficiente e incompleta para combater as desigualdades enfrentadas pelas mulheres no trabalho produtivo, dada a complexidade do tema. Mesmo que comportamentos intencionais e arbitrários que violem a igualdade entre mulheres e homens sejam punidos, a discriminação que se opera vai muito além disso (FERRITO, 2021, p. 147).

Apesar de as discriminações legais terem desaparecido no Brasil, principalmente a partir de 1988, a cultura machista faz com que persistam as desigualdades entre mulheres e homens, que se manifestam em diversos indicadores (BERTOLIN; CARVALHO, 2010, p. 200).

Dentro desse contexto, as discriminações contra a força de trabalho feminina são institucionalizadas e estimuladas pelos dogmas, valores, e preconceitos presentes no quimérico da coletividade. A discriminação de gênero no mercado de trabalho é estrutural e, segundo destaca Bárbara Ferrito, "alguns atos, medidas ou condutas discriminatórias são, na verdade, inseridas no *modus operandi* social e, com isso, naturalizadas. A discriminação de gênero é o atuar normal da sociedade" (FERRITO, 2021, p. 158). Para a autora, observa-se, pois, uma convergência de diversos processos sociais em um só sentido, qual seja, o de gerar desvantagens materiais ao grupo discriminado, no caso, as mulheres e, em que pese a influência da cultura nesse arranjo, o Direito não passa alheio a seus efeitos (FERRITO, 2021, p. 159).

Neste ponto, coloca-se, então, a principal tônica desta dissertação: a questão do próprio Direito como agente que, construído igualmente em bases patriarcais, acaba por fomentar e até mesmo instituir mais desigualdades contra mulheres no mercado de trabalho, em verdadeiro mecanismo de discriminação indireta.

A discriminação vista de modo indireto é uma das mais complexas e de difícil combate, na medida em que "pode ocasionar discrepâncias e segregação, mesmo sem um objetivo expresso nesse sentido" (BARBUGIANI, 2012, p. 47-48). Nessa percepção, entende-se encaixar o sistema jurídico-trabalhista brasileiro, em muitos aspectos.

Como ressalta Bárbara Ferrito, é interessante perceber que "A conformação do mercado de trabalho molda, mas também é modelada pelo Direito" (FERRITO, 2021, p. 159). Por esse motivo, o ordenamento jurídico passa a ter importante papel frente a situação das mulheres.

Não se olvida os avanços no tratamento dado ao trabalho das mulheres e todas as conquistas implementadas pelo ordenamento nacional, mas a análise da situação real das mulheres no mercado produtivo em comparação aos homens demonstra que os instrumentos engendrados pela legislação criam uma ilusória proteção ao mercado de trabalho feminino (TEODORO, 2017, p. 1 e 16), funcionando o Direito, de fato, como mais um perpetuador de distorções de gênero (CONCEIÇÃO; PINTO; SILVA, 2019, p. 93).

Sabe-se que os obstáculos encontrados pelas mulheres, no campo do trabalho, se colocam, sem dúvida, como uma questão cultural, enraizada em aspectos tão sedimentados na sociedade, difíceis muitas vezes de serem transpostos, pelo que não cabe apenas ao Direito avançar na eliminação de tais obstáculos. Na linha do que aponta Roselene Taveira (2017, n.p.), apesar dos frutos de um caráter androcêntrico do ordenamento jurídico, não é apropriado sustentar que as normas jurídicas sejam as únicas e grandes vilãs.

No mesmo sentido, argumenta Regina Stela Corrêa Vieira, para quem:

> Se a desigualdade entre os sexos é obstáculo para o equilíbrio labor-ambiental, parece simples afirmar que basta aplicarmos os preceitos legais de igualdade para que o equilíbrio seja restaurado. Entretanto, a construção social da desigualdade possui origens e estruturas que precisam ser compreendidas para que todas as facetas da discriminação sejam percebidas e desconstruídas, caso contrário poderemos ter avanços superficiais nas condições de vida das mulheres (e homens) trabalhadoras, mas ainda assim sobre as bases da exclusão (VIEIRA, 2014, p. 26).

As diferenças entre mulheres e homens são construções sociais advindas da concepção da divisão sexual do trabalho e, de acordo com Patrícia Tuma Martins Bertolin e Suzete Carvalho:

> O estabelecimento de um lugar para as mulheres no mercado de trabalho, observando aspectos como a inserção, o tipo de trabalho e a mobilidade, é

> uma estratégia construída socialmente, numa subversão de valores que o mero reconhecimento jurídico da proibição de discriminação não será capaz de reverter. [...] As segregações, portanto, são produto de uma ideologia mantida — à força — como "verdade" por aqueles que se assenhorearam do poder, impondo o mito da supremacia ariano-masculina. Nada mais que um mito criado pelos homens e que, racionalizado ao paroxismo, inscreveu-se culturalmente, legando distorções em todas as áreas, inclusive na do trabalho (BERTOLIN; CARVALHO, 2010, p. 206).

Às mulheres e aos homens são atribuídas socialmente diferentes características, com significados e cargas valorativas distintas. O pouco valor que se atribui ao que é associado culturalmente ao feminino (esfera privada, passividade, trabalho de cuidado ou desvalorizado, emoção em detrimento da razão), comparado ao masculino (esfera pública, atitude, agressividade, trabalho remunerado, racionalidade e neutralidade), resulta da relação de poder entre os gêneros e tende a perpetuá-la. Isso significa dizer que as desigualdades de gênero são fruto da existência de hierarquias estruturais e não simplesmente do tratamento diferenciado entre indivíduos e grupos (CNJ, 2021, p. 21).

Os obstáculos enfrentados pelas mulheres na seara laboral, como subempregos, estereotipificações, trabalho mal pago e informalidade, são decorrentes dessas mesmas desigualdades estruturais. Consoante destaca Maria Cecília Máximo Teodoro, a discriminação que atinge ao sexo feminino no mercado de trabalho é "resultado de uma cultura antiga, que traz consigo ideologias e estereótipos baseados em tradições que se perpetuam e que só um novo modelo cultural é capaz de modificar" (TEODORO, 2020, p. 104).

Conforme exposto no primeiro capítulo desta pesquisa, a permanência da atribuição das tarefas domésticas e de cuidado às mulheres traz perversos efeitos ao trabalho remunerado feminino, atuando danosamente nas carreiras profissionais e nos rendimentos recebidos pelas trabalhadoras. Maria Rosa Lombardi ressalta que "a divisão sexual do trabalho continuou, dessa forma, a atuar sobre homens e mulheres e reproduziu a atribuição de atividades diferentes para cada sexo, e a desvalorização dos trabalhos femininos em favor dos masculinos" (LOMBARDI, 2018, p. 139).

Na mesma linha, Maria Luiza Rocha Silva (2021, p. 15), se referindo à doutrina de Marx e Engels, pondera que o fenômeno de desigualdade de gênero no mercado de trabalho é observável, ao longo da história, em razão da divisão sexual do trabalho, a qual se originou da incumbência atribuída à mulher, na esfera do lar, de cuidar dos filhos e filhas. Segundo a autora:

> Se desconsiderado esse dado histórico, as diferenças ocupacionais entre os gêneros não se explicam facilmente, já que a tendência atual é de que, cada vez mais, mulheres adquiram formação igual ou mais avançada que os homens; não

> há, ainda, diferenças substanciais nos resultados apresentados, em termos de produtividade, e os currículos se assemelham cada vez mais. Portanto, há um elemento especificamente responsável pela diferença, normalmente atribuído às discriminações (SILVA, M., 2021, p. 15).

Posto isso, a divisão sexual do trabalho, marcada pela distribuição de papéis de gênero previamente definidos, está no cerne da dinâmica de opressão das mulheres em todas as esferas da sociedade (RICOLDI, 2010, p. 39) e, no campo do trabalho remunerado, é um fator que sem dúvidas contribui para explicar as dificuldades de ingresso, permanência e desenvolvimento das mulheres (BIROLI, 2018, p. 22-23).

O ponto que se ressalta é que o Direito, como campo da atividade humana, acaba por reproduzir na sociedade toda essa cultura de discriminação contra as mulheres existente no seio da sociedade e que encontra fundamento na divisão sexual do trabalho. Sendo um construto social, o ordenamento jurídico é produto das condições culturais e históricas da coletividade em que se constrói, e estas o influenciam desde a sua propositura até sua interpretação (SILVA, S., 2012, p. 63).

Em sendo assim, no que diz respeito ao trabalho feminino, compreende-se que o Direito brasileiro acaba por se fundamentar justamente na divisão sexual do trabalho na elaboração de suas normas, baseando-se, com isso, em distinções de gênero naturalizadas, tão caras às trabalhadoras, e, por conseguinte, reforçando estereótipos e aprofundando as desigualdades experimentadas pelas mulheres no mercado laboral. Muito embora sejam inúmeros os avanços das últimas décadas, "o legado machista com que as mulheres foram 'brindadas' [...] faz com que juristas ainda hoje tendam a enxergar a mulher no espaço privado, relutando em aceitá-las nos espaços públicos, e reafirmando insistentemente sua inferioridade e submissão" (BERTOLIN; CARVALHO, 2010, p. 186).

Do brocardo latino "o Direito é a arte do bom e do justo", consubstancia-se o entendimento institucionalizado de que a lei é a materialização do ideal de justiça de uma sociedade. Destarte, pressupõe-se que a legislação seja sempre instrumento apto a tornar concreto um padrão esperado do justo. No entanto, essa mesma legislação é construída por grupos dominantes da sociedade, os quais, de forma inadvertida (ou não), acabam por perpetuar o *status quo* (BERTOLIN; CARVALHO, 2010, p. 181). Nessa senda, o Direito, afastando-se de seu ideal de igualdade, transforma-se em vetor de discriminações de forma indireta, "privilegiando o exercício do poder dominante em detrimento da justiça substantiva" (CNJ, 2021, p. 35). E aqui se encontra a mais nefasta das formas de discriminação:

> [...] a discriminação promovida pelo Direito é uma das mais cruéis, por ser institucionalizada, socialmente aceita e considerada justa. Como poderiam não ser aceitas, se o pressuposto é o de que as leis são constitucionais e

> objetivam concretizar o ideal de justiça? Contudo, na sociedade, é muitas vezes por meio do Direito que se institucionalizam práticas que segregam, discriminam e excluem grupo, minorias — e às vezes maiorias — étnicas e sociais (BERTOLIN; CARVALHO, 2010, p. 182).

No que diz respeito às mulheres, o sexismo e o machismo, dimensões estruturais presentes na sociedade, ocasionam reflexos do patriarcalismo na legislação, perpetuando-se as relações de poder entre os sexos. A construção do Direito, desse modo, espelha concepções masculinas de poder e, sendo assim, "gargalos e barreiras sexistas" estão presentes em todo o ordenamento jurídico (ANGOTTI; VIEIRA, 2020, p. 306):

> [...] a sociedade brasileira é marcada por profundas desigualdades que impõem desvantagens sistemáticas e estruturais a determinados segmentos sociais, assim como sofre grande influência do patriarcado, que atribui às mulheres ideias, imagens sociais, preconceitos, estereótipos, posições e papéis sociais. A criação, a interpretação e a aplicação do direito não fogem a essa influência, que atravessa toda a sociedade. Nesse contexto, em termos históricos, o direito parte de uma visão de mundo androcêntrica (CNJ, 2021, p. 35).

Patrícia Tuma Martins Bertolin e Suzete Carvalho, a propósito, ressaltam que "Um dos valores de maior peso que a ordem jurídica tem se voltado a perpetuar é o patriarcalismo ou androcentrismo, um modo de vida de dominação do homem sobre a mulher" (BERTOLIN; CARVALHO, 2010, p. 182).

Desse modo. considera-se que a discriminação às mulheres é também alimentada pelo próprio ordenamento jurídico. No bojo das relações laborais, concordando com Aysla Sabine Rocha Teixeira, contesta-se a "teoria de um direito do trabalho promocional ao labor feminino" (TEIXEIRA, 2020, p. 201), que partiria da ideia de superação das premissas legislativas que tinham as mulheres como um ser frágil e inferior, deixando de restringir sua participação no mercado. Em verdade, tem-se que o sistema jurídico-trabalhista brasileiro ainda hoje mantém, essencialmente, um "viés protetivo da maternidade [e dos lugares sociais impostos ao feminino] mas não do trabalho e da carreira" das mulheres (TEIXEIRA, 2020, p. 201).

As normas constitucionais e infraconstitucionais que compõem o estatuto normativo pátrio na seara trabalhista refletem uma perspectiva de mundo acerca do papel feminino na sociedade, fundamentada em pressupostos fáticos equivocados, sedimentados pela divisão sexual do trabalho e que reproduzem ideologias e estereótipos. Com isso, o conjunto de normas que deveria ser de proteção ao trabalho e promoção ao trabalho feminino, acaba por gerar, em verdade, dificuldades à contratação de mulheres (FERRITO, 2021, p. 65).

A esse fenômeno dá-se o nome de "impacto adverso" das normas que regem o trabalho no Brasil[69], conforme explica Maria Cecilia Máximo Teodoro:

> Como visto, a divisão sexual do trabalho permeia o imaginário social e produtivo, apresenta-se como argumento persistente na constituição das ações no mercado de trabalho e influi nas próprias políticas públicas do Estado, notadamente na produção de normas, cujo mote é a proteção da mulher no mercado de trabalho, mas que geram impactos adversos. Nesse sentido, o Direito do Trabalho da mulher, ao fundamentar-se em pressupostos fáticos equivocados e que retratam a reprodução de ideologias e estereótipos, acaba por perder sua efetividade, tornando-se o próprio algoz da mulher em sua luta por igualdade jurídica no mercado de trabalho em relação aos homens (TEODORO, 2017, p. 5).

No ordenamento nacional, portanto, encontram-se sedimentados naturalizações e estereótipos sobre feminilidade e masculinidade, o que descortina sua base sexista (VIEIRA, 2015, p. 499). Permanece arraigada, no Direito, a convicção de que o espaço que cabe às mulheres é o privado, o doméstico. De tal feita, as normas que disciplinam o trabalho no país, previstas na CLT e na própria Constituição de 88, contribuem e dificultam ainda mais o ingresso e o desenvolvimento das mulheres no mercado de trabalho, seja enxergando sobremaneira a mulher como prioritariamente responsável pelo lar e pela família, seja desprezando essa mesma criação social, olvidando-se que as mulheres não possuem uso livre de seu tempo por conta exatamente dos encargos decorrentes dos papéis de gênero (FERRITO, 2021, p. 165-166). Destarte, acirram-se as desigualdades de gênero e afasta-se da ideia do Direito como instrumento de promoção à igualdade e de combate às discriminações.

A legislação regente, da forma como disposta, têm conseguido garantir, no máximo, a inserção da maioria das mulheres em postos precários de trabalho, em ocupações repetitivas e com menor remuneração, dentre outras das inúmeras iniquidades já mencionadas. O paradigma de um novo Direito que quer se voltar a garantir efetivas oportunidades de trabalho às mulheres ainda é uma utopia.

Discorda-se, neste ponto, da visão de Luiz Henrique Sormani Barbugiani (2012, p. 35) para quem a discriminação das mulheres foi maior no Direito Civil do que no Direito do Trabalho. Para o autor, a norma laboral "considerou a mulher enquanto trabalhadora, despreocupando-se com a mulher dona de casa, mãe de família e esposa" (BARBUGIANI, 2012, p. 35). Com isso, entendendo que a legislação trabalhista enxerga mulheres e homens equiparadamente como "titulares da força de trabalho", Barbugiani conclui que a tendência foi de se atenuarem os níveis de discriminação entre os gêneros no aspecto.

(69) Também chamado por Bárbara Ferrito (2021, p. 65) de "efeito *boomerang*".

A posição da presente pesquisa é completamente oposta. Entende-se que o Direito do Trabalho, desde seu surgimento e até os dias atuais, apesar de algumas evoluções, permanece adotando os padrões da divisão sexual do trabalho em suas normas, compreendendo a mulher como responsável pelos cuidados domésticos e dos(as) filhos(as), enquanto o homem segue visto como provedor, mantendo, dessa maneira, um caminho de discriminações ao labor feminino.

As normas trabalhistas, ao adotarem um paradigma masculino, geram desigualdades aos indivíduos (no caso, às mulheres) que não possuem esse marcador (FERRITO, 2021, p; 163). Na ponderação de Cristiane Maria Sbalqueiro Lopes, "o Direito ao mesmo tempo em que transforma o passado, conserva as estruturas sociais para o futuro" (LOPES, 2006, p. 408).

Compreende-se que a legislação nacional segue a excluir os homens da problemática da questão da articulação entre vida familiar e trabalho, mantendo-se em uma via maternalista, conforme destacam Bruna Angotti e Regina Stela Corrêa Vieira: "o direito, ao espelhar a sociedade, acaba por cristalizar práticas da estrutura social que reforçam lugares socialmente prescritos, e assim, seus efeitos não rompem alicerces da desigualdade de gênero, acabando por reforçar a ideia de que é da mulher o dever do cuidado" (ANGOTTI; VIEIRA, 2020, p. 327). Com isso, não há possibilidade de oportunidades igualitárias na contratação, permanência e ascensão profissional entre mulheres e homens, como pontuam Patricia Tuma Martins Bertolin e Suzete Carvalho:

> No Brasil, a inserção da mulher no mercado de trabalho tem sido um processo difícil, em virtude da cultura patriarcal que marca o país, que relega a mulher ao espaço privado, considerando-a 'a rainha do lar'. Essa manipulação leva não somente à bipolarização de direitos e deveres entre os sexos, mas também à fragmentação social geradora das exclusões (BERTOLIN; CARVALHO, 2010, p. 196-197).

A estereotipia é um movimento "que consiste na atribuição de características fixas a alguém, geralmente a um grupo, como se essas representações lhe fossem imanentes, desconsiderando-se o contexto, as particularidades e as diferenças individuais" (BERTOLIN; CARVALHO, 2010, p. 198). Registra Adilson José Moreira que estereótipos são "produções culturais que expressam mais do que generalizações sobre certos grupos sociais: eles disseminam valores culturais responsáveis pela legitimação das relações sociais entre as pessoas"; com isso, criam "condições culturais que permitem a legitimação das hierarquias sociais" (MOREIRA, 2017, p. 42).

As mulheres sofrem com estereótipos de gênero, enquanto os homens se beneficiam dos privilégios de gênero. Para Bárbara Ferrito, "A permanência da estratificação social e da estrutura desigual depende do funcionamento, como engrenagem, das vantagens usufruídas pelo grupo social dominante, no caso, os homens [...]" (FERRITO, 2021, p. 137).

Justamente por se basear no senso comum estereotipado, no sentido de serem as mulheres responsáveis pelos encargos familiares, o Direito acaba por desconsiderar o aspecto dos efeitos negativos que a divisão sexual do trabalho ocasiona para a inclusão, permanência e ascensão das trabalhadoras no mercado laboral, contribuindo, do contrário, para a persistência das desigualdades à força laboral feminina e trazendo privilégios aos homens.

A discriminação tem intrínseca relação com o poder, o qual se apresenta, inclusive, como seu requisito essencial, na medida em que "atos discriminatórios não acontecem dentro de um vácuo social, eles procuram afirmar suposta inferioridade de um grupo e também manter o *status* privilegiado de membros dos segmentos minoritários" (MOREIRA, 2017, p. 31). Nesse sentido, o Direito, como forma de manifestação de poder, pode servir (e serve) como instrumento de discriminação às mulheres (FERRITO, 2021, p. 145).

Consoante pondera Regina Stela Corrêa Vieira:

> O Direito é fruto de uma "construção político-social-cultural" Dessa forma, mesmo diante de uma legislação que aparentemente combate a discriminação e visa à promoção da igualdade, é preciso que nos atentemos às regras ainda vigentes, já que, sendo o Direito uma construção político-social-cultural, com forte carga econômica, ele ainda carrega o legado sexista da civilização greco-romana, Portanto, não podemos perder de vista que o Direito reproduz o androcentrismo, pois foi construído sobre concepções masculinas de poder (VIEIRA, 2014, p. 106).

As desigualdades enfrentadas pelas mulheres no mercado de trabalho brasileiro são um reflexo da divisão sexual do trabalho, evidenciando que os modelos de conciliação entre o trabalho produtivo e a vida familiar, fundamentados na dupla clássica "homem provedor" e "mulher cuidadora", são alterados em direção a um "modelo dual, no qual as mulheres permanecem como as principais 'cuidadoras', mas o trânsito entre o espaço doméstico e público se constitui um dado contemporâneo" (ARAÚJO; SCALON, 2006, p. 46).

Quando a legislação reflete e reforça a divisão sexual do trabalho, gera ainda mais efeitos prejudiciais às mulheres. O ordenamento jurídico falha em alcançar seus objetivos de combate à discriminação e garantia da igualdade entre mulheres e homens por manter normas de proteção ao trabalho que foram criadas em bases androcêntricas, o que acaba reproduzindo e reforçando estereótipos de gênero e a divisão sexual do trabalho. Infelizmente, essa abordagem faz com que o Direito atue na manutenção da desigualdade entre trabalhadoras e trabalhadores (VIEIRA, 2015, 521-522).

Com a igualdade pregada pelo Texto Maior de 1988, tem-se, sem dúvida, relevante marco legal a amparar a busca pela cidadania plena da mulher. No entanto, a igualdade jurídica, atualmente, como colocam Patricia Tuma Martins Bertolin e Suzete Carvalho (2010, p. 205), seria, em verdade, um "sofisma", na medida em que se ressalta a utilização do Direito como instrumento de inclusão, enquanto, de forma paradoxal, ele exclui e segrega:

> Prever a igualdade é [...] um excelente avanço, mas não resolve o todo: na questão fundante do modelo — uma sociedade patriarcal — o sistema jurídico, infelizmente, não tem conseguido implementar grandes mudanças. Fato é que o Direito é uma ciência 'de poder', 'de domínio' e, portanto, masculina (BERTOLIN; CARVALHO, 2010, p. 188-189).

Enquanto o Direito brasileiro não superar efetivamente o *"paradigma jurídico que legitimava declaradamente a organização patriarcal e a consequente preferência do homem ante a mulher, especialmente no locus da família"* (LOPES, 2006, p. 407), não haverá igualdade entre trabalhadores e trabalhadoras no país. Tem-se hoje apenas uma "igualdade simbólica" entre os sexos e a emancipação feminina só poderá realmente acontecer com o alcance de uma igualdade verdadeiramente material entre mulheres e homens (TEODORO, 2020, p. 127).

Com base nessas considerações, o próximo passo é realizar um estudo focado para demonstrar a presença do sexismo nas normas trabalhistas nacionais. Isso possibilitará uma reflexão sobre como a igualdade formal, embora seja privilegiada no plano jurídico, não se consolidou no mundo prático do trabalho remunerado, onde situações de extrema desigualdade entre homens e mulheres ainda são comuns (CALIL, 2007, p. 16).

Capítulo 3

A Questão das Responsabilidades Familiares e Domésticas e o Uso dos Tempos pelas Mulheres

O Direito, baseado em distinções supostamente naturais na elaboração de suas normas, acaba por desconsiderar dados do contexto que pretende regular, ou seja, as relações sociais marcadas pelo gênero, aprofundando as desigualdades entre mulheres e homens no trabalho (FERRITO, 2021, p. 25). Por essa motivação, ao buscarem disciplinar o mercado de trabalho das mulheres, percebe-se que as normas pátrias regentes acabam, de fato, por desestimular a contratação de trabalhadoras ou por inviabilizar sua atuação em determinadas áreas, estando longe de se falar em efetiva promoção à inserção feminina em posições ocupacionais.

Neste capítulo, se abordará em quais normas jurídico-trabalhistas do sistema brasileiro se encontra essa problemática, delimitando-se a discussão a partir da questão das responsabilidades familiares e domésticas historicamente atribuídas às mulheres e dos reveses que esses encargos trazem ao uso dos tempos pelas trabalhadoras (FERRITO, 2021).

Na primeira parte, serão analisadas normas que disciplinam a maternidade na seara laboral, especificamente as disposições sobre licença-maternidade e garantia provisória de emprego da trabalhadora-mãe. Se ponderará como o Direito, tendo a mulher como prioritariamente responsável pelo lar e pela família e, assim, reforçando a divisão sexual do trabalho, estabelece efeitos diversos para a maternidade e a paternidade no âmbito do trabalho remunerado, criando e fomentando, em evidente impacto adverso de sua função, cisões de gênero no mercado laboral.

Já na segunda parte, serão examinadas normas que disciplinam a jornada de trabalho nas relações de emprego em contraponto à pobreza de tempo sofrida pelas mulheres por conta da persistente divisão sexual do trabalho. Se discutirá como o ordenamento jurídico, no aspecto, apesar de se colocar como universal e pretensamente neutro, acaba discriminando a força de trabalho feminina por não levar em consideração que as mulheres, em virtude dos encargos que lhes decorrem dos papéis sociais de gênero, não possuem uso livre de seu tempo para bem dispor em atividades remuneradas.

Espera-se, de tal maneira, trazer à luz os "tênues limites entre a justa proteção e a lógica dos efeitos perversos" (NOVAIS, 2005, p. 79) presentes no ordenamento jurídico pátrio, de modo a se refletir no sentido de que "O Direito precisa [...] atuar em sintonia com a educação, cultura e valores sociais, para que não se torne imposição de uns, nem permita o esquecimento de minorias ou vulneráveis" (FERRITO, 2019, p. 81).

Consoante pondera Léa Elisa Silingowschi Calil:

> O cerne da questão do direito do trabalho da mulher perpassa pela consecução da igualdade não apenas formal, mas também e sobretudo pela igualdade fática, até mesmo porque a legislação existente já propugna pela igualdade e impõe punições ao seu desrespeito. O que urge ser construído são mecanismos para que esta igualdade seja de fato aplicada ao mercado de trabalho (CALIL, 2007, p. 122).

3.1. A maternidade e a perpetuação normativa do trabalho de cuidado às mulheres

A construção social do feminino relegou às mulheres as tarefas reprodutivas, sendo os homens definidos como provedores. A própria edificação da família foi cunhada a partir de um modelo patriarcal, de divisão sexual do trabalho, em que a maternidade se fixou como um "componente fundante da construção identitária da mulher" (TEODORO, 2020, p. 120).

Nos termos já ponderados, a desigualdade de gênero persiste devido à permanência da divisão sexual do trabalho e à responsabilidade atribuída às mulheres pelas atividades maternas e de cuidados familiares, sendo limitadas suas oportunidades no mercado de trabalho e impedida a concretização da igualdade perante os homens. Mesmo quando as mulheres alcançam os postos mais altos, elas frequentemente enfrentam conflitos entre suas responsabilidades profissionais e domésticas, muitas vezes precisando obter o consentimento de seus familiares para ter sucesso no trabalho (BERTOLIN; CARVALHO, 2010, p. 207).

Conforme discutido no capítulo 2 desta dissertação, a posição criada socialmente às mulheres era fortalecida pela legislação trabalhista brasileira em seu princípio. Nesse contexto, observou-se que a tutela jurídica especial concedida às mulheres no ambiente de trabalho tinha, como um de seus fundamentos, aspectos sociais relacionados à preservação da família. Para o Direito, as mulheres, antes de serem vistas como trabalhadoras, eram tidas como mães (e esposas) em potencial e, assim, argumentava-se que a proteção feminina era necessária para garantir-se que suas ocupações profissionais não interferissem em suas responsabilidades maternas e domésticas (VIEIRA, 2014, p. 101-103). Essa análise revelou que as normas que regulamentavam o trabalho feminino eram baseadas em uma série de proibições, apoiadas na suposta "vocação natural" das mulheres para o lar (BARROS, 1995, p. 36). Isso dificultava a inclusão das trabalhadoras no mercado remunerado, com a utilização da noção de gênero como um fator de naturalização de desigualdades e legitimação de segregação (BERTOLIN; CARVALHO, 2010, p. 184). Verificava-se um "olhar biologicista e sexista do Direito sobre o trabalho das mulheres", em uma regulação restritiva e de aspecto tutelar, que servia de instrumento para perpetuação da discriminação no mercado de trabalho (VIEIRA, 2014, p. 101-102).

As normas regentes não traziam em seu bojo uma real preocupação com a proteção efetivamente ao trabalho feminino. Refletiam, de fato, uma rígida divisão sexual do trabalho, estabelecida em uma sociedade de bases patriarcais, na qual o trabalho remunerado das mulheres não poderia impedir a realização de sua "principal função", qual seja, a de reprodução social e de cuidados familiares. De acordo com Cristiane Maria Sbalqueiro Lopes:

> O argumento de "preservação da família", ao atribuir à mulher a responsabilidade integral pelas obrigações familiares (cuidado dos filhos, tarefas domésticas, cuidado do marido), servia de fato à preservação da estrutura familiar da época. Não protegia a mulher, pois legitimava a divisão injusta do trabalho no lar (LOPES, 2006, p. 418).

Por conseguinte, o Direito do Trabalho pátrio, essencialmente proibitivo e calcado em fundamentos sexistas, acabava por excluir as mulheres de muitos postos de trabalho e perpetuar estereótipos e discriminações.

Também como analisado anteriormente, as restrições impostas ao trabalho feminino foram paulatinamente abolidas a partir da nova ordem constitucional promulgada em 1988. Sob a concepção de igualdade de direitos e deveres entre os sexos, extirpou-se do ordenamento jurídico a figura da chefia da sociedade conjugal, junto às preferências e privilégios que sustentavam a dominação masculina juridicamente (LOPES, 2006, p. 406). Como desdobramento dessa evolução, as proibições normativas que impediam a alocação de mulheres em determinados serviços e/ou em determinadas condições restaram revogadas.

A partir da Constituição Federal e de sua observância pela legislação infraconstitucional, aponta-se para uma nova fase do Direito do Trabalho nacional, de caráter promocional, onde a proteção às mulheres só devesse encontrar vez quando realmente se fizesse necessária (CALIL, 2007, p. 52). Impelido a superar o modelo tutelar de proteção ao trabalho da mulher, o ordenamento jurídico deveria passar a promover condições de igualdade de gênero (CNJ, 2021, p. 115).

Apesar desse novo rumo legislativo, isso não significa que já tenham sido extirpadas do ordenamento jurídico todas as disposições falsamente protetivas ao labor feminino, nem que tenham sido editadas todas as normas que de fato possam colaborar para a promoção do trabalho da mulher. Existe ainda um longo caminho a ser percorrido (LOPES, 2006, p. 427).

Neste ponto, paira o cerne da discussão que se apresenta no presente tópico e a necessidade de se analisar as normas que disciplinam a maternidade da mulher trabalhadora no Brasil, especificamente os institutos que cuidam da licença-maternidade e da garantia provisória no emprego da trabalhadora-mãe, escolhidos estes por uma questão de recorte metodológico(70).

A maternidade talvez seja o ponto de maior impacto na inclusão, permanência e ascensão das mulheres no mercado de trabalho, se colocando como um dos mais frequentes critérios de discriminação em desfavor do labor feminino. Dados antes apresentados confirmam essa assertiva.

Maria Luiza Rocha Silva pondera que existe toda uma associação negativa entre a maternidade e o mercado de trabalho, explicada por alguns pontos, dentre eles:

> [...] primeiramente, algumas mães têm menos tempo de experiência em razão do período que tiveram de se afastar para cuidar dos filhos; além disso, elas estão mais propensas a assumirem trabalhos em setores que ofereçam maior flexibilidade para manter os cuidados com os filhos; em terceiro lugar, alguns estudos propõem que a demanda exterior pelo tempo das mulheres pode causar impacto negativo em seu desempenho no trabalho; o quarto motivo seria que as mães promovem comportamentos diferentes das mulheres que não têm filhos, relacionados a salários mais baixos (SILVA, M., 2021, p. 21).

Também tratando das implicações que a maternidade traz ao labor feminino, Cristiane Maria Sbalqueiro Lopes destaca que:

> A maternidade, em razão da má distribuição de papéis que ainda perdura na sociedade brasileira, pesa sobre a mulher. É certo que haverá famílias compostas por pais responsáveis, que dividam igualmente os encargos decorrentes das responsabilidades familiares. Mas essas famílias não são a regra. Ademais, os empregadores não têm como saber quais famílias praticam a repartição igualitária das tarefas familiares e, na dúvida, vão supor que será

(70) Há outras normas trabalhistas atinentes à maternidade que ensejariam a mesma discussão que se pretende travar nesta pesquisa, como a previsão de intervalos para amamentação à trabalhadora lactante (art. 396 da CLT) e o oferecimento de creches (art. 389, § 2º, da CLT). Porém, por questões metodológicas, tais dispositivos legais não serão abordados.

> a mulher a maior encarregada. E esta suposição motivará a preferência pelo trabalhador homem na carreira. A estagnação da mulher na carreira é fator que também contribui com o abandono voluntário do trabalho remunerado na época pré-escolar da prole (LOPES, 2006, p. 428).

Não se contesta que o corpo feminino é composto de aparelho reprodutivo no qual ocorrem os atos de fecundação, gestação, parto e amamentação (ANGOTTI; VIEIRA, 2020, p. 310). Logo, sendo a capacidade reprodutora um aspecto biológico feminino inquestionável, na maternidade, sem dúvida, pairam as diferenças que realmente discernem mulheres e homens, hipótese em que o ordenamento jurídico deve impor tratamento diverso entre os sexos à luz da isonomia material trazida pela Constituição Federal (PUYOL, 2001, p. 103). Assim, justificam-se as disposições legais sobre licença-maternidade e garantia provisória no emprego às trabalhadoras.

A grande questão, consoante refletem Bruna Angotti e Regina Stela Corrêa Vieira, é que, inobstante a maternidade deva ser normatizada pelo Direito, colocando-se nela o elemento sexo como discrímen justo, exterioriza-se exatamente, nesse mesmo aspecto, o ponto em que a legislação regente continua a reforçar estereótipos associados ao corpo feminino e ao papel social atribuído às mulheres, trazendo-lhes negativos efeitos (ANGOTTI; VIEIRA, 2020, p. 309).

As normas trabalhistas pátrias que disciplinam a maternidade simplesmente ignoram a contribuição masculina na concepção e no cuidado com a prole e, com isso, trata-se de pensar a "problematização sobre a relação entre corpo reprodutivo e maternagem" (ANGOTTI; VIEIRA, 2020, p. 313):

> [...] há um reforço da noção de que, pelo fato de a gestação e lactação acontecerem no corpo feminino, "o filho é da mãe". O direito é articulado no sentido de garantia do cuidado [...] mas as noções de maternidade que embasam tais normas jurídicas demonstram um atrelamento entre corpo biológico e gênero, o que pode reforçar ou mesmo promover desigualdades. [...] Compreender tal relação permite entender como o Direito, ao fazer ligações imediatas entre reprodução e maternagem, acaba por reforçar que as mulheres estão fadadas ao cuidado da prole, responsabilizando-as caso haja algum desvio no papel esperado que cumpram. Ademais, desresponsabiliza os genitores de seu papel parental (ANGOTTI; VIEIRA, 2020, p. 309 e 313).

Por conseguinte, em concordância com o que ressalta Regina Stela Corrêa Vieira (2015, p. 520), tem-se que o Direito do Trabalho brasileiro continua a considerar as mulheres como potenciais mães ao longo de toda a sua vida profissional, evidenciando-se, portanto, como instrumento de reprodução da divisão sexual do trabalho. Nessa esteira, ao sedimentar essa posição social feminina, o ordenamento jurídico cria garantias exclusivas às trabalhadoras em virtude da maternidade e desmerece a paternidade, reforçando discriminações já tão latentes e desprotegendo o labor feminino em um verdadeiro impacto adverso que guarda ideologias de opressão e submissão das mulheres.

Como ensina Maria Cecilia Máximo Teodoro, as normas trabalhistas acabam por confundir a proteção à criança e à família com a proteção à mulher e, desta forma, em razão da desigualdade que criam em relação aos homens, acabam se tornando "um Direito do Trabalho que desprotege" (TEODORO, 2020, p. 129-130).

Cristiane Maria Sbalqueiro Lopes (LOPES, 2006, p. 418) bem ressalta que a atribuição à mulher da responsabilidade integral pelas obrigações familiares, notadamente na maternidade e no cuidado dos(as) filhos(as), não tem mais cabimento atualmente, já que a regra disposta pelo ordenamento constitucional é a da responsabilidade conjunta de mulheres e homens (art. 226, § 5º, da CF/88). Todavia, não é o que se verifica no Direito laboral vigente, o que notam Bruna Angotti e Regina Stela Corrêa Vieira:

> [...] mesmo tendo o art. 226, § 5º da Constituição atribuído a homens e mulheres responsabilidades iguais com relação à família, ao dispor que "os direitos e deveres referentes à sociedade conjugal são exercidos igualmente pelo homem e pela mulher", [...] o direito do trabalho estrutura-se de modo a reproduzir a ideia de que o cuidado das crianças recém-nascidas é uma responsabilidade predominantemente das mulheres. [...] O comn partilhamento das responsabilidades familiares, primordial para a garantia da igualdade de gênero, portanto, não tem espaço no direito brasileiro, já que a lei atribui o cuidado às mães, não aos pais de forma igualitária (ANGOTTI; VIEIRA, 2020, p. 352-326).

Aliás, na observação de Maria Cecília Máximo Teodoro (2020, p. 131), o próprio texto constitucional, em duas importantes passagens, indica somente a maternidade como fenômeno merecedor de proteção. É o que se nota na redação do art. 6º da CF/88[(71)], em que se verifica que a paternidade sequer foi elevada à categoria de direito social, bem como do art. 201, inc. II[(72)], no qual a paternidade não foi merecedora, pela Constituição, de proteção pela Previdência Social.

(71) Art. 6º. São direitos sociais a educação, a saúde, a alimentação, o trabalho, a moradia, o transporte, o lazer, a segurança, a previdência social, a proteção à maternidade e à infância, a assistência aos desamparados, na forma desta Constituição.

(72) Art. 201. A previdência social será organizada sob a forma do Regime Geral de Previdência Social, de caráter contributivo e de filiação obrigatória, observados critérios que preservem o equilíbrio financeiro e atuarial, e atenderá, na forma da lei, a: [...] II – proteção à maternidade, especialmente à gestante.

Ao disciplinar a maternidade, seja na Constituição da República, seja na Consolidação das Leis do Trabalho, a legislação brasileira, sempre pautada pela ideia da divisão sexista do trabalho, acaba, então, por estabelecer garantias protecionistas às mulheres sem estendê-las aos homens, renegando a eles a também responsabilidade que lhes incumbe pela paternidade e, assim, por outro lado, tornando menos atrativa a contratação de mulheres, afastando-as do mercado de trabalho. Nesse aspecto, Maria Cecília Máximo Teodoro analisa que o problema é justamente a mulher ser titular de normas de proteção e de garantia de emprego, e o homem não:

> O fato é que a mulher se torna mais cara para um mercado que funciona sob a lógica do acúmulo de capital. Se o que pode motivar a preferência do empregador pela contratação de um homem é o medo de se ver obrigado a manter um emprego numa situação mais dispendiosa, nada mais justo do que estender as referidas garantias ao homem. Considerando-se que a mulher não é a única responsável pela concepção e pelo sustento do bebê e que as demais normas não se justificam em razão do gênero, é muito razoável e urgente igualar homens e mulheres no mercado de trabalho. Isso traria mais segurança econômica à relação de emprego e aos trabalhadores e não prejudicaria o acesso da mulher ao mercado de trabalho, pois o "custo" da contratação de homens ou mulheres seria o mesmo, evitando que o Direito do Trabalho acabe por desproteger (TEODORO, 2020, p. 137).

Interessante, igualmente, trazer à baila o posicionamento de Luiz Henrique Sormani Barbugiani, com o qual se compactua:

> No caso das mulheres a tutela exacerbada da legislação laboral acabou por criar um preconceito que se transformou em estereótipo no sentido de que o trabalho feminino é mais oneroso ao empregador. [...] Ao estabelecer benefícios específicos em virtude da condição especial em que se encontram, como na hipótese da licença maternidade [e da garantia provisória no emprego] em decorrência da gravidez, o legislador objetivou assegurar a igualdade material aplicando um tratamento diferenciado e adequado à peculiaridade da condição das mulheres. Todavia, essa medida de igualdade, ao invés de proteger e preservar os direitos das mulheres, gerou efeitos maléficos, que atingiram a contratação delas e sua absorção pelo mercado de trabalho, fruto de um preconceito incoerente e desregrado que o poder público, a princípio, não consegue impedir, uma vez que não se apresenta explícito e declarado. A liberdade de escolha na contratação pelo empregador prejudica a livre disputa das mulheres no mercado de trabalho. Dessa forma, a igualdade material pode, no fim, acabar prejudicando os direitos

> dos trabalhadores [no caso, as mulheres] antes mesmo de surgir o vínculo laboral ou ainda impedir a devida celebração contratual (BARBUGIANI, 2012, p. 41 e 10).

Não se pretende defender, no caso, a retirada de normas e de direitos laborais às mulheres, até porque o *caput* do art. 7º da Constituição de 1988 aponta para o princípio da progressividade dos direitos trabalhistas, não se podendo caminhar no sentido de qualquer retrocesso (TEODORO, 2020, p. 14). Trata-se, em verdade, de refletir em "como trazer esse debate à tona sem regredir nas conquistas já alcançadas para a garantia de convivência familiar entre mães e filhos/as? Como apontar as idiossincrasias da legislação?" (ANGOTTI; VIEIRA, 2020, p. 309).

O caminho, segundo se entende, é a ampliação de direitos para todos os trabalhadores que necessitem, independentemente do sexo, o que fará com que o homem seja igualmente inserido na questão da paternidade e da responsabilidade familiar, atenuando-se, assim, os efeitos da divisão sexual do trabalho tão ofensivos às mulheres. Quando se atribui privilégios ou uma proteção especial a determinado grupo de pessoas, "o legislador deixa de contemplar outros que se encontram nas mesmas condições", acarretando a "quebra da igualdade na perspectiva omissiva", como ressalta Marcus Orione Gonçalves Correia (2008, p. 148).

Ao promulgar direitos especiais somente às mulheres e apenas em razão do fato de serem mães, a legislação acaba por desestimular que os contratantes optem pela força de trabalho feminina, vista esta como mais custosa. Importante também frisar que inexistem, em contrapartida, maiores incentivos no ordenamento jurídico para a contratação de mulheres. Na linha do que colocam Bruna Angotti e Regina Stela Corrêa Vieira:

> [...] [há um] receio dos empregadores de ter prejuízo em face da possibilidade de mulheres engravidarem e precisarem parar o trabalho para cuidar de recém-nascidos e crianças pequenas. [mas o] [...] fato de os homens trabalhadores poderem ser pais nunca gerou preocupação social. O cuidado familiar, portanto, foi atrelado apenas às trabalhadoras (ANGOTTI; VIEIRA, 2020, p. 314).

Os direitos previstos na legislação pátria por ocasião da maternidade, consoante pondera Maria Cecília Máximo Teodoro, não deveriam ser tratados de maneira desigual entre mulheres e homens, e, assim o sendo, dificultam a contratação do trabalho feminino:

> Tais diferenciações legislativas, adotadas pela perspectiva das relações sociais de sexo, reforçam a divisão sexual do trabalho [...]. Evidente que uma norma constitucional que vise à proteção do mercado de trabalho da mulher não

> deve ser interpretada de modo a fazer perpetuarem as condições discriminatórias em razão do gênero, mas, ao contrário, deve ser regulada de tal forma que as regulações estabeleçam as condições materiais para que essa discriminação seja positiva e efetivamente superada no mundo do trabalho. [...] o homem deve ter igualdade de direitos em relação à mulher, pois parece razoavelmente provado que a mulher encontra ainda hoje grande resistência na valorização do seu trabalho no que diz respeito ao salário, cargos e ascensão organizacional, porque as inúmeras normas de proteção a elas destinadas, se justificam na verdade pela maternidade, e não são extensivas aos homens, desmerecendo a paternidade (TEODORO, 2021, p. 123 e 130).

Nesse contexto, mesmo que se tenha que as normas que disciplinam a maternidade na seara laboral estejam baseadas na ideia de igualdade material, deve-se pensar no redimensionamento da concepção da igualdade substancial, de modo a serem construídas normas, ou mesmo uma interpretação construtiva, tendentes a elastecer o rol dos respectivos direitos a outras pessoas que não estariam originalmente previstas, no caso os trabalhadores do sexo masculino, e, com isso, obstar (ou ao menos amenizar) a discriminação do trabalho feminino (BARBUGIANI, 2012, p. 10).

A mulher não quer ser tutelada. Ela quer ter autonomia. Mas para ter autonomia, ela precisa ter igualdade. Enquanto a força de trabalho feminina é preterida justamente por possuir uma série de direitos que não são atribuídos aos homens, porque a mulher permanece sendo vista como a única e praticamente exclusiva responsável pela maternidade e pela família, não haverá igualdade e a divisão sexual do trabalho continuará a ditar os rumos de sua colocação profissional.

Léa Elisa Silingowshi Calil, a respeito, destaca:

> Proteger não apenas a mulher, mas também o homem, ou seja, protegê-los enquanto seres humanos que merecem tratamento condigno é um fim social que deve ser objetivado pela lei. Proteger a mulher em detrimento da saúde do homem — seu companheiro, pai de seus filhos — em nada colabora para a consecução dos direitos sociais de proteção à família e à infância. Pensar a família como se sua manutenção e sobrevivência não adviessem da combinação de esforços do homem e da mulher foi um erro que o legislador cometeu e que terminou por condenar as mulheres a empregos menores (CALIL, 2007, p. 38).

Como reflete Luiz Henrique Sormani Barbugiani, no caso da maternidade, deve-se se ponderar se devem ser mantidos os benefícios estabelecidos pela legislação trabalhista brasileira exclusivamente às mulheres:

> Com a evolução da sociedade, talvez seja o momento de se repensar o sexo como elemento discriminatório positivo ou negativo, passando a analisar-se a situação em si vivenciada pelos seres humanos de todos os gêneros. Por exemplo, a angustia e sofrimento ao não se ter o que comer, por não se possuir um emprego, atinge da mesma forma o homem e a mulher desempregados, nada influenciando o elemento sexo nessa equação (BARBUGIANI, 2012, p. 42).

Assim sendo, o trabalho feminino ainda necessita de vasto incentivo e promoção e ao Direito também incumbe esse papel, ainda que seja claro que apenas o ordenamento jurídico não tenha, sozinho, o poder de tornar realidade o ideal de igualdade efetiva entre mulheres e homens (LOPES, 2006, p. 408). Para Regina Stela Corrêa Vieira:

> A igualdade entre homens e mulheres não é secundária, mas parte intrínseca das relações humanas, de modo que é uma das instâncias para as quais o Direito precisa colocar atenção. [...] apesar de sabermos que alterações no mundo jurídico não irão romper com a opressão de gênero, uma vez que o Direito é apenas parte das estruturas de dominação, entendemos que deixar de reproduzir o sexismo nesta esfera é parte fundamental do processo de busca pela igualdade entre mulheres e homens (VIEIRA, 2014, p. 18).

Nesse sentido, quando se traz críticas à normatização do trabalho da mulher, não significa que se negue a necessidade de normas especiais para tal disciplina. Porém, as mulheres não podem ser pensadas pontualmente pelo Direito, mas a partir de todas as dimensões das relações sociais (FERRITO, 2021, p. 52).

O Direito do Trabalho deve se redefinir no que pertine à proteção do labor das mulheres. As normas regentes, quando não encontram fundamentos razoáveis baseados em características especiais do sexo feminino e que, assim, justifiquem um tratamento diferenciado pela ordem jurídica, geram, ao final, um efeito contrário ao esperado pelo legislador, levando a um afastamento da mulher do mercado de trabalho e a degradação de suas condições laborais, fortalecendo, com isso, a desigualdade na divisão de tarefas de cuidado e perpetuando a cultura patriarcal presente na sociedade brasileira.

Muito embora as garantias direcionadas exclusivamente às trabalhadoras-mães possam lhes assegurar a permanência no mercado enquanto grávidas ou parturientes, possuem, paradoxalmente. o "efeito rebote" de excluí-las, preteri-las e discriminá-las tão logo se esgotem (e, a propósito, de deixar outras mulheres, de antemão, sem perspectivas de acesso ao mercado remunerado simplesmente por serem mulheres e, portanto, para o Direito, mães em potencial). A extensão das mesmas garantias aos homens dispõe da possibilidade de se levar à igualdade entre trabalhadoras e trabalhadores diante do empregador, gerando o mesmo custo da mão de obra e, assim, evitando preterições (TEODORO, 2020, p. 138).

O paradigma centralizado no papel social da mulher como mãe precisa ser alterado pelo ordenamento jurídico, possibilitando-se maiores perspectivas de emprego, permanência na carreira e ascensão profissional às trabalhadores, além de também propiciar aos homens a escolha de cuidarem de seus filhos e filhas e de maior participação familiar (VIEIRA, 2015, p. 521).

3.1.1. A licença-maternidade

O ordenamento constitucional brasileiro prevê que a trabalhadora gestante faz jus à licença-maternidade, sem prejuízo de seu emprego ou salário, com duração de 120 dias (art. 7º, inc. XVIII, da CF/88). Na mesma esteira, a CLT garante à gestante licença remunerada de 120 dias, podendo o período de repouso ser ampliado antes e após o parto, mediante atestado médico (art. 392, *caput* e § 2º)[(73)].

Por outro lado, a Constituição Federal estabelece ser direito dos trabalhadores homens uma licença-paternidade, "nos termos da lei" (art. 7º, inc. XIX), lei essa, aliás, que nunca foi sancionada. Aplica-se então o disposto no § 1º do art. 10 do ADCT, o qual estabelece que, até que o tema seja regulamentado por legislação específica, o prazo de afastamento, no caso, será de 5 dias.

Com o Programa Empresa Cidadã, instituído pela Lei n. 11.770, de 9 de setembro de 2008, previu-se a possibilidade de se estender a licença-maternidade para um total de 180 dias e a licença-paternidade, para 20 dias[(74)], em troca de benefício fiscal e desde que os trabalhadores assim o requeiram. Estas prorrogações acabam atingindo uma minoria de mulheres e homens no Brasil, vez que dependentes, primeiramente, da iniciativa dos empregadores, sendo que apenas podem se beneficiar do benefício fiscal em questão, nos termos da lei, empresas que forem tributadas pelo chamado lucro real. Assim, colocam-se, de fora, estabelecimentos sujeitos a outros modelos de tributação e, portanto, trabalhadoras e trabalhadores de microempresas e empresas de pequeno porte,

(73) Conforme antes já mencionado, por meio da Lei n. 10.421/02, o art. 392-A foi inserido à CLT e a licença-maternidade foi estendida à mãe adotante, com duração, de início, que variava de acordo com a idade da criança adotada. Posteriormente, a Lei n. 12.010/09 equiparou definitivamente a mãe adotante à biológica, sendo-lhe unificado o direito aos 120 dias constitucionais de licença-maternidade.

(74) No caso da licença-paternidade, a possibilidade de prorrogação só veio a ser disciplinada em 2016, pela Lei n. 13.257, conhecida como Marco Legal de Atenção à Primeira Infância. Por meio de tal norma, restou alterada a redação da legislação regente do Programa Empresa Cidadã, fazendo-se nela constar a possibilidade de prorrogação da licença-paternidade em mais 15 dias.

além de empregados de pessoas físicas e de entidades sem fins lucrativos (VIEIRA, 2014, p. 93). Apesar de todas as vantagens instituídas, dados indicam que de 160 mil empresas elegíveis, apenas 14% aderiram ao Programa (FAMILY TALKS, 2021-2022).

A licença-maternidade, antes da Constituição de 1988, tinha duração de 84 dias, consoante dispunha a redação original do art. 392 da CLT. Seus custos, correspondentes ao salário integral da empregada (art. 393 da CLT), eram arcados pelo empregador, o que causava restrição considerável para as mulheres no mercado de trabalho, situação apenas alterada em 1974, por meio da Lei n. 6.136, que transferiu a prestação para encargo da Previdência Social[(75)].

Do mesmo modo, até a nova ordem constitucional, o único direito de afastamento reconhecido aos pais trabalhadores em caso de nascimento de filhos(as) era a possibilidade de deixar de comparecer ao serviço, sem prejuízo do salário, por um único dia e no decorrer da primeira semana, para o fim de efetuar o registro civil da criança, nos termos do então vigente art. 473, inc. III, da CLT.

As normas trabalhistas pátrias a respeito do labor feminino desde sempre reforçaram a divisão sexual do trabalho e no mesmo sentido se manifestam Bruna Angotti e Regina Stela Corrêa Vieira (2020). Isso se percebe, por exemplo e como apontam as autoras, na escolha da CLT de inserir a licença-maternidade em um Capítulo específico intitulado "Da proteção do Trabalho da Mulher", e de conferir ao pai, inicialmente, a responsabilidade de faltar um "mísero" dia no emprego para proceder ao registro do recém-nascido. Em assim sendo, a legislação evidentemente atribuía à mulher trabalhadora "o papel de cuidadora de seus filhos/as, ignorando a responsabilidade paterna no cuidado, ao mesmo tempo em que o homem trabalhador foi limitado à função de provedor da família, devendo, portanto, manter-se no emprego" (ANGOTTI; VIEIRA, 2020, p. 320).

Em que pese a evolução do ordenamento jurídico, especialmente após a Constituição de 1988, entende-se, de toda sorte, que a legislação brasileira, no que diz respeito à maternidade (e à paternidade, por consequência), continua a reforçar o lugar de cuidado atribuído às mulheres pela divisão sexual do trabalho e, assim, a contribuir para que as desigualdades de gênero verificadas no mercado de trabalho sejam acirradas. A centralidade do trabalho de cuidado às mulheres se manifesta no modo como os labores produtivos e reprodutivos são divididos e, por conseguinte, também é refletida na legislação (FAMILY TALKS, 2021-2022, p. 7).

Nessa perspectiva, Maria Cecília Máximo Teodoro (2020, p. 104) observa que o "estatuto das mulheres", composto pelas normas constitucionais e infraconstitucionais

(75) Na atualidade, o salário-maternidade pago à mulher durante a licença-maternidade permanece sendo arcado pela Previdência Social, nos termos do disposto pelo art. 71 e ss. da Lei n. 8.213, de 1991.

que regem o trabalho feminino, refletem uma visão de mundo sobre o papel da mulher na sociedade.

Também ponderam, a respeito, Bruna Angotti e Regina Stela Corrêa Vieira:

> [...] a maternidade incutida na lei não é a maternidade real, vivenciada pelas mulheres e seus corpos, mas sim uma maternidade idealizada e normatizada, refém dos estereótipos de gênero. Consequentemente, naturaliza-se a desigual atribuição da responsabilidade pelo cuidado entre homens e mulheres, reproduzindo e reforçando a divisão sexual do trabalho (ANGOTTI; VIEIRA, 2020, p. 307).

Na licença-maternidade percebe-se, com clareza, a perpetuação normativa de um lugar subalterno da mulher na sociedade, e que lhe é tão custoso, qual seja, "um lugar de trabalho de cuidado, idealizado no feminino, de exercício da maternagem, ainda que seja preciso 'conciliar'(76) com o mercado de trabalho" (TEIXEIRA, 2020, p. 145).

Por compreender que a mulher "nasceu para ser mãe" (VIEIRA, 2015, p. 520), o Direito lhe confere um afastamento do trabalho de 120 dias, em regra, no caso da maternidade, muito superior ao afastamento garantido aos homens quando da paternidade, de apenas 5 dias, também via de regra(77). Na realidade, "a legislação trabalhista não contribui para encorajar os pais a compartilharem dos cuidados com os filhos" (SORJ, 2006, p. 33).

O longo prazo de duração da licença-maternidade conferido à mulher reforça o lugar materno como cuidadora exclusiva, enraizando o ordenamento a ideia de que a criação e proteção da prole são atribuições primordialmente da mãe, que deve se ater ao trabalho de cuidado como algo natural, a ser provido "por amor" e gratuitamente (ANGOTTI; VIEIRA, 2020, p. 309). Por outro lado, o curto prazo da licença-paternidade traduz evidentemente a compreensão de que cabe ao pai apenas auxiliar a mãe em

---

(76) Aysla Sabine Rocha Teixeira (2020, p. 42) faz críticas ao termo "conciliar", utilizando-se, para tanto, de sentido similar ao adotado por Helena Hirata e Danièle Kergoat (2007). Nesse entendimento, com o qual se compartilha, a autora aponta que Hirata e Kergoat ressaltam que a palavra "conciliação" bem poderia ser substituída por "tensão", na medida em que as mulheres que se ocupam do trabalho produtivo (ou buscam nele se inserir) vivem em um contexto eminentemente conflituoso dado os afazeres familiares e domésticos que permanecem sob a sua responsabilidade. Ainda, Teixeira se recorda de termos que são utilizados por Hirata e Kergoat, já abordados no capítulo 1 desta pesquisa, quais sejam, "delegação" ou "terceirização", a demonstrar uma externalização feita por algumas mulheres de "suas funções domésticas" recorrendo a outras mulheres que se encontrem em situações mais precárias, como, no caso, ocorre na relação entre mulheres brasileiras das classes média e alta e mulheres – brasileiras ou imigrantes – que se encontrem em situações vulneráveis.

(77) Menciona-se "via de regra" para demonstra-se que não se olvida do Programa Empresa Cidadã, muito embora, este, além da baixa adesão, também perpetue a discrepância das extensões das licenças (180 dias para as mães e 20 dias para os pais).

poucos dias e também realizar o registro da criança (TEIXEIRA, 2020, p. 150), ignorando o Direito, destarte, a figura masculina como igualmente responsável pela reprodução[(78)]. Analisando-se, aliás, o ordenamento jurídico pátrio, nota-se que pouquíssimo se tratou do lugar paterno no cuidado com os(as) filhos(as) (ANGOTTI; VIEIRA, 2020, p. 309). Quando se trata da maternidade, além da licença à mulher, em discussão, e da garantia provisória no emprego, a seguir analisada, estão assegurados à trabalhadora o salário-família, o intervalo para amamentação e a existência de creche custeada pela empresa ou pagamento de auxílio-creche, direitos que não fazem parte do escopo desta pequisa, mas que não podem ser olvidados. Aos trabalhadores que são pais, por sua vez, apenas a licença-paternidade lhes é concedida, sendo "nítido, portanto, que os benefícios previstos focalizam, prioritariamente, os direitos reprodutivos das mulheres, oferecendo poucas possibilidades aos homens de se comprometerem com o exercício da paternidade responsável" (FAMILY TALKS, 2020, p. 22).

Na situação da licença-maternidade, em que pese busque a proteção de direitos às mulheres, o Direito reforça papéis sociais e, em verdade, paradoxalmente, acaba por desproteger as trabalhadoras, gerando mais desigualdades e discriminações no mercado de trabalho. A desigualdade está justamente no estabelecimento, pelo ordenamento, de uma garantia tão estendida às mulheres, sem prever aos homens, que são pais, o mesmo (ou semelhante) direito.

Por esse ângulo, Laís Wendel Abramo (2007, p. 76) destaca que, dentro de uma visão capitalista, o empregador tem a tendência natural de preterir o trabalho da mulher, enxergando-a, no aspecto econômico, como uma mão de obra mais cara, e dando preferência, portanto, ao trabalhador masculino. Muito embora os custos da licença-maternidade sejam pagos pela Previdência Social, acredita-se ser mais caro empregar uma mulher em virtude de outros custos associados à sua contratação, no caso, como problemas de produtividade gerados pela adaptação das pessoas contratadas para sua substituição no período de afastamento pela licença; necessidade de reorganização interna de pessoal, ou mesmo a contratação de substituto para suprir a carência temporária de mão de obra da trabalhadora, com impactos na dinâmica laboral interna da empresa. Especialmente em empresas pequenas, a licença-maternidade pode desorganizar o trabalho, sobrecarregar o trabalho dos que laboram com as mulheres parturientes ou demandar a contratação de novas pessoas que requerem um tempo de preparação, com novos custos monetários. E tudo isso desestimula a contratação da força de trabalho feminina.

---

(78) No aspecto do Direito de Família parece que o ordenamento jurídico nacional já se apercebeu que a repartição dos deveres familiares entre mulheres e homens, especialmente perante os filhos e filhas, é medida primordial. Nesse sentido, a previsão da guarda compartilhada entre mãe e pai, em casos de separação conjugal, nos termos do art. 1.583 do Código Civil, atribuindo-se a "responsabilização conjunta e o exercício de direitos e deveres do pai e da mãe que não vivam sob o mesmo teto, concernentes ao poder familiar dos filhos comuns".

Para além desse ponto em si, na preterição da contratação de mulheres encontra-se a questão da estereotipificação de seu trabalho. Quando a lei simplesmente abstrai a contribuição masculina para a concepção e educação dos(as) filhos(as) e entrega esse encargo somente às mulheres, robustecem-se os estigmas que rondam o trabalho feminino por conta da maternidade. A respeito, também Laís Wendel Abramo (2007, p. 10-13 e 61) esclarece que as imagens de gênero sobre as identidades feminina e masculina que são produzidas social e culturalmente, determinam, em grande medida, as oportunidades e formas de inserção de mulheres e homens no trabalho. E é preciso considerar que o imaginário que se tem sobre mulheres e homens no mundo laboral está fortemente associado ao imaginário sobre os indivíduos na família e no conjunto da sociedade. Assim não o é diferente quando se analisa a visão do empresariado sobre o tema e que é fundamental por estar na base de suas decisões no que diz respeito à contratação, investimentos em capacitação, atribuições de tarefas e responsabilidades, definição de remuneração e promoção de mulheres e homens. A imagem da mulher ligada ao "seu papel" de reprodutora e cuidadora, vinculada, portanto, ao âmbito doméstico, se sobrepõe à imagem da mulher trabalhadora e tende a ser vista como uma barreira que limita a sua "adequada" inserção no mercado de trabalho. O empresário, além da visão de que a mulher lhe é mais custosa, tem a percepção que ela produz menos e falta mais ao trabalho e essas conclusões estão centralmente relacionadas à questão da maternidade e à maior atribuição da mulher à questão do cuidado. Assim, para o empregador, a mulher permanece sendo vista como uma força de trabalho secundarizada, que não merece tanto investimento e que lhe trará mais custos e percalços justamente por conta da maternidade.

A legislação, assim, como se entende acontecer no caso da licença-maternidade, acaba, na verdade, cerceando ainda mais as oportunidades de inclusão da força de trabalho feminina no mercado laboral, reforçando a visão empresarial que é tão anuviada por estereótipos e preconceitos. Nessa esteira:

> Argumenta-se que os menores salários das mulheres em comparação aos dos homens se justificariam pela necessidade de as empresas compensarem os mais altos custos associados ao trabalho feminino, uma vez que dispositivos legais de proteção à maternidade e ao cuidado infantil incidem sobre a contratação de mulheres, e não sobre a contratação de homens. Com efeito, nas últimas décadas, a diferença entre o período de exercício da licença paterna e da licença materna foi apontada como um fator de discriminação da mulher no mundo do trabalho, que mais frequentemente sofre com perdas na remuneração e na carreira ou com demissões quando comparada aos homens (FAMILY TALKS, 2020, p. 22-23).

É claro que, quando se trata da garantia legal da licença-maternidade de pelo menos 120 dias para as mulheres, inequivocamente que se fala em avanço. A possibilidade de recuperação do corpo e da convivência familiar com os(as) filhos(as) é um direito para as mães, que assim não serão submetidas a um rápido retorno ao trabalho (ANGOTTI; VIEIRA, 2020, p. 308). Não se almeja, portanto, debater a questão regredindo em uma importante conquista social alcançada pelas mulheres.

Evidente que se entende que, na maternidade, as mulheres diferem biologicamente dos homens, justificando-se, antes de tudo, o tratamento distinto entre os sexos dado pelo Direito nessa questão, voltando-se à igualdade substancial constitucional. Nas lições de Alice Monteiro de Barros, "As medidas destinadas a proteger as mulheres em decorrência de gravidez ou parto, vinculadas a um contrato de trabalho, não constituem discriminação; seu fundamento reside na salvaguarda da saúde da mulher e das futuras gerações" (BARROS, 1995, p. 39). Na mesma esteira, ressalta Cristiane Maria Sbalqueiro Lopes:

> [...] a circunstância de origem biológica que justifica realmente a edição de normas "sexuadas" de proteção ao trabalho é aquela relacionada com a maternidade. A mulher necessita de garantias para poder exercê-la. E a criança, nos primeiros meses de vida, porque críticos para sua saúde, presente e futura, precisa de cuidados maternos, dentre os quais o mais específico é a amamentação (LOPES, 2006, p. 420).

A tutela especial dada às mulheres pelo Direito se justifica, de tal feita, pelas especificidades biológicas que estão envolvidas e a licença-maternidade caminha no sentido de garantir à mãe o direito a cuidar de seu próprio corpo, no puerpério, e também de seu filho ou filha, em condições de dignidade garantida pela continuidade de recebimento de seu salário (ANGOTTI; VIEIRA, 2020, p. 308).

Contudo, a maternidade está muito além do "ato de parir" e deveria implicar em consequências semelhantes à paternidade (FERRITO, 2021, p. 162). Nesse aspecto, Bruna Angotti e Regina Stela Corrêa Vieira realçam que "a efetiva igualdade de gênero pressupõe igualdade de papéis e o compartilhamento das tarefas produtivas e reprodutivas" (ANGOTTI; VIEIRA, 2020, p. 326).

Cristiane Maria Sbalqueiro Lopes (2006, p. 420) enfatiza que o tratamento de inferiorização da mulher sempre esteve apoiado em discursos fundados pretensamente na natureza. E, em tal sentido, Aysla Sabine Rocha Teixeira (2020, p. 146) salienta que a discrepância na duração dos institutos da licença-maternidade e da licença-paternidade costuma justamente ser defendida pela doutrina e pela jurisprudência, sob uma visão romântica, fundamentada em questões tidas por tipicamente femininas, como a necessidade da mulher em se recuperar do parto e do puerpério. Porém, esse argumento, para a autora, e com o que se concorda, "se trata de perspectiva reducionista de sexo a gênero, altamente biologizante, além de reificadora juridicamente da divisão sexual do trabalho" (TEIXEIRA, 2020, p. 146):

> A discussão sobre a possibilidade de mães ou pais se afastarem do trabalho para o exercício da maternagem costuma encontrar obstáculo em argumentos simplórios que não se justificam pelos próprios termos da legislação em vigor, como a necessidade de recuperação do parto e do puerpério [...]. Todavia, com a licença-paternidade limitada a 5 dias, na maioria dos casos cabe à mãe o cuidado com o recém-nascido, não podendo se dedicar totalmente à sua própria recuperação. Além disso, as mulheres tradicionalmente dedicam, em média, seis vezes mais horas aos afazeres domésticos que os homens, diferença significativamente maior quando se leva em conta as faixas de renda da população. O cuidar de si, então, é um privilégio intimamente ligado à classe e, cabe sempre lembrar, à raça (TEIXEIRA, 2020, p. 155).

Ainda sobre a questão biológica, as considerações de Bruna Angotti e Regina Stela Corrêa Vieira:

> A justificativa geralmente utilizada para a concessão de períodos distintos de licença para trabalhadores e trabalhadoras é a necessidade de recuperação do organismo da mulher depois do parto. Entretanto, a licença-maternidade para estes fins justifica-se até determinado limite, pois passado o período de recuperação puerperal, a licença torna-se uma "licença cuidado" voltada à criança. [...] Diante dessa problemática, entendemos ser necessário romper as barreiras que continuamente afastam os homens do seu potencial cuidador, dentre as quais, buscamos mostrar aqui, o discrepante tratamento das licenças maternidade e paternidade no Brasil [...] (ANGOTTI; VIEIRA, 2020, p. 326-327).

O argumento biológico, aliás, também cai por terra quando a própria legislação concede às mulheres adotantes a mesma licença-maternidade de 120 dias que é concedida às mães biológicas.

Sendo assim, a crítica que aqui se faz ao instituto da licença-maternidade, compactuando-se com a posição de Aysla Sabine Rocha Teixeira (2020, p. 147), se deve ao seu "caráter conformista". Ao serem concedidos lapsos temporais desiguais entre mulheres e homens para o cuidado com os filhos e filhas, a estrutura patriarcal familiar é reforçada pelo Direito, mantendo-se as noções estereotipadas sobre os papéis de gênero. Quando o ordenamento jurídico cristaliza as práticas sociais que reforçam os lugares prescritos socialmente às mulheres, seus efeitos não rompem com os alicerces que sustentam a desigualdade de gênero no mercado de trabalho (ANGOTTI; VIEIRA, 2020, p. 327).

Não se verifica uma tentativa de alteração da lógica perversa da divisão sexual do trabalho pelo Direito, mas somente sua pacificação, com prerrogativas oferecidas às mulheres que, distante de alterarem significativamente as dinâmicas do patriarcado, reforçam-nas (TEIXEIRA, 2020, p. 149).

O Direito, ao disciplinar uma licença-maternidade bem mais longa que o afastamento que propõe aos homens no caso de nascimento de filhos(as), está, muito além de aspectos biológicos, baseado em argumentos sociais e culturais que procuram manter uma estrutura familiar com a mulher colocada como praticamente a única responsável pelas tarefas de cuidado. Na intenção de amparar os corpos das mulheres-mães e garantir o cuidado dos recém-nascidos, o Direito extrapola os limites reprodutivos, atrelando o corpo feminino e sua função reprodutiva à divisão sexual do trabalho (ANGOTTI; VIEIRA, 2020, p. 307).

Não se nota, assim, nenhum esforço do ordenamento jurídico na promoção ao trabalho feminino, mas, do contrário, depara-se com mais uma barreira legalizada e imposta ao acesso ao mercado remunerado pelas mulheres.

A propósito, não custa sublinhar que a Constituição de 1988 traz expressa previsão acerca da "proteção do mercado de trabalho da mulher, mediante incentivos específicos, nos termos da lei" (art. 7º, inc. XX). O dispositivo constitucional em questão, apesar de ter a finalidade de implementação de uma política de promoção e fomento ao mercado feminino, acaba deixando patente uma normatização vaga que relega para a legislação infraconstitucional a regulamentação da matéria. Para Maria Cecília Teodoro Máximo, a Constituição, no aspecto, somente "lança programas que não regulamentados ou mal regulamentados se revestem de caráter simbólico(79)" (TEODORO, 2020, p. 128). Nessa conjuntura, é importante se notar que, até bem recentemente pelo menos, não se encontrava nenhuma lei no ordenamento jurídico brasileiro que buscasse de fato promover o labor feminino.

Importante passo, no entanto, foi dado pelo legislador, contemporaneamente, com a implantação do "Programa Emprega + Mulheres", instituído pela promulgação da Lei n. 14.457, de 21 de setembro de 2022, resultante da conversão da Medida Provisória n. 1.116, de 4 de maio de 2022. Destinado à inserção e à manutenção das mulheres no mercado de trabalho, o Programa prevê uma série de medidas de apoio ao labor feminino,

---

(79) A autora fundamenta-se, no aspecto, na Teoria da Constitucionalização Simbólica, professada no Brasil por Marcelo Neves (NEVES, 1994). Segundo tal conceituação, o ordenamento jurídico teria uma função simbólica quando há uma hipertrofia da função normativa em detrimento de sua concretização prática (NEVES, 1994, p. 26). À vista dessa perspectiva, Maria Cecília Teodoro Máximo aponta para o simbolismo da legislação brasileira quanto ao trabalho feminino, anotando seu "hipertrofismo" pelo enaltecimento de valores sociais – a igualdade entre homens e mulheres, proteção do mercado de trabalho da mulher mediante incentivos específicos, em prejuízo de sua eficácia, vez que, na realidade, nota-se a discriminação da mulher no mercado de trabalho (TEODORO, 2020, p. 129).

sobre algumas das quais se terá a oportunidade de adiante mencionar[(80)(81)]. Trata-se, portanto, de uma notável inovação do Direito pátrio na busca da promoção do mercado de trabalho feminino, ainda que tenha surgido tantos anos depois do comando regente da Constituição de 88.

Mesmo assim, poderiam ser feitas algumas indagações como forma de reflexão nesta pesquisa, deixando-as como objeto de análise: para além do "Programa Emprega + Mulheres", ainda tão tenro, o que se tem na legislação infraconstitucional efetivamente cumprindo a Constituição Federal no sentido de incentivar a participação feminina no mercado de trabalho? Quais as contrapartidas dadas aos empresários que os levem à maior contratação de mulheres no Brasil? Como promover o trabalho feminino no país se as normas que o regem não se voltam propriamente às mulheres enquanto trabalhadoras, mas, sim, ainda se baseiam e perpetuam a velha e conhecida divisão sexual do trabalho, protegendo seus corpos e as funções sociais a eles impostas, como no caso da licença-maternidade, em vez de sua empregabilidade?

Retornando à questão da licença-maternidade, reforça-se que não se deseja aqui desconsiderar o aspecto biológico que reside na gestação e que merece tutela específica. No entanto, como Aysla Sabine Rocha Teixeira (2020, p. 158-159) pondera, acredita-se que, mesmo para as parturientes, é possível se pensar em soluções em que o direito ao repouso e à recuperação da mãe possam ser conciliados com a divisão dos cuidados com o companheiro ou qualquer outra pessoa que assim se disponha, permitindo, dessa forma, uma maior participação das mulheres no mercado de trabalho.

Em suma, compreende-se que, quando a questão é a maternidade, licenças equitativas podem ser um passo importante para equidade de gênero no mercado de trabalho. O ideal seria que não só as mulheres, mas também os homens fossem vistos pelo Direito como responsáveis por suas proles. Reconhecer o papel na criação da família, reforçando-se que filhos e filhas não são apenas um assunto materno, "é um passo importante para desonerar as mulheres da função de cuidadoras únicas e reconhecer a relevância do

(80) Uma crítica que já se faz à novel legislação é que ela ignora a situação de mulheres em informalidade, traço marcante no Brasil. Garantindo medidas positivas somente por meio do mercado formal, a Lei se apresenta "regressiva", "em um contexto no qual parte considerável da força de trabalho não as consegue acessar" (MACHADO, 2022).

(81) Acerca de inovações legislativas que buscam a efetiva promoção do mercado de trabalho feminino, vale mencionar também a proposta voltada à promoção da contratação de mulheres mediante incentivos, constante no Projeto de Lei n. 324, de 2022, de autoria da Deputada Federal Tabata Amaral. O projeto prevê uma redução de 20% para 10% da alíquota de contribuição de empresas à Seguridade Social no caso de contratação de força de trabalho feminina, durante 18 meses após a admissão de trabalhadoras, podendo igualmente ser usado o benefício no caso de contratação de mulheres transgênero.

compartilhamento de tarefas" (ANGOTTI; VIEIRA, 2020, p. 317). No mesmo sentido, a manifestação de Aysla Sabine Rocha Teixeira:

> A inclusão do homem no cuidado dos filhos a partir de políticas públicas que ampliem sua possibilidade de afastamento tem implicações significativas na redução da disparidade de gênero no mercado de trabalho, enfraquecendo argumentos sobre o encarecimento da mão de obra feminina em decorrência das prerrogativas legais e constitucionais asseguradas às trabalhadoras (TEIXEIRA, 2020, p. 60).

A discriminação de gênero é uma norma cultural que reforça estereótipos contra as mulheres no mercado de trabalho. Todavia, o estabelecimento de licenças por períodos mais longos aos homens, em caso de paternidade, contribuiria com que o empresariado não enxergasse mais as mulheres como uma força de trabalho muito diferente da masculina.

Em tal sentido, podem ser pontuados alguns Projetos de Lei (PL) que tramitam no Congresso brasileiro sobre o tema, quais sejam: PL n. 3.935, de 2008, que prevê uma regulamentação da licençapaternidade com duração de 15 dias; PL n. 4.853, de 2009, que propõe a ampliação da licençapaternidade para 30 dias (apensado ao PL n. 3.935/2008 e com pareceres para rejeição); PL n. 2.098, de 2011, que passa a permitir que o início da licença-paternidade se inicie com a alta hospitalar no caso de prematuros; PL n. 3.831, de 2012, que amplia a licença-paternidade para 90 dias; e PL n. 7.601, de 2017, que majora o prazo da licençapaternidade para 30 dias no caso de empresas optantes do Programa Empresa Cidadã[(82)].

Fora do Brasil, a título de exemplo, importante referenciar que a Espanha se tornou, em 2021, o primeiro país do mundo a equiparar as licenças maternidade e paternidade (16 semanas), com remuneração integral, inovação legislativa bastante emblemática (SALDAÑA, 2021).

Pensar na ampliação da licença-paternidade, com períodos de benefício exclusivo e obrigatórios aos homens, aproximaria as realidades materna e paterna, possibilitando, com isso, a redução da penalidade sofrida pelas mulheres no mercado pela divisão sexual do trabalho, além da paridade de direitos para famílias monoparentais de chefia masculina, bem como no caso de novos arranjos familiares (famílias formadas por casais homoafetivos, por exemplo) (FAMILY TALKS, 2020 p. 26).

---

(82) Apesar desse esforço normativo, Aysla Sabine Rocha Teixeira observa que "mesmo os mais audaciosos projetos de lei destacados não se aproximam da discussão sobre a pressuposição da universal tradicional família brasileira [branca, heterossexual, cristã, de classe média e residente no Sul ou Sudeste do Brasil], nem do lugar que compete à mulher nesse contexto" (TEIXEIRA, 2020, p. 154).

A licença parental também deve ser mencionada como outro importante instrumento de compatibilização entre o trabalho e a família e de incentivo ao exercício de uma paternidade mais participativa, com vistas a atenuar a discriminação contra as mulheres no mercado laboral. Nesse modelo, o direito à licença para cuidar dos(as) filhos(as) pode ser exercido indistintamente pela mãe ou pelo pai, de modo compartilhado. Como observado por Aysla Sabine Rocha Teixeira (2020, p. 159), a Convenção n. 183 da OIT estipula que a licença-maternidade inclua um período específico de, no mínimo, seis semanas com o objetivo de se proteger a saúde da mulher e da criança e, nesse sentido, vários países já facultam que, após esse lapso, qualquer dos pais usufrua de licença. Na América Latina, a autora indica que, em Cuba, após o período destinado à licença-maternidade, os pais podem optar pela licença parental remunerada até que a criança complete um ano de idade. Também no Chile, após o parto, as empregadas têm direito a pelo menos 12 semanas de licença-maternidade remunerada, ou 18 semanas de licença parcial sendo que, em ambos os casos, o pai pode usufruir de parte do período de afastamento, desde que ao menos 6 semanas sejam reservadas para a mãe (TEIXEIRA, 2020, p. 159). Em outros continentes, a Alemanha e o Canadá igualmente são países que adotam a licença parental, com êxito (FAMILY TALKS, 2020, p. 36-37).

No Brasil, a Proposta de Emenda à Constituição (PEC) n. 355, de 23 de agosto de 2017, que buscava dar nova redação ao art. 7º da CF/88 para dispor sobre a licença parental, fora arquivada[83]. Por outro lado, ainda está em tramitação a Proposta de Emenda à Constituição n. 229, de 17 de dezembro de 2019, outra medida que se propõe a analisar uma reforma constitucional para a adoção da licença parental no país. Interessante notar que, na justificação de apresentação desta última PEC, verifica-se justamente, como ora debatido, o argumento da desproporção entre a duração da licença-maternidade e da licença-paternidade e os prejuízos que isso traz à empregabilidade feminina:

> Os institutos da licença-maternidade e da licença-paternidade vigentes (com a grande diferença de tempo de licença entre mulheres e homens) expressa o conceito superado de que a responsabilidade pelo cuidado do bebê é preponderantemente da mulher. [...] Essa diferença entre os períodos de licença para o pai (5 dias) e mãe (120 dias) cria ainda uma disparidade entre os gêneros no mercado de trabalho. É muito comum a mulher ser demitida após o seu retomo ao trabalho, o que interfere negativamente na sua carreira profissional, afeta significativamente sua remuneração e dificulta sua contratação (BRASIL, 2019).

Tramita, ainda, na Câmara dos Deputados, o Projeto de Lei n. 1.974/21, que trata do instituto da parentalidade no Brasil. O Projeto reconhece que há, no país, uma triste

(83) Após ter sido apensada à PEC n. 166/2015.

realidade de sobrecarga das mulheres em relação ao cuidado de crianças, principalmente quando se trata da gestação e, assim, toma por princípio o compartilhamento do cuidado atingindo a paridade entre pais e mães (e outras pessoas que por essas crianças se responsabilizem). Uma das medidas propostas pelo texto é exatamente a concessão de licença parental remunerada de 180 dias a ser compartilhada por até duas pessoas de referência da criança, como pela mãe e pelo pai trabalhadores, ressaltando os parlamentares proponentes da medida que a licença parental já é adotada em diversos outros países, mas que o Brasil segue em atraso com uma ineficiente legislação dos atuais modelos de licença-paternidade — que sequer possui lei que a disciplina como indica o art. 7º, inc. XIX, § 1º, da Constituição de 1988 — e de licença-maternidade — que na prática traduz a ideia de que o dever do cuidado deve ser necessariamente exercido pelas mulheres sem que haja um papel efetivo de outros no cuidado da prole.

Destaca-se, no tema, que o "Programa Emprega + Mulheres" (Lei n. 14.457/22) trouxe avanços ao sistema jurídico pátrio ao prever que a prorrogação da licença-maternidade em até 60 dias, nos moldes do Programa Empresa Cidadã, poderá ser compartilhada entre a empregada-mãe e o empregado-pai requerentes, desde que ambos sejam empregados de pessoa jurídica aderente ao Programa e que a decisão seja tomada conjuntamente (art. 20).

Debater a ampliação e a modificação das licenças para o cuidado no Brasil é algo muito profundo, que implica vontade política e o reconhecimento e a valorização do cuidado enquanto atividade essencial à manutenção da vida e da própria sociedade, além do desenvolvimento sustentável e do fortalecimento de uma economia que promova maior e equitativa participação de gênero.

A conciliação entre o trabalho produtivo e reprodutivo precisa deixar de ser vista como responsabilidade privada e essencialmente feminina, cabendo ao Estado, por meio da função legislativa[84], adotar um papel propositivo tendente ao ajuste do equilíbrio trabalho-família e, nessa esteira, o Direito deve ser usado com tal fito, buscando medidas efetivas para a concretização da igualdade substancial de gênero no mercado de trabalho.

3.1.2. A garantia provisória de emprego da trabalhadora-mãe

Dentro da perpetuação normativa do cuidado como atividade essencialmente feminina e da concessão de prerrogativas exclusivas às mulheres quando se trata do tema da maternidade, reforçando-se a divisão sexual do trabalho e servindo o Direito como meio de fomento às desigualdades de gênero no mercado laboral, se discutirá agora a questão da garantia provisória de emprego da trabalhadora-mãe.

Algumas considerações iniciais se fazem, antes, necessárias.

---

(84) Isso sem falar, claro, em políticas públicas.

Para tratar-se do tema, se utilizará a nomenclatura de "garantia provisória de emprego". A doutrina diverge quanto ao termo correto a ser utilizado, no caso, dividindo-se entre as classificações de "garantia provisória de emprego" e "estabilidade provisória". Para Mauricio Godinho Delgado (2006, p. 1.242 e 1.248), adepto da primeira classificação e à qual ora se filia, a estabilidade define uma vantagem jurídica de caráter permanente, que visa assegurar a manutenção indefinida de uma relação de trabalho, enquanto que a garantia de emprego se traduz como uma vantagem de caráter provisório, de modo a assegurar a manutenção do vínculo laboral por um lapso temporal definido, como é o caso da prerrogativa em análise. Defendendo posição diversa, Vólia Bomfim (2021, p. 1.135) anota que a garantia de emprego seria em verdade gênero, da qual é espécie a estabilidade, definida esta como uma restrição ao direito potestativo de dispensa e que, portanto, caracterizaria a hipótese em comento destinada à trabalhadora-mãe.

No mais, apropriando-se da concepção defendida por Aysla Sabine Rocha Teixeira (2020, p. 165), se adotará, no texto, a terminação garantia provisória de emprego da "trabalhadora-mãe". Compreender a garantia provisória estudada como um benefício à mulher "gestante", como comumente se coloca, limita seu escopo, na medida em que o benefício em questão contempla todo o lapso de tempo compreendido desde o momento da confirmação da gravidez até cinco meses após o parto, não se destinando, assim, apenas ao momento da gestação (TEIXEIRA, 2020, p. 165).

Feitas essas observações, coloca-se que o art. 10, inc. II, do ADCT da Constituição de 88, estabelece, em sua alínea "*b*", garantia provisória de emprego à "empregada gestante, desde a confirmação da gravidez, até cinco meses após o parto", sendo-lhe vedada a "dispensa arbitrária ou sem justa causa".

A Lei n. 12.812/13 incorporou à CLT a mesma vedação de dispensa à trabalhadora-mãe, acrescentando ao diploma celetista o art. 391-A, o qual dispõem que "a confirmação do estado de gravidez advindo no curso do contrato de trabalho, ainda que durante o prazo do aviso prévio trabalhado ou indenizado, garante à empregada gestante a estabilidade provisória prevista na alínea *b* do inciso II do art. 10 do Ato das Disposições Constitucionais Transitórias"[(85)].

Trata-se de instituto criado pelo Direito, segundo pontua Vólia Bomfim (2021, p. 1.154), com objetivo de tentar diminuir o impacto da maternidade na empregabilidade feminina e de combater a discriminação no mercado de trabalho contra mulheres grávidas ou com filhos(as) recém-nascidos(as), evitando o desemprego numa fase em que o rendimento é extremamente necessário.

---

(85) Nota-se que a CLT utiliza da terminologia "estabilidade provisória" para nomear o instituto ora em análise, tal como a posição de Vólia Bomfim (2021). Do mesmo modo, refere tratar-se de prerrogativa devida à "empregada gestante", diferentemente do que pontua Aysla Sabine Rocha Teixeira (2020).

No entanto, o que se quer observar é que o mesmo ordenamento jurídico, que se coloca como antidiscriminatório por meio do instituto da garantia provisória de emprego à trabalhadora-mãe, acaba, pelo mesmo instrumento, reforçando as desigualdades enfrentadas pelas mulheres na seara laboral. Aliás, conforme já analisado, a maternidade é ainda a maior causa de discriminação contra as mulheres no mercado de trabalho, o que indica que a legislação, no caso, não tem sido eficiente em seu intento.

A discriminação que se coloca face ao labor feminino no mundo produtivo deriva de uma estrutura capitalista-patriarcal arraigada na sociedade, pela qual se espera das mulheres um maior cumprimento da obrigação social de exercício da maternagem (TEIXEIRA, 2020, p. 166).

Nessa concepção, assim como visto quanto à licença-maternidade no tópico anterior, entende-se que a garantia provisória no emprego conferida à trabalhadora que é mãe também tem como pano de fundo o reforço de que o trabalho reprodutivo é inerente à condição da mulher. Destarte, gerando vantagem pontual às trabalhadoras dentro do paradigma da divisão sexual do trabalho, o Direito novamente se distancia da efetiva possibilidade de promoção ao labor feminino, reforçando, do contrário, as desigualdades de gênero já tão latentes. No aspecto, reforçam Bruna Angotti e Regina Stela Corrêa Vieira (2020, p. 326) que o sistema jurídico perpetua e fortalece a divisão sexual no trabalho ao impor obrigações às mães e isentar os pais de suas responsabilidades em relação às crianças, o que não parece uma abordagem consistente para o alcance da igualdade.

Frisa-se mais uma vez que não se está defendendo, nesta dissertação, a redução de direitos às mulheres trabalhadoras. É mais do que cediço que o trabalho feminino é cercado de inúmeros obstáculos e discriminações em relação ao labor masculino. Com efeito, não se faz nada mais justo a previsão de prerrogativas que visem ao menos amenizar as desigualdades que são impostas à condição feminina no mercado de trabalho. Sem dúvida, a garantia de emprego destinada à mulher no período gravídico e até cinco meses após seu parto é medida que objetiva a efetivação da igualdade de gênero na seara laboral, especialmente por conta do tratamento distinto sabidamente dispensado entre as trabalhadoras e trabalhadores.

Todavia, de acordo com o que se debateu anteriormente, a legislação brasileira, ao disciplinar a maternidade, sempre pautada pela ideia da divisão sexista do trabalho, acaba por estabelecer garantias protecionistas exclusivas às mulheres, no caso, a garantia provisória de emprego à trabalhadora-mãe, sem estendê-las aos homens. Isso torna menos atrativa a contratação da força de trabalho feminina, vista esta como mais custosa.

Por conseguinte, coloca-se como uma possível alternativa à redução das discriminações enfrentadas pelas mulheres no mercado de trabalho, especialmente mães, a possibilidade de extensão da garantia de emprego analisada ao genitor, em prol da promoção do princípio constitucional da igualdade, para além de possibilitar a maior inclusão e participação da figura paterna nas relações familiares (SOUZA FILHO; MEIRELLES, ALVES, 2019, p. 2).

O legislador brasileiro ainda está longe dessa compreensão. Destaca-se, contudo, dois projetos apresentados no Congresso Nacional, sobre o tema, que bem demonstram a incipiência do assunto no país: a Proposta de Emenda à Constituição (PEC) n. 114, de 2007, que propunha a alteração da CF/88 para estender ao pai a garantia provisória de emprego quando fosse a única fonte de renda familiar, e o Projeito de Lei Complementar (PLP) n. 59, de 2011, que propõe a vedação da dispensa arbitrária do trabalhador cuja companheira estiver grávida. A PEC n. 114/2007 foi arquivada em 2012, e o PLP n. 59/2011 foi apensado ao PLP n. 33/1988, encontrando-se ainda em tramitação.

O debate vai além.

A principal consequência da garantia provisória à trabalhadora-mãe é a manutenção da relação empregatícia, desde a confirmação da gravidez e até cinco meses após o parto, sendo que o rompimento do vínculo laboral, na forma imotivada, dará à mulher o direito de ser reintegrada ao posto de trabalho do qual foi indevidamente dispensada ou de ser indenizada em relação aos salários não percebidos no período. A primazia é pela reintegração da mulher ao trabalho, sendo a indenização somente uma forma compensatória na hipótese de impossibilidade daquela, seja pelo próprio esgotamento do prazo previsto para a garantia provisória, seja pela impossibilidade advinda de questões médicas ou morais, estas como no caso em que não mais exista um ambiente favorável para o retorno da genitora ao emprego, não se exigindo, nessa circunstância e quando devidamente comprovada, a reintegração da trabalhadora (SOUZA FILHO; MEIRELLES; ALVES, 2019, p. 10).

A bem da verdade, o instituto em discussão não é apenas uma ferramenta de amparo ao trabalho feminino, mas também se coloca como um meio de proteção à vida e ao bem-estar do nascituro e da criança recém-nascida. É o que se verifica pela construção jurisprudencial sobre o tema, como observa Aysla Sabine Rocha Teixeira (2020, p. 177), que aponta que a *ratio decidendi* da maior parte das decisões do TST sobre a garantia provisória de emprego da trabalhadora-mãe quase sempre sustenta que o intuito da norma é proteger não apenas a genitora, mas também a criança.

Nessa senda, o entendimento firmado a respeito do marco inicial da garantia provisória em comento. O ADCT da CF/88 e a CLT são expressos ao determinar que tal garantia tem início com a confirmação da gravidez. Muito embora o termo "confirmação" possa sugerir que a trabalhadora deva ter ciência de seu estado gravídico, a jurisprudência majoritária se coloca no sentido da desnecessidade de conhecimento pela empregada de sua situação, substituindo-se, assim, a "confirmação" pela "concepção" (TEIXEIRA, 2020, p. 168). Basta somente que o estado gestacional tenha se dado durante a vigência do contrato laboral, ainda que durante o período de aviso-prévio, para que a trabalhadora tenha direito à garantia provisória de emprego discutida, desde a concepção, portanto, até cinco meses após o parto.

No mesmo sentido, o conhecimento da gravidez da trabalhadora por seu empregador se mostra irrelevante para que se configure à mulher a prerrogativa legal analisada, nos termos da Súmula n. 244, item I, do TST: "O desconhecimento do estado gravídico pelo empregador não afasta o direito ao pagamento da indenização decorrente da estabilidade (art. 10, II, "*b*" do ADCT)". É o que igualmente decidiu o Supremo Tribunal Federal por meio do Tema 497: "A incidência da estabilidade prevista no art. 10, inc. II, do ADCT, somente exige a anterioridade da gravidez à dispensa sem justa causa". Fala-se, assim, em responsabilidade objetiva do empregador que, mesmo não sabendo da gravidez da empregada, não pode dispensá-la, nos termos legais (BOMFIM, 2021, p. 1.154).

Se a garantia provisória no emprego à trabalhadora-mãe fosse voltada apenas à proteção do direito ao trabalho da mulher, a partir do momento em que a vulnerabilidade oriunda do período gestacional não restasse evidente, não haveria motivo para a garantia legal incidir sobre tal situação. Em assim sendo, a ciência do estado gravídico da trabalhadora pelo empregador seria indispensável para que a proteção à mulher fosse reivindicada. No entanto, ao dispor a concepção como marco inicial para a configuração da garantia de emprego em voga, o legislador constitucional estipulou um critério objetivo, almejando, logo, não apenas proteger a mulher, mas também o nascituro (SOUZA FILHO; MEIRELLES, ALVES, 2019, p. 8).

Também, o entendimento prevalecente de que a garantia provisória em questão é um direito irrenunciável, baseado justamente na compreensão de que se trata de norma de ordem pública que visa sobretudo à proteção do nascituro[(86)(87)].

---

(86) BRASIL, Tribunal Superior do Trabalho. *Agravo de Instrumento em Recurso de Revista n. 33-75.2018.5.23.0007*. Agravo de Instrumento. Recurso de Revista – Descabimento. [...] 2. Estabilidade da gestante. Recusa à reintegração. Direito à indenização substitutiva. O direito à estabilidade da gestante é norma de ordem pública, irrenunciável, pois visa à proteção do nascituro. Diante disso, a recusa ao retorno ao emprego não obsta o direito à indenização substitutiva. Precedentes. Agravo de instrumento conhecido e desprovido. 3ª Turma, relator: Ministro Alberto Luiz Bresciani de Fontan Pereira. *Diário Eletrônico da Justiça do Trabalho*, 13 nov. 2020.

(87) Por conta dessa construção jurisprudencial, inclusive, é que se entende, majoritariamente, que não configura má-fé ou abuso de direito o ajuizamento de ação pela trabalhadora-mãe após o fim do período de garantia de emprego, requerendo apenas o pagamento de indenização substitutiva à reintegração a que faria jus. Nesse sentido, a Orientação Jurisprudencial n. 399 da SDI-I do E. TST: **ESTABILIDADE PROVISÓRIA. AÇÃO TRABALHISTA AJUIZADA APÓS O TÉRMINO DO PERÍODO DE GARANTIA NO EMPREGO. ABUSO DO EXERCÍCIO DO DIREITO DE AÇÃO. NÃO CONFIGURAÇÃO. INDENIZAÇÃO DEVIDA.** *O ajuizamento de ação trabalhista após decorrido o período de garantia de emprego não configura abuso do exercício do direito de ação, pois este está submetido apenas ao prazo prescricional inscrito no art. 7º, XXIX, da CF/1988, sendo devida a indenização desde a dispensa até a data do término do período estabilitário.* Ainda, a posição jurisprudencial que confere o direito à garantia provisória de emprego à trabalhadora-mãe mesmo que esta tenha se recusado à reintegração ao trabalho ofertada pelo empregador após sua dispensa, sendo-lhe conferida, portanto,

Ainda, o posicionamento do Tribunal Superior do Trabalho, expresso por meio da Súmula n. 244, item III, alterada em 2012, em que se admite o direito à garantia provisória de emprego para a trabalhadora-mãe mesmo quando admitida mediante contrato por tempo determinado[88] [89]. Mais uma vez, essa posição indica a abrangência dada ao instituto da garantia concedida à trabalhadora-mãe, que ultrapassa a mera proteção ao trabalho da mulher genitora.

Da forma como colocado, portanto, não há dúvidas de que a garantia de emprego da genitora, em todas as suas facetas, direciona seu alcance também (e principalmente, diga-se) para o nascituro e a criança recém-nascida, imputando à figura materna, com isso, o nítido dever de zelar para com sua prole (SOUZA FILHO; MEIRELLES, ALVES, 2019, p. 11).

De tal feita, percebe-se que o Direito, novamente, se reveste de uma concepção jurídica-androcêntrica, colocando a mulher no foco do cuidado e da maternidade, algo que lhe traz efeitos severos no mercado de trabalho como fartamente debatido. Tratando direitos, em verdade, como responsabilidades, o ordenamento jurídico acaba por gerar desigualdades em vez de proteger e fomentar o mercado de trabalho feminino. Há uma clara contradição entre garantia de direitos e o reforço de papéis sociais (ANGOTTI; VIEIRA, 2020, p. 308).

Se a razão fundamental da garantia estudada é assegurar, especialmente, o bem-estar do nascituro e da criança recém-nascida, a indagação que se faz é: por que essa prerrogativa de manutenção do emprego está somente destinada à mulher? Há que se questionar o motivo pelo qual o trabalhador homem não tem seu emprego protegido contra a dispensa arbitrária ou sem justa causa nos casos de sua esposa ou companheira

---

indenização substitutiva do período. Por esse entendimento, se exigiria apenas a comprovação do direito à garantia provisória da trabalhadora, ou seja, a concepção durante o curso do contrato de trabalho, já que esse seria o único pressuposto contido na lei constitucional, devendo o empregador arcar com todos os salários correspondentes a tal período (cf. BRASIL, Tribunal Superior do Trabalho, Recurso de Revista (RR) 10262-32.2019.5.15.0153, 5ª Turma, relator: Desembargador Convocado João Pedro Silvestrin, *Diário Eletrônico da Justiça do Trabalho, Brasília*, DF, 27 nov. 2020). Apesar de estar fora do escopo desta pesquisa, registra-se discordar-se de ambas as posições, por se entender que elas corroboram com os preconceitos do empresariado contra o trabalho feminino, prejudicando a empregabilidade das mulheres ainda mais.

(88) Súmula n. 244, item III, do TST: "A empregada gestante tem direito à estabilidade provisória prevista no art. 10, inciso II, alínea 'b', do Ato das Disposições Constitucionais Transitórias, mesmo na hipótese de admissão mediante contrato por tempo determinado". Inobstante se coloque ressalvas quanto à posição jurisprudencial no aspecto, não se cuidará desta questão na presente pesquisa, por conta do recorte metodológico adotado.

(89) A única exceção reconhecida pelo Tribunal Superior do Trabalho se refere ao contrato de trabalho temporário, regido pela Lei n. 6.019/74, nos termos do decidido no julgamento do Incidente de Assunção de Competência — IAC n. 5639-31.2013.5.12.0051, realizado em 18.11.2019. Restou fixada, em tal julgamento, tese jurídica, de caráter vinculante, no sentido de que "é inaplicável ao regime de trabalho temporário, disciplinado pela Lei n. 6.019/74, a garantia de estabilidade provisória à empregada gestante, prevista no art. 10, II, *"b"*, do Ato das Disposições Constitucionais Transitórias".

encontrar-se gestante ou parturiente, especialmente porque a proteção à vida do nascituro e da criança impõe cuidados que demandam gastos. Assim, seria sensato e natural que se garantisse o emprego e a renda de ambos os genitores da criança, independente do gênero (TEODORO, 2020, p. 131).

O Direito pátrio olvida-se da figura paterna e das atribuições que lhe são destinadas pela própria CF/88. Permanece no ordenamento jurídico a compreensão dos papéis familiares destinados tradicionalmente às mulheres, apontando-se no sentido de que a mãe é ainda a figura presumidamente apta à criação, condicionada biologicamente para tanto.

A Constituição de 1988, consoante já referido, atribuiu a igualdade entre os sexos no âmbito familiar, estabelecendo que "os direitos e deveres referentes à sociedade conjugal são exercidos igualmente pelo homem e pela mulher" (art. 226, § 5º). Desse modo, o dever de cuidado perante o nascituro e a criança, culturalmente imposto à mulher e ratificado pela norma regente da garantia provisória de emprego analisada, não pode mais assim persistir, devendo também ser a obrigação de zelo destinada ao homem. Acreditar no contrário seria perpetuar uma injustiça que afeta as mulheres por anos a fio, já que a responsabilidade pela gravidez e maternidade é colocada quase que totalmente sobre elas (SOUZA FILHO; MEIRELLES, ALVES, 2019, p. 14).

O dever de arcar com todas as providências que se fizerem indispensáveis para o devido desenvolvimento do nascituro e para a garantia de sua existência é de ambos os genitores, mãe e pai. Assim, sendo o trabalho o principal meio de subsistência do ser humano, as relações trabalhistas se colocam como de extrema relevância nesse ponto e, destarte, a proteção ao emprego não apenas da genitora, mas igualmente do genitor, é uma forma concreta de se garantir a proteção legal tão almejada ao nascituro e à criança recém-nascida.

Se analisado o Direito Comparado, apesar de não ser a proposta da presente pesquisa, a proteção contra a dispensa, em alguns países, já não é mais somente um direito da trabalhadora-mãe, sendo estendida a outros cuidadores da prole. Maria Cecília Máximo Teodoro (2020, p. 131) aponta ser o caso, por exemplo, do Chile, que estabelece que, se a mãe morre, o pai da criança pode gozar o restante da licença-maternidade e ser protegido contra a dispensa do trabalho por um ano após o fim do afastamento. Na Macedônia, o pai pode gozar da licença-maternidade ao invés da mãe, e ele será protegido contra a dispensa durante o afastamento. Na Mongólia, a dispensa é proibida para pais solteiros com crianças abaixo de três anos de idade. Na Estônia, é vedado ao empregador terminar um contrato de emprego com uma gestante ou com uma pessoa que crie uma criança com idade inferior a três anos. A proteção também se estende a qualquer pessoa que cuide da criança na Rússia. Ainda, na Finlândia, na Alemanha, na Islândia, na Itália, na Noruega, em Portugal, na Espanha e na Suécia, a proibição da dispensa também se aplica a empregados em gozo de diferentes tipos de licença (licença-maternidade, licença-paternidade ou licença-parental). O Brasil, portanto, desvela-se atrasado quando se trata de proteção ao nascituro e à criança (TEODORO, 2020, p. 131).

É bem verdade que caminhou bem o legislador pátrio quando, por meio da Lei Complementar n. 146, de 25 de junho de 2014, estendeu a garantia provisória de emprego destinada à trabalhadora-mãe, no caso de seu falecimento, para quem detiver a guarda de sua prole. Essa inovação legislativa reforça a importância que tem o emprego no zelo e cuidado com o nascituro e a criança. No entanto, como observam Deniedson Silva de Souza Filho, Ana Thereza Meirelles e Maurício Alves:

> A inovação legislativa vem de forma a reforçar essa função inerente ao emprego, estendendo àquele que assume o ônus de suprir as necessidades do nascituro o prestígio da continuidade empregatícia. Nesse cenário descrito, em sua maioria, a extensão irá alcançar o genitor (pai), detentor da guarda devido a sua posição parental. Assim, procura-se proteger a relação empregatícia daquele que deverá assumir o papel de protagonista frente ao recém-nascido, contudo, se esquece de que essa função muitas vezes é assumida quando a própria genitora está em vida. Então, apesar de inovadora, a nova lei esbarra em uma problemática muito simples: nos casos em que a genitora estiver desempregada, por exemplo, o nascituro irá ficar a mercê da instável condição de emprego, muito provavelmente exercida por seu genitor e único provedor das finanças familiares (SOUZA FILHO; MEIRELLES; ALVES, 2019, p. 15).

A proteção à mulher grávida possui um reflexo protetivo efetivamente ao nascituro e à criança recém-nascida, sendo a relação empregatícia por ela mantida tratada como um fator imperativo para a concretização dessa proteção. Nessa esteira, deve-se igualmente privilegiar a proteção à relação empregatícia do homem (SOUZA FILHO; MEIRELLES, ALVES, 2019, p. 13).

É evidente que as discriminações sofridas pelas mulheres no mercado de trabalho não são baseadas em critérios biológicos, mas sim em indicadores físicos ou culturais que criam diferenças socioculturais, de modo que a biologia é muitas vezes usada como uma ferramenta para justificar essas discriminações (SILVA, M., 2021, p. 23).

Segundo coloca Barbara Ferrito (2021, p. 145), as condutas discriminatórias são vistas normalmente como decorrentes de causas biológicas ou naturais e, por isso, deixam de ser questionadas muitas vezes. Para a autora, a discriminação que acontece contra as mulheres no mercado de trabalho encontra repouso nessa naturalização das diferenças criadas entre os sexos e, assim, na luta contra as desigualdades, as distinções infundadas devem ser superadas (FERRITO, 2021, p. 145).

Arcam as mulheres com toda a carga do trabalho nas esferas pública e privada. A par de todas as demandas que são impostas às mulheres profissionais, elas ainda são responsáveis pelas questões relacionadas ao "funcionamento natural" do lar e da sociedade em si (BERTOLIN; CARVALHO, 2010, p. 204).

Muito embora tenham as trabalhadoras-mães uma série de direitos reconhecidos pelo ordenamento jurídico brasileiro, como a garantia provisória de emprego e a já debatida licença-maternidade, que objetivam, em tese, resguardar a empregabilidade feminina e, de fato, proteger a saúde e o bem-estar da mulher e da criança, não há salvaguarda de que sua aplicação colabore, realmente, para a igualdade de gênero no trabalho.

Como pondera Regina Stela Corrêa Vieira (2014, p. 141), é essencial que tanto homens quanto mulheres tenham garantido o direito ao trabalho, com a possibilidade de conciliar o direito de constituir uma família e prover o próprio sustento. Isso está previsto no art. 229 da Constituição Federal, que estabelece que os pais têm a obrigação de assistir, criar e educar seus filhos menores.

Enquanto a legislação nacional, desde a própria Constituição, perpetuar a posição de cuidado da mulher, em uma condição naturalizada pela biologia, não se encontrará efetiva igualdade no mercado de trabalho.

Apenas como uma última reflexão e muito embora não faça parte do escopo que se adotou seguir nesta pesquisa, não se pode deixar de pontuar que os institutos estudados, quais sejam, da licença-maternidade e da garantia provisória de emprego da trabalhadora-mãe, evidentemente se aplicam apenas aos casos de contratos formais de trabalho, regidos pela CLT. No entanto, sabe-se que a informalidade é maior entre as mulheres no Brasil e, assim sendo, outras soluções para a questão da maternidade precisam ser pensadas com o intuito de impulsionar a inclusão dessas trabalhadoras e sua manutenção no mercado de trabalho após terem filhos(as). Seria o caso, por exemplo, do aumento de vagas em creches públicas para que as mães possam deixar suas crianças durante o dia e trabalharem (MACHADO, 2022).

3.2. A falsa neutralidade da disciplina laboral da jornada de trabalho e a pobreza de tempo sofrida pelas mulheres

Ponderou-se acima como o Direito brasileiro, tendo a mulher como prioritariamente responsável pelo lar e pela família, estabelece efeitos diversos para a maternidade e a paternidade no âmbito do trabalho remunerado, criando e reforçando, em claro impacto adverso de sua função, cisões de gênero no mercado laboral.

Agora, se abordará um outro aspecto: o Direito que, a par de reforçar a divisão sexual do trabalho, também a despreza, olvidando que as mulheres, justamente em virtude dos encargos que lhes decorrem dos papéis sociais de gênero, não possuem uso livre de seu tempo para bem dispor em atividades remuneradas. Nesse ângulo, o ordenamento jurídico pátrio igualmente atua como mecanismo conformador de desigualdades, por meio de normas que, pretensamente neutras, trazem efeitos negativos ao labor feminino. Novamente quer-se refletir sobre a questão das desigualdades insistentes que são encontradas pelas mulheres no mercado de trabalho a partir de estruturações montadas pelo próprio Direito, em clara discriminação indireta.

O ordenamento jurídico, preso à noção de igualdade formal, elege, como parâmetro, "um sujeito social nada abstrato: masculino, branco, europeu, cristão, heterossexual, burguês e proprietário" (RIOS, R., 2012, p. 173). Ao buscar normatizar as interações sociais, o Direito parte de uma perspectiva supostamente neutra, avaliada a partir e para um sujeito universal. Entretanto, essa neutralidade aparente esconde um sistema legal projetado para apenas uma parcela da população, resultando na subjugação de outras (FERRITO, 2021, p. 163).

Nas lições de Antônio de Holanda Cavalcante Segundo e Seledon Dantas de Oliveira Júnior, a neutralidade do Direito, em verdade, "é um mito, uma utopia, uma projeção artificial de uma necessidade humana de busca pela verdade absoluta, quando tal intento é inviável" (SEGUNDO; OLIVEIRA JÚNIOR, 2022, p. 291). Segundo os autores, a neutralidade carrega em si uma ocultação de paradigmas sociais que se refletem no ordenamento jurídico, considerando-se ser este um ramo do saber científico intimamente relacionado à dimensão coletiva e que reflete uma ideologia de pensamento. Desse modo, a ciência jurídica, muito embora apresente parâmetros gerais, apresenta ligações em sua construção com valores de determinados tempo e lugar, não sendo, portanto, neutra (SEGUNDO; OLIVEIRA JÚNIOR, 2022, p. 291-292).

Atendo-se à questão específica das mulheres, é relevante o reconhecimento de que a elaboração das normas se apoia, historicamente, em um falso discurso de neutralidade de gênero (diga-se o mesmo, a propósito, para a hermenêutica e a aplicação jurídicas). Esse discurso é baseado em uma suposta igualdade legal, que tem como fundamento, no Brasil, a premissa de que a Constituição de 1988 permite apenas distinções normativas entre mulheres e homens com o objetivo de diminuir as desigualdades sociais, especialmente as relacionadas à discriminação no mercado de trabalho e na família, sabidamente prejudiciais para as mulheres. No entanto, uma análise mais aprofundada das desigualdades de gênero destaca a existência de discriminações explícitas e indiretas no sistema jurídico, incentivando uma investigação minuciosa para identificação de arranjos que, apesar de parecerem neutros, na realidade, excluem ou colocam um número desproporcional de mulheres em desvantagem (SANTOS, 2016, p. 129-130).

A ideia de universalidade presente no ordenamento jurídico, consoante observa Regina Stela Corrêa Vieira (2018, p. 100), reflete uma tradição ideológica estabelecida durante a Revolução Francesa, que favorece uma abordagem abstrata e universal como meio de garantir a igualdade de todos perante a lei, mas que acaba por ignorar as diferenças existentes entre os indivíduos. Adotar, deste modo, uma perspectiva de gênero na análise das normas regentes permite perceber como o Direito, além da naturalização das diferenças entre os sexos, como abordado na questão da maternidade, revela as diferenças quando uma aparente neutralidade acaba por servir de escudo à manutenção das desigualdades entre os sexos (VIEIRA, 2014, p.107).

Em verdade, a ordem estabelecida reflete uma sociedade patriarcal e sexista, servindo como instrumento de poder e de perpetuação de um sistema de dominação masculina. Assim, a noção de neutralidade, que é assumida pelo Estado de Direito como fator de isonomia, possui uma face reversa, qual seja, a do reforço às desigualdades sociais estruturantes de gênero (FERRITO, 2021, p. 163).

Sem dúvida, as mulheres alcançaram importantes conquistas normativas a partir da Constituição Federal de 1988 que definitivamente previu a igualdade jurídica entre os sexos e acolheu uma série de reivindicações feitas pelos movimentos feministas quando da Assembleia Constituinte[(90)]. Contudo, esse avanço normativo coexiste, ainda hoje, com uma sociedade que é marcada profundamente pela opressão e discriminação entre os sexos. Todos os dados e estatísticas apresentados nesta pesquisa exteriorizam a condição profundamente assimétrica enfrentada pelas mulheres no Brasil frente aos homens, notadamente no mercado de trabalho, e revelam a persistência de uma clara discrepância entre o Direito e sua eficácia social no que pertine à posição feminina na sociedade. A desigualdade entre mulheres e homens revela a existência de um sistema(91) pelo qual as pessoas são valoradas distintamente no seio social apenas pelo fato de serem mulheres ou homens, e esse sistema é concebido em torno das noções de universalidade, neutralidade e abstração da ideia de sujeito. Os traços tidos como naturalmente masculinos são ligados a uma concepção de sujeito universal e neutro, enquanto que características consideradas naturalmente femininas são tidas como singulares e concretas. Nessa colocação do homem como referência de pessoa e, portanto, na universalização do que se concebe como masculino, o ordenamento jurídico, pretendendo-se neutro, esquece, ou apaga, as perspectivas e interesses dos sujeitos femininos (SANTOS, 2016, p. 103-105).

O Direito não pode se omitir das questões de sexo e gênero, "sob pena de se opor à própria sociedade, já que ao se fazer passar por neutro nesse campo, funciona, ao contrário, como fator de aniquilamento, de silenciamento ou de invisibilização de diferenças concretamente vividas na realidade" (SANTOS, 2016, p. 120 e 128). Assim como é certo que o ordenamento jurídico não deve criar distinções onde essas inexistam, não pode também ignorar as diferenças existentes, sob pena de reforçá-las (FERRITO, 2021, p. 162-163). Esse o alcance, aliás, da acepção da igualdade material ou substancial, debatido preliminarmente.

---

(90) Sobre essa evolução normativa, discorreu-se no capítulo 2 desta pesquisa.

(91) Nomeado, por Marina França Santos (2016, p. 103), de sistema "sexo/gênero".

Nessa perspectiva, no que se refere ao ordenamento jurídico-trabalhista brasileiro, compreende-se ser ele construído a partir de um padrão masculino, que desconsidera aspectos sociais e culturais que permeiam os sexos e aborda as especificidades existentes a mulheres e homens com foco apenas em seus sistemas reprodutivos. Predomina a concepção de trabalho e sua organização baseados no modelo de "homem médio", com normas derivadas da experiência de trabalhadores do sexo masculino (VIEIRA, 2014, p. 109).

Na disciplina da jornada laboral dos contratos regidos pela CLT, ora objeto de análise, nota-se que o modelo adotado foi pensado, em sua origem, a partir da ideia de que a presença das mulheres realizando os afazeres do lar era essencial para que os homens pudessem se dedicar integralmente ao trabalho produtivo (FERRITO, 2021, p. 88). Contudo, as transformações sociais e familiares desenvoltas ao longo do tempo levaram as mulheres a uma maior participação no trabalho remunerado, mas o ordenamento jurídico não acompanhou essas evoluções.

O adensamento feminino no mercado de trabalho acontece sem que as mulheres consigam se desvencilhar dos papéis de cuidadoras e responsáveis pelas tarefas domésticas, assumidos socialmente. Com isso, as mulheres adentram ao mercado em evidente desvantagem em comparação aos homens, ante o acúmulo entre as esferas produtiva e reprodutiva que lhes afeta consideravelmente o tempo à disposição do capital (FERRITO, 2021, p. 88).

Ao que já se debateu, a permanência da divisão desigual do trabalho reprodutivo impacta o modo como a mulher ingressa e permanece no mercado laboral, afetando também seu desenvolvimento profissional. Conciliando papéis da rotina de afazeres domésticos e de *care*, somados às funções produtivas, em uma dupla ou até tripla jornada, o tempo das mulheres é todo consumido, havendo consequências diretas em suas relações de trabalho, seja em oportunidades de acesso a empregos e ocupações dignas, seja na permanência e ascensão de suas carreiras, isso sem contar as situações de estresse, estafa e depressão pela sobrecarga que enfrentam.

As mulheres, quando conseguem adentrar ao mercado de trabalho (porque, por vezes, isso nem é mesmo possível diante de suas responsabilidades de cuidado dentre do seio familiar), sofrem dificuldades para realizarem horas extras; no deslocamento para viagens; na submissão a regimes de escala ou de turnos, sofrendo, de tal sorte, uma significativa redução de oportunidades. Esses mesmos obstáculos ainda explicam o motivo pelo qual são as mulheres mais afetadas pelos contratos a tempo parcial e pela informalidade, com todas as consequências negativas que essas ocupações lhes trazem em termos de autonomia financeira (CNJ, 2021, 105-106).

A "pobreza de tempo" que afeta as mulheres, concepção utilizada por Bárbara Ferrito (2021, p. 131), deve ser entendida como o fato de que elas não possuem plena disponibilidade de seus próprios tempos para ingressarem (e também permanecerem e ascenderem) no mercado de trabalho. Segundo pontua a autora:

> A Constituição prevê não apenas a igualdade entre trabalhadores e trabalhadoras, mas também a proteção ao mercado de trabalho da mulher — CRFB/1988, art. 7º, XX. Essa proteção, que visa impedir discriminação, engloba, em certo prisma, a necessidade de assegurar que as trabalhadoras terão tempo disponível para participarem, em igualdade de condições, do mercado de trabalho. É dizer, o cenário de pobreza de tempo estampado pelas mulheres produz um mercado de trabalho que as discrimina. [...] A tendência atual de desenho do mercado exige da trabalhadora ampla disponibilidade de tempo, isto é, demanda-lhe um recurso que esta não tem. Esse patrimônio temporal não ostentado pela mulher gera assimetrias visíveis na sociedade, levando as mulheres para estafa mental e física, condições precárias de trabalho, menores salários, dupla jornada, etc. (FERRITO, 2021, p. 131-132).

Laís Abramo e María Elena Valenzuela igualmente utilizam os conceitos de "pobreza de tempo" e "déficit de tempo" ao apontarem para a "forma através da qual a ordem de gênero perpassa o mundo do trabalho e as vinculações entre o trabalho produtivo e o reprodutivo, revelando uma parte oculta dessa equação" (ABRAMO; VALENZUELA, 2017, p. 184). Para as autoras, "a produção doméstica e as responsabilidades de cuidado aumentam a carga de tempo e, consequentemente, limitam a disponibilidade das mulheres para o trabalho remunerado, o que conduz a um ciclo vicioso de pobreza" (ABRAMO; VALENZUELA, 2017, p. 186).

Partindo dessas constatações acerca da (in)disponibilidade de tempo vivenciada pelas mulheres por conta da problemática das responsabilidades familiares, na análise da legislação nacional que rege a jornada de trabalho nos contratos formais de emprego, verifica-se que as normas regentes, no aspecto, partem de um padrão normativo de homem pretendido como universal[92], o qual, sem obrigações familiares, assume um compromisso total com seu empregador (TEIXEIRA, 2020, p. 129-130). Deveras, o ordenamento jurídico laboral pretere a realidade que atinge o sexo feminino, pressupondo que todos os trabalhadores, mulheres e homens, tenham a mesma disponibilidade de tempo para se dedicarem ao trabalho remunerado.

Dentro da concepção de neutralidade que se abordou, a relação de trabalho adotada como padrão pelo Direito Laboral brasileiro é estabilizada tomando como base um modelo de emprego masculino (VIEIRA, 2018, p. 102), com jornadas predefinidas

(92) O homem heterossexual, branco e burguês (TEIXEIRA, 2020, p. 130).

e pensadas para os "trabalhadores ideais", quais sejam, homens totalmente alheios às responsabilidades familiares e inteiramente disponíveis pra o trabalho produtivo (ALVES; BEIRIGO; CARDOSO, 2019, p. 71). Esse tipo de regulamentação, evidentemente, desconsidera o trabalho reprodutivo ainda realizado predominante pelas mulheres, tendo sido desenvolvido sob um protótipo baseado no contrato sexual tratado por Carole Pateman (1993)[(93)].

Consoante anota Regina Stela Corrêa Vieira (2018, p. 104), os padrões de tempo e mensuração do trabalho no ordenamento jurídico-trabalhista desprezam a necessidade do cuidado cotidiano e tal constatação torna evidente o sexismo impregnado nos preceitos mais basilares do Direito do Trabalho, na medida em que naturalizam a incumbência doméstica às mulheres e edificam o homem como padrão universal de trabalhador.

Em consequência, apesar de o ordenamento pátrio procurar se mostrar construído a partir da visão de trabalhadoras e trabalhadores como se fossem uma categoria única no que diz respeito à disciplina legislativa acerca da jornada de trabalho, percebe-se, na realidade, uma falsa neutralidade do Direito, na medida em que, ao adotar como modelo de normatização o uso masculino dos tempos, deixa de lado as particularidades da rotina de trabalho produtivo e reprodutivo exercida pelas mulheres. É o que ressalta Regina Stela Corrêa Vieira:

> [...] não é possível considerar que há neutralidade, objetividade ou universalidade no Direito do Trabalho se seu referencial é masculino e, por conseguinte, a legislação que toma o trabalhador masculino como padrão acaba por reforçar a desigualdade de gênero. Seja pelo aspecto de não considerar as mulheres em seu padrão de trabalho a ser protegido, seja por excluir certos tipos de trabalho socialmente atribuídos às mulheres — como é o caso do cuidado não remunerado — de suas atribuições, o Direito do Trabalho falha por não cumprir sua promessa de universalidade, tendo muita dificuldade de incorporar em sua lógica a existência da esfera doméstica [...] (VIEIRA, 2018, p. 102-103).

Posto isso, o sistema jurídico, por sua regulação, acaba por criar segmentações e nichos de mercado de trabalho de acesso dificultado às mulheres, estruturando a persistência de desigualdades de gênero no mundo laboral (FERRITO, 2021, p. 29).

---

(93) Carole Pateman (1993) aponta que o patriarcado, forma de poder político do homem sobre a mulher, é responsável por uma opressão histórica feminina, que se volta ao critério biológico e sugere uma submissão fatalista, em um contrato não escrito, o contrato sexual, onde o homem ocupa a posição de provedor econômico e de protetor da família em troca da subordinação da mulher e de seus serviços domésticos e sexuais gratuitos.

As normas que delimitam, como regra geral, uma "duração do trabalho normal não superior a oito horas diárias e quarenta e quatro semanais" (art.7º, inc. XIII, da Constituição de 1988), com intervalos intrajornadas de, no mínimo, uma hora e, no máximo, duas horas (art. 71 da CLT), denotam claramente que não sobra muito tempo para que as mulheres possam encaixar, nessa rotina, as tarefas de cuidado cotidianas que assumem majoritariamente face aos homens (VIEIRA, 2018, p. 104-105). Nesse padrão, encontra-se a explicação para muitas mulheres estarem fora do mercado de trabalho formal ou encontrarem ocupações remuneradas com jornadas parciais e informais, em quais consigam dar conta de "suas atribuições" domésticas e familiares.

Além dessa constatação, a Constituição da República também previu a possibilidade de realização de horas extras nos contratos de trabalho (art. 7º, incs. XIII e XVI, da CF/88). E, de acordo com o que observa Bárbara Ferrito (2021, p. 150), o mercado de trabalho brasileiro utiliza habitualmente o recurso da prestação de sobrejornada por parte dos trabalhadores, assim como a adoção de escalas especiais (4x4, 12x36, 24x48, por exemplo), em jornadas que adotam parâmetros diversos ao paradigma geral e nas quais um prolongado tempo de serviço é exigido, sem contar as hipóteses de compensações horárias e banco de horas, também permitidas pelo ordenamento jurídico.

A existência de jornadas de trabalho longas com a utilização de horas extras integra e é coerente com o quadro de precarização que é verificado nas atuais condições de trabalho no Brasil. A pressão patronal, de um lado, e a redução do salário real, por outro, fazem com que os trabalhadores aceitem e, até mesmo, queiram, realizar horas extras. Em uma sociedade com altos índices de desemprego(94), não se submeter a essa condição pode significar mais alijamento. Vive-se um período em que o trabalhador deve exercer sua função quase que em tempo integral, em horários determinados pelo empregador e preparado a assumir responsabilidades profissionais extras, como constata Thaís Juliana Medeiros (2018, p. irreg.).

A propósito, apesar de existir uma tendência mundial na diminuição da jornada de trabalho, é possível se notar, particularmente no Brasil, um aumento da utilização das horas extras pelos empregadores, o que leva a uma situação paradoxal, em que o mercado de trabalho comporta pessoas desempregadas ou com jornadas parciais e, ao mesmo tempo, trabalhadores com jornadas muito extensas em razão das sobrejornadas que lhes são exigidas (DIEESE, 2006). Segundo dados divulgados, mais de 60% dos trabalhadores brasileiros realizam horas extras em seus empregos (MAIS..., 2016).

De tal maneira, é possível notar que a disponibilidade de tempo e a possibilidade de prestação de sobrejornadas é um fator essencial à inserção laboral no mercado nacional e, sofrendo justamente as mulheres com falta de tempo por estarem tão presas às tarefas reprodutivas, sua plena participação em empregos formais é obstaculizada. Diante de

(94) O Brasil, no 2º trimestre de 2022, contava com 10,1 milhões de pessoas desempregadas (IBGE, 2022).

uma jornada de trabalho extensa e regulamentada são imensas as dificuldades de se realizar o modelo constitucional proposto de igualdade de gênero no mercado de trabalho (SORJ, 2006, p. 37). A necessidade de adequação do trabalho às demandas de mercado geram um conflito direto com as responsabilidades familiares, o que, destarte, afeta as mulheres intensamente ante os papéis sociais a elas atribuídos. Os arranjos de tempo diferenciados conforme o sexo, por conta da divisão sexual do trabalho, fazem com que as mulheres encontrem dificuldades para uma completa integração ao mercado laboral, sendo-lhes tolhidas oportunidades profissionais em contrapartida aos homens.

Em outro lanço, o papel social configurado às mulheres faz com que elas também tenham dificuldades para se inserirem em trabalhos que adotam jornadas especiais, como as conhecidas escalas 12x36, 24x48 e 4x4. Esses regimes exigem o trabalho noturno ou a pernoite fora de casa e essas exigências se apresentam limitadoras às trabalhadoras, especialmente quando são colocadas na posição de mães. Estar fora de casa por longos períodos ou às noites pode inviabilizar a realização de atividades de cuidados inadiáveis delegados às mulheres, lhes reduzindo a disponibilidade para o mercado (FERRITO, 2021, p. 152).

Tomando-se o caso específico da escala 12x36, o ordenamento jurídico, ao permitir sua adoção por meio art. 59-A da CLT, mostra-se aparentemente neutro, universal e aplicável a todo e qualquer trabalhador, assim o parecendo por partir da premissa de que todos, mulheres e homens, têm igual disponibilidade sobre seus próprios tempos e organização destes. No entanto, ao ser aplicada a norma, da forma como disposto, esta, em um movimento de discriminação indireta, causará, em verdade, maiores desigualdades de gênero no mercado de trabalho, vez que, nas categorias em que adotada a escala 12x36, a participação das mulheres encontrará, como visto, obstáculos. A aparente neutralidade da norma que estipula a jornada de 12x36, segundo realça Bárbara Ferrito, "olvida que trata-se de um arranjo de tempo, muitas vezes, inalcançável às mulheres. Assim, cria-se uma cisão entre os trabalhadores, surgindo segmentos do mercado de trabalho do qual as mulheres são excluídas, ou, no mínimo, afastadas" (FERRITO, 2021, p. 166)[95].

Pela mesma lógica, verifica-se a questão do regime de banco de horas. Consoante nota Regina Stela Corrêa Vieira (2018, p. 105), o tempo é uma medida irregular e variável, que engloba, para além de uma dimensão quantificável, também dimensões qualitativas, ligadas às necessidades da vida, dentre elas as de cuidado, e que não seguem um ritmo contínuo. A partir dessa noção, observa-se que o Direito do Trabalho não tem sido

(95) Importante notar que a adoção da escala de trabalho de 12x36 foi ampliada pela "Reforma" Trabalhista de 2017, já que passou a ser aceita em qualquer espécie de ocupação, mediante simples acordo individual escrito entre o empregador e o trabalhador, e não mais apenas em situações excepcionais e por meio de norma coletiva, como era o entendimento jurisprudencial majoritário (Súmula n. 444 do TST). De tal sorte, certamente aumentarão os nichos do mercado a adotarem tal escala especial, com evidentes obstáculos à inclusão neles por mulheres em decorrência da limitação de tempo por elas enfrentada (FERRITO, 2021, p. 166).

capaz de tratar do tempo incorporando suas diferentes dimensões, voltando-se apenas a seu aspecto quantificável, em mais uma manifestação de desigualdade de gênero. Nessa direção, o sistema de banco de horas autorizado pelo sistema jurídico parece, previamente, justo, se o tempo for compreendido linearmente e de forma cronometrada, porém, "ignora-se o fato de que determinados momentos da vida não são intercambiáveis como o banco de horas pretende, ou seja, 'compensar' horas de um dia em outro pode significar experiências de vida totalmente distintas" (VIEIRA, 2018, p. 105), mormente para as mulheres dentro da visão da divisão sexual do trabalho.

Do mesmo modo, pode-se tratar do teletrabalho ou *homeoffice*(96) e do contrato a tempo parcial. Na pertinente ponderação de Aysla Sabine Rocha Teixeira, ambos os modelos se caracterizam como:

> [...] institutos jurídicos que se apresentam inicialmente como neutros ao gênero, como o regime de trabalho a tempo parcial e o teletrabalho, mas que, para além de outras críticas de precarização de direitos cabíveis, em sua essência, absorvem as dinâmicas de gênero em seus discursos e tendem a se justificar por permitirem uma suposta "conciliação" entre a maternidade e o trabalho, garantindo à mulher permanecer por mais tempo no ambiente doméstico e, como consequência, dedicar-se mais aos cuidados com a prole (TEIXEIRA, 2020, p. 132).

Na disciplina do teletrabalho, a norma se olvida da divisão sexual do trabalho persistente na sociedade e, destarte, pretendendo-se universal, novamente despreza a pobreza de tempo que afeta as mulheres. Visto como uma modalidade de trabalho essencialmente feminino por permitir a conciliação da vida profissional e pessoal pelas mulheres, romantiza uma situação vivenciada por muitas trabalhadoras e ignora que a "escolha" pelo *homeoffice* nem sempre se coloca como livre opção às mulheres mas, sim, como imposição determinada pelas demandas do trabalho reprodutivo (FERRITO, 2021, p. 166). A ideia que se propaga de que o teletrabalho permite à mulher "passar mais tempo com a família" quer dizer, a bem da verdade, "que a mulher poderá se dedicar mais à família e menos à carreira" (TEIXEIRA, 2020, p. 132).

Na mesma esteira, o alto índice de participação de mulheres no mercado de trabalho por meio de contratos por tempo parcial. A "escolha" das trabalhadoras por esse tipo de contrato reflete a realidade a elas imposta pelos estereótipos de gênero e que lhes impõe pouco tempo disponível para dedicação ao trabalho pago. A redução da jornada de trabalho trazida pelos contratos a tempo parcial possibilita com que a mulher possa ter uma maior quantidade de "tempo livre" para atender as demandas familiares que lhe são impostas (MEDEIROS, T., 2018, p. irreg.). De fato, a opção de mulheres por esse

---

(96) Art. 75-A da CLT.

tipo de trabalho produtivo, nas palavras de Bila Sorj, significa, sobretudo, "acomodações à realidade dos arranjos laborais que penalizam a incorporação e a carreira daquelas que precisam alocar tempo aos cuidados familiares" (SORJ, 2006, p. 18).

A divisão sexual do trabalho mostra-se reforçada, no aspecto, sem contar a questão de que o contrato a tempo parcial coloca suas trabalhadoras no ciclo da pobreza, trazendo limitações a seus ganhos, mobilidade social, ascensão de carreira e garantias previdenciárias na velhice (FERRITO, 2021, p. 153). A normatização que disciplina o contrato a tempo parcial apresenta-se, de tal maneira, como mecanismo de discriminação indireta, uma vez que, pretendendo-se universal e aplicável a todos os trabalhadores, produz efeitos distintos às mulheres. Nessa esteira, a mulher, que assume deveres familiares e não conta com uma rede de apoio para lhe auxiliar nessa tarefa, acaba não tendo uma outra opção para ter acesso, ao menos, a um mínimo de renda, a não ser trabalhar em uma jornada reduzida, muito embora isso signifique precarização e desigualdade de gênero.

Importante referir que os homens, quando trabalham em contratos a tempo parcial (o que é é bastante reduzido, aliás), não o fazem por escolha própria e, ainda assim, possuem outras ocupações adicionais de forma que trabalham em tempo integral ou horas extensas (MEDEIROS, T., 2018, p. irreg.). Assim, o contrato a tempo parcial, que é apontado como meio de arranjo favorável para a conciliação entre as searas laboral e familiar, impõe-se, como tal, somente às mulheres, reforçando seu lugar definido pela sociedade na divisão sexual do trabalho (MEDEIROS, T., 2018, p. irreg.).

Com todos os obstáculos apontados e verificados dentro do trabalho formal, não é demais lembrar que, ante a necessidade de administrarem os conflitos de tempo que enfrentam entre a vida familiar e o trabalho, as mulheres atuam muito mais na informalidade do que os homens. A informalidade precariza as condições laborais e de vida, sem garantia de direitos trabalhistas e amparo social.

Em vista de tudo quanto discorrido, não pariam dúvidas de que o trabalho reprodutivo delegado socialmente às mulheres se coloca como grande obstáculo a sua plena participação no mercado laboral. As responsabilidades familiares, domésticas e de cuidados, exigem das trabalhadoras um arranjo de gerenciamento dos tempos entre o trabalho não pago e o trabalho pago, inviabilizando que elas ingressem, permaneçam e/ou ascendam na carreira profissional com dignidade.

Na temática do uso dos tempos que ora se abordou, há um grande embate acerca da ideia de conciliação entre trabalho produtivo e reprodutivo.

Prevalece, na sociedade, a percepção de que são as mulheres quem precisam conciliar suas vidas laboral, familiar e pessoal (ZAIDMAN, 2009, p. 82), tanto que, por isso, sofrem significativas consequências no mercado de trabalho. A posição feminina imposta pela construção da divisão sexual do trabalho persiste como relevante obstáculo à conquista e à permanência plena no mercado de trabalho para a mulher, na medida em que a sobrecarga a que se submete em uma verdadeira dupla (ou tripla) jornada de trabalho, afeta sua disponibilidade e capacidade psíquica e física de manutenção do emprego (CALIL, 2007, p. 105).

As mulheres ingressam no mercado de trabalho sem poderem a ele se dedicar com mais efetividade, buscando se adaptarem a uma realidade, como pontuado por Bárbara Ferrito, que não foi feita "para elas, por elas ou a partir delas" (FERRITO, 2019, p. 76). Já os homens, permanecendo na posição de provedores, não enfrentam o mesmo tipo de conflito e conservam-se afastados das responsabilidades domésticas e familiares.

Nessa esteira, relevantes as palavras de Bila Sorj, segundo a qual:

> A persistência das desigualdades entre homens e mulheres no mercado de trabalho é uma das principais expressões das desigualdades de gênero nas sociedades contemporâneas. Ela decorre, principalmente, do envolvimento desproporcional das mulheres com o trabalho não pago realizado para a família e constitui uma severa limitação para a inserção no mercado de trabalho em pé de igualdade com os homens. Os homens, por sua vez, mantêm uma forte ligação com o mercado de trabalho e esta posição lhes confere consideráveis vantagens sociais, econômicas e políticas que são restritivas às mulheres, especialmente para aquelas que dedicam uma quantidade substancial do seu tempo aos cuidados dos filh@s(97) (SORJ, 2006, p. 15).

Diante disso, reforça-se o posicionamento de que o Direito, ao disciplinar a matéria da jornada de trabalho em contratos regidos pela CLT e pretendendo-se neutro, olvida a divisão sexual do trabalho que tanto afeta as mulheres, atuando como instrumento de criação e ampliação das desigualdades de gênero no mercado de trabalho. Como ressalta Bárbara Ferrito:

> [...] o Direito estrutura um mercado de trabalho desigual, modelando condições propícias ao labor dos homens, mas não das mulheres, em razão da pobreza de tempo destas. Mais do que acompanhar estruturas sexistas, o Direito ativamente participa do desenho de um mercado de trabalho segregado quanto ao gênero, atuando, assim, como instituidor e fomentador de desigualdades. Não apenas deixa de promover a igualdade que encampa, como intervém para promover a desigualdade (FERRITO, 2021, p. 166).

Segundo destacam Patricia Tuma Martins Bertolin e Suzete Carvalho, "A realização integral da mulher como ser humano, que pressupõe a realização profissional,

(97) A autora utiliza-se do símbolo "@" (arroba) para se referir aos gêneros feminino e masculino.

continua relegada a segundo plano, apesar das 'tentativas formais' jurídico-igualitárias, mantendo-a ainda hoje encarcerada no mundo dos deficientes cívicos" (BERTOLIN; CARVALHO, 2010, p. 192). As mulheres são, sobremaneira, as mais penalizadas pelas responsabilidades familiares, situação que é reforçada por estereótipos de que seu profissionalismo e desempenho são afetados exatamente pelas tarefas reprodutivas (ALVES; BEIRIGO; CARDOSO, 2019, p. 73).

No conflito dos usos dos tempos, portanto, o Direito não pode se colocar como simplesmente neutro, sem se atentar que as mulheres, nessa temática, não se encontram em situações de igualdade perante os homens.

Nos termos do que destacam Ana Flávia Alves, Gabriele Ferreira Beirigo e Jair Aparecido Cardoso (2019, p. 71-72), o mercado de trabalho, historicamente, surge estruturado de modo dicotômico, segmentado entre as esferas pública e privada. Nesse modelo, o homem figurava como provedor, no exercício do trabalho remunerado exercido na dinâmica da esfera pública e produtiva, enquanto que à mulher cabiam as responsabilidades familiares, inserida, assim, na esfera privada e doméstica. A conciliação entre a família e o trabalho estava assentava nos rígidos papéis de gênero socialmente estabelecidos, dentro dos moldes da família biparental. Como observam os autores, no entanto, os moldes de produção no qual essas concepções se assentavam não condizem mais com a atual realidade. Hoje, se verifica uma multiplicidade de arranjos familiares, com cada vez mais mulheres exercendo o papel de chefes de família, além da maior inserção feminina em lugares sociais antes ocupados apenas por homens. Com esse quadro, as mulheres passam a serem vistas não mais (e apenas) como provedoras secundárias, mas, sim (e também), essenciais.

No mesmo sentido, Bila Sorj (2006, p. 20-21) pondera que o mercado de trabalho foi concebido tendo como regra um trabalhador do sexo masculino, chefe de família e integralmente disponível ao trabalho remunerado. Esse modelo de regulação se sustentava porque o labor feminino, apesar de necessário, não era tido como legítimo, visto como um desvio do ideal de domesticidade acometido socialmente às mulheres. De tal modo, os contratos de trabalho foram concebidos sob a concepção de envolverem implicitamente uma contrapartida feminina ligada aos cuidados familiares. No entanto, na atualidade, três questões não podem ser deixadas de lado. São elas: o aumento da participação feminina no mercado, significativamente mães e esposas, com uma consequente sobrecarga de trabalho acumulado pelas mulheres; as transformações nas estruturas familiares, especialmente o crescimento de famílias monoparentais, chefiadas por mulheres com filhos(as) e sem ou com parca contribuição econômica paterna; e as mudanças culturais quanto aos papéis de gênero no sentido da valorização da autonomia e independência feminina. Diante dessa realidade, é importante se repensar a organização do mercado de trabalho.

Muito embora as responsabilidades familiares continuem a ser consideradas majoritariamente uma tarefa das mulheres e o conflito surgido entre trabalho e família tenda a ser visto como um problema exclusivo feminino, essa não é uma visão que deva mais ser tolerada. Deve-se caminhar na substituição do modelo patriarcal por um modelo de sociedade mais igualitária, sendo primordial a necessidade de se reorganizar os papéis sociais tipicamente femininos e masculinos, buscando-se reduzir e redistribuir de forma mais equânime as tarefas domésticas e de cuidado e o suporte econômico familiar (MEDEIROS, T., 2018, p. irreg.). Não há mais hoje um papel único no lar ou no trabalho; pelo contrário, exige-se a mulheres e homens um envolvimento em papéis múltiplos, requerendo coordenação e equilíbrio nas responsabilidades demandadas pela família e pelo trabalho (BARHAM; VANALLI, 2012, p. 49),

Em sendo assim, precisa ser repensada e melhor equilibrada a articulação entre trabalho e família, o que leva à ideia de corresponsabilidade. É necessário se buscar meios de diminuir os encargos atribuídos às mulheres pelos papéis sociais construídos, os quais tanto lhes submetem e lhes trazem desigualdades no campo laboral, e, para tanto, os homens devem ser incluídos igualmente na assunção dos deveres familiares.

A corresponsabilidade, para além da questão feminina, favorece um novo modelo de organização familiar e social, que, para Bárbara Ferrito, se mostra "mais sustentável e igualitário, na medida em que engloba todos os indivíduos em todas as esferas da vida, sem segregação ou partições desiguais" (FERRITO, 2019, p. 77). A divisão de tarefas domésticas e de cuidado é uma alternativa e representa a adoção de uma nova mentalidade, fruto da consciência de que a igualdade real só existirá na medida em que for praticada no âmbito do trabalho e da família. Quando se alcançar êxito em melhor repartir as cargas familiares, será possível reavaliar a situação das mulheres. "Antes não" (LOPES, 2006, p. 430).

A propósito, desde 1979 a ONU já assim percebia, ao estabelecer, no § 14 do Preâmbulo de sua Convenção para Eliminação de Todas as Formas de Discriminação contra a Mulher (CEDAW), que para se chegar à plena igualdade entre os sexos é preciso modificar o papel tradicional tanto das mulheres quanto dos homens na sociedade e na família.

Chegar a soluções não se revela um caminho fácil e nem mesmo faz parte do escopo desta pesquisa. Mas, nesse sentido, não se pode furtar de algumas breves e finais reflexões.

A legislação nacional concentra-se muito mais em regras de conciliação, entendida esta, como visto, como medida essencialmente feminina, o que reforça o caráter sexista do Direito (e da própria sociedade). São exemplos de normas de conciliação, a licença-maternidade e a garantia provisória no emprego à trabalhadora-mãe, debatidas no item anterior, além do direito a creches e intervalos para amamentação, dentre outras. Consoante observa Bila Sorj (2006, p. 30) a respeito das políticas de conciliação entre trabalho e vida familiar, o ordenamento trabalhista brasileiro é bastante limitado; evidencia uma preferência explícita pelo papel tradicional da mãe como cuidadora e é desigual quanto às responsabilidades que se esperam de mães e pais. O leque de direitos trabalhistas previstos, no aspecto, se baliza sobretudo na proteção da mulher quando da procriação ou para os cuidados de seus filhos e filhas nos primeiros meses de vida e, em assim sendo, a legislação pátria acaba por reforçar a compreensão de que a reprodução e as tarefas de cuidado da prole são atribuições exclusivamente femininas, o que gera mais preconceitos e desigualdades no mercado de trabalho.

Se as medidas de proteção têm efeito adverso ao resultar em maior discriminação às mulheres na sociedade (e, portanto, no trabalho), deve-se buscar modificar a sociedade e não a proteção de quem necessita. E para mudar o modelo dominante de estrutura familiar, em que impera "a divisão natural" do trabalho por sexo, é preciso equalizar os direitos trabalhistas relacionados à responsabilidade familiar (ARAÚJO, 2017, p. 186).

Fazendo-se uma ponderação crítica ao estado atual da divisão sexual do trabalho na sociedade brasileira, no que diz respeito a uma divisão mais igualitária entre mulheres e homens quanto às tarefas reprodutivas, medidas como o aumento da duração da licença-paternidade e a implementação da licença-parental, antes discutidas, colocam-se como importantes ferramentas de corresponsabilidade familiar de modo a permitir melhor acomodação entre os encargos do trabalho produtivo e reprodutivo para ambos os sexos e que, assim, poderiam contribuir com o aumento do ingresso de mulheres no mercado de trabalho e diminuição das persistentes desigualdades laborais de gênero.

Com a recente implantação do "Programa Emprega + Mulheres" pela Lei n. 14.457/22, vê-se que o ordenamento jurídico pátrio começa a dar importantes passos na harmonização do trabalho produtivo e das responsabilidades familiares entre mulheres e homens. Nesse sentido, relevantes medidas tendentes a uma maior responsabilização dos pais na criação dos filhos e filhas foram instituídas, tal como a possibilidade de suspensão do contrato de trabalho do empregado com filho(a) cuja mãe tenha encerrado o período da licença-maternidade, de modo a que o trabalhador possa prestar cuidados e estabelecer vínculos com sua prole; acompanhar o desenvolvimento dos(as) filhos(as) e apoiar o retorno ao trabalho de sua esposa ou companheira (art. 17). Da mesma forma, a já citada possibilidade de prorrogação da licença-maternidade em até 60 dias, nos moldes do Programa Empresa Cidadã, a qual poderá ser compartilhada entre a empregada-mãe e o empregado-pai requerentes (art. 20). Ainda, a previsibilidade de flexibilização da jornada de trabalho não só para mães, mas também para pais que tenham filho(a), enteado(a) ou criança sob guarda judicial de até seis anos de idade ou com deficiência (sem limite de idade) no que diz respeito à adoção de teletrabalho, jornada parcial, jornada 12x36, banco de horas e antecipação de férias individuais, além da concessão de horários maleáveis de entrada e saída no emprego (art. 8º). São apenas pequenas sementes, mas que apontam para o caminho que deve ser tomado pelo país, na construção de uma sociedade mais justa e digna para mulheres e homens.

Relevante também avocar-se a Convenção n. 156 da OIT, de 1981, documento que pretendeu regular a igualdade de oportunidade e tratamento para trabalhadoras e trabalhadores com encargos familiares. Trata-se de relevante diploma aplicável a todas as mulheres e homens que tenham responsabilidades quanto a crianças e outros membros da família que necessitem de cuidado ou apoio, quando essas responsabilidades possam restringir suas possibilidades de preparo, entrada, participação ou avanço em atividades econômicas (RICOLDI, 2010, p. 38). Identificando que há grupos de trabalhadores que precisam de arranjos especiais de tempo por conta de obrigações familiares e não podem, por isso, ser discriminados, referido convênio objetivou normatizar a necessidade de conciliação entre os "tempos da vida" (FERRITO, 2019, p. 78). Com isso, a Convenção n. 156 buscou promover a igualdade material entre mulheres e homens com responsabilidades de família, por meio de medidas capazes de permitir que essas trabalhadoras e esses trabalhadores tenham iguais oportunidade de ingressar, manter-se e progredir no mercado de trabalho (VIEIRA, 2014, p. 77), reconhecendo que eles vivem experiências e necessidades que os diferenciam dos demais trabalhadores e, assim, demandam um tratamento diferenciado para que possam alcançar condições iguais de vida e socialização (FERRITO, 2019, p. 78).

O primeiro documento da OIT a tratar sobre encargos familiares foi a Recomendação n. 123, de 1965, instrumento que era voltado apenas às dificuldades da mulher trabalhadora que possuísse responsabilidades de família, em especial com filhos(as), diferentemente da abordagem da Convenção n. 156 (RICOLDI, 2010, p. 37). A Convenção n. 156 inovou, abrangendo não mais somente mulheres, mas também homens com encargos familiares, buscando, assim, superar a exclusão masculina dos serviços domésticos e de cuidado com vistas a sedimentar o caminho para novos moldes de igualdade de gênero (FERRITO, 2019, p. 79).

O Brasil ainda não ratificou a Convenção n. 156, sendo que, à época, 1981, o argumento para tanto foi o de que a legislação interna do país era incompatível com a plena igualdade entre os sexos (BRUSCHINI; RICOLDI, 2012, p. 285). No entanto, uma vez que a Constituição de 1988 e o Código Civil de 2002 estabeleceram a igualdade entre mulheres e homens, não há mais impedimentos legais aplicáveis.

É crucial enfrentar a discussão sobre a adesão a esse importante instrumento internacional a fim de se levantar questões pertinentes à articulação do trabalho com as responsabilidades familiares, propiciando, se não a adoção de novas políticas, ao menos o aperfeiçoamento e reconfiguração de instrumentos já implementados, de modo a significar a melhora da renda das famílias (principalmente por intermédio do incremento da renda feminina, em especial a das mães) e das condições de vida da população em geral (RICOLDI, 2010, p. 42).

Nesse aspecto, apesar de tardiamente, o Brasil deu um importante passo. O Governo Federal, em data recente, 13.03.2023, finalmente apresentou o texto da Convenção n. 156 à Câmara dos Deputados para análise tendente à sua ratificação, por meio da MSC (Mensagem de acordos, convênios, tratados e atos internacionais) de n. 85/2023 (SOUZA, 2023, n.p.).

A criação de uma política nacional de articulação entre as responsabilidades familiares e as profissionais é medida urgente a ser tomada na busca da plena igualdade de gênero no mercado de trabalho (BRUSCHINI; RICOLDI, 2012, p. 285). Não somente pela aceitação à Convenção n. 156 da OIT pelo ordenamento jurídico pátrio, mas também pela edição e adoção de marcos legais, é vital que se busque medidas que proporcionem a criação de um ambiente de corresponsabilidades familiares (ALVES; BEIRIGO; CARDOSO, 2019, p. 76).

Outro aspecto importante a se assinalar diz respeito às famílias monoparentais femininas, que são hoje uma realidade expressiva no Brasil. Segundo dados do último Censo Demográfico, 87,4% das famílias monoparentais no país tinham uma mulher como responsável (IBGE, 2010). Em tal tipo de formação familiar, as mulheres residem com seus filhos e filhas sem a figura paterna, cabendo-lhe o papel de prover o lar em todos os âmbitos. As famílias monoparentais normalmente são mais vulneráveis no plano econômico e seu cotidiano é permeado por várias expressões da questão social, provenientes do sistema de produção capitalista e da divisão sexual do trabalho, tais como dificuldade financeira, falta de acesso à saúde, precarização da vida, entre outros (BABIUK, 2015, p. 1-3).

Não há, nesse citado modelo familiar, como se pensar em corresponsabilidades. Todavia, a conciliação entre o trabalho remunerado e a família, no caso, se torna um verdadeiro problema social e devem ser encontrados meios que possibilitem que a mulher consiga cumprir o papel de, sozinha, sustentar seu lar, com dignidade. Nesse sentido, coloca-se a necessidade de formulação e elaboração de políticas públicas como um caminho para concretização de direitos e desnaturalização de desigualdades.

O cerne dessas políticas deve ser o oferecimento de possibilidades que permitam com que as trabalhadoras encontrem um equilíbrio entre o tempo dedicado ao trabalho produtivo e o tempo que precisam dedicar às suas responsabilidades familiares (RICOLDI, 2010, p. 40). A educação infantil é um grande exemplo de política pública, nesse ponto, especialmente no que pertine a creches. A expansão da rede de creches públicas, que ainda se apresenta em quantidade insuficiente e com horários incompatíveis com a jornada de trabalho da maioria dos trabalhadores no Brasil (RICOLDI, 2010, p. 41), está entre um dos fatores mais importantes no sentido de se possibilitar uma melhor inserção da mulher no mercado de trabalho.

Cabe pontuar-se que o aumento de creches, evidentemente, não é política essencial apenas para mulheres que chefiam famílias monoparentais, mas para permitir a todas as mulheres maiores perspectivas de inclusão e permanência no mercado. Dada a divisão sexual do trabalho que persiste, a ausência de vagas em creches é um indicador importante que afeta a autonomia econômica das mulheres, por dificultar seu acesso e permanência em ocupações remuneradas. Segundo dados do Relatório Anual Socioeconômico da Mulher de 2017/2018 (RASEAM, 2017/2018, p. 18), existe uma correlação entre a condição feminina de ocupação no mercado de trabalho (ocupada/não ocupada) e a frequência dos(as) filhos(as) em creche. As mulheres com todos os(as) filhos(as) em creche são maioria entre as ocupadas. A inexistência de uma oferta suficiente e adequada de creches é um fator de limitação muito relevante para uma maior inserção de mulheres, principalmente no mercado formal de trabalho, e especialmente para aquelas com menores rendimentos (ABRAMO, 2007, p. 144).

A propósito, se recorda que a CLT, em seu art. 389, § 1º, prevê que os estabelecimentos em que trabalharem pelo menos 30 mulheres, com mais de 16 anos e com filhos(as) no período de amamentação, devem contar com locais apropriados onde seja permitido às empregadas guardarem sob vigilância e assistência a sua prole. Como alternativa dessa exigência, foi criado, pela Portaria n. 3.296/86 do Ministério do Trabalho, o sistema de reembolso-creche, permitindo às empresas, mediante acordo ou convenção coletiva de trabalho, ressarcir os gastos das empregadas-mães com despesas efetuadas com o pagamento de creche de sua livre escolha[98]. Neste ponto, nota-se que a legislação ordinária continuou a associar o direito que disciplina apenas às trabalhadoras-mães, reforçando a social atribuição feminina de cuidado infantil que tanto dificulta sua inserção no mercado de trabalho (RICOLDI, 2010, p. 41). Mais uma vez, a previsão legal, como disposta, cria uma garantia exclusiva às mulheres, o que reforça a ideia empresarial de que a força de trabalho feminina é mais custosa e, com isso, leva-lhe ao preterimento. Em que pese as creches estabelecidas impliquem, de fato, um baixo custo direto para os empregadores, de cerca de 0,3% da remuneração bruta mensal das mulheres (ABRAMO, 2007, p. 146), encarregá-los exclusivamente pelo custeio dessa benesse legal certamente dificulta o emprego feminino (BARROS, 1995, p. 76).

Outrossim, ante o estabelecimento pela Constituição de 1988 de igualdade entre os sexos e de que as obrigações familiares devem ser exercidas igualmente pelas mulheres e pelos homens, há que se trazer a discussão do direito em questão também aos homens. A disposição celetista trazida pelo art. 389, § 1º, é anterior ao Texto Constitucional da República, o qual, aliás, sequer limita o direito à creche apenas às mulheres trabalhadoras,

(98) A Portaria MTb n. 670/97 deu nova redação à citada Portaria n. 3.296/86, passando a prever que o ressarcimento de gastos seria possível não só em relação a creche de livre escolha da empregada-mãe, mas também na contratação de outra modalidade de prestação de serviço dessa natureza, pelo menos até os seis meses de idade da criança, nas condições, prazos e valor estipulados em acordo ou convenção coletiva.

o que se conclui da simples leitura de seu art. 7º, inc. XXV: "Art. 7º São direitos dos trabalhadores urbanos e rurais, além de outros que visem à melhoria de sua condição social: [...] XXV – assistência gratuita aos filhos e dependentes desde o nascimento até 5 (cinco) anos de idade em creches e pré-escolas" (grifos não originais). Concorda-se com Cristiane Maria Sbalqueiro Lopes (2010, p. 52) quando sustenta que a única "interpretação conforme" ao dispositivo constitucional em questão é a que "dessexualiza" seus destinatários, cabendo a cada família decidir quem cuidará da criança após o fim da licença-maternidade concedido à mulher. Para a autora, entendimento diverso significaria a persistência, no ordenamento jurídico, de uma norma discriminatória disfarçada de protetiva, ressaltando ser a legislação, no aspecto, "duplamente discriminatória", por aumentar injustamente o custo da força de trabalho feminina e por excluir injustamente os pais das obrigações trazidas pela paternidade(99) (LOPES, 2010, p. 52).

O desenho das normas fundamentadas somente sobre a figura da trabalhadora-mãe deve ser reconsiderado e voltado para os trabalhadores com responsabilidades familiares, de modo geral (BRUSCHINI; RICOLDI, 2012, p. 285) e, nesse ponto, caminhou bem o legislador, quando, ao disciplinar o "Programa Emprega + Mulheres", por meio da Lei n. 14.457/22, ainda que tenha mantido, em seu art. 5º, o mesmo teor do art. 389, § 1º, da CLT, previu a possibilidade de pagamento de reembolso-creche também a trabalhadores do sexo masculino (art. 2º)(100).

Por tudo quanto abordado, encerra-se afirmando que se faz urgente estudar, no campo jurídico, possibilidades e medidas para redução das dificuldades e obstáculos que assolam as mulheres em suas relações laborais. Além disso, é necessário promover uma discussão mais ampla sobre a aplicação das normas previstas no ordenamento, que visam promover a inclusão e a permanência das mulheres no mercado de trabalho (JABORANDY; FREITAS, 2020, p. 110).

Esse o objetivo da presente pesquisa. Compreender as manifestações sexistas e androcêntricas do (e no) Direito do Trabalho da Mulher no Brasil, de modo a se depreender como o sistema jurídico, muito aquém de se colocar como um veículo transformador da vida de mulheres e homens na busca da igualdade de gênero, pode atuar, de fato, como instrumento legitimador da exclusão das mulheres no mercado de trabalho (SILVA, S., 2008, p. 1-2).

Como ensina Alice Monteiro de Barros:

> [...] o Direito pode ser um instrumento primordial para alcançar e manter a igualdade de oportunidade e de tratamento, mas na medida em que

(99) Na linha desta pesquisa, trata-se de verdadeiro exemplo de uma norma do Direito do Trabalho pátrio que, em impacto adverso, para aquém de "proteger" a trabalhadora, traz-lhe mais desigualdade e discriminação no mercado laboral.

(100) Além disso, a nova legislação ampliou para cinco anos e 11 meses a idade máxima da criança para que os trabalhadores tenham direito ao auxílio-creche.

> reflitam mudanças sociais capazes de permitir romper com os estereótipos sexistas e equilibrar a força física com a destreza, o altruísmo familiar com as aspirações profissionais, a sensibilidade com a atitude e as características pessoais dos dois sexos com a compreensão e com o amor, a fim de que a mulher, maior vítima da discriminação, tenha a possibilidade e a capacidade de escolher o seu plano de vida e alcançar a plena cidadania (BARROS, 2008, p. 83).

Os papéis de gênero atribuídos aos indivíduos na sociedade e os estereótipos daí decorrentes, retiram das mulheres a plena possibilidade de participação no mercado de trabalho, e o Direito, baseado em distinções supostamente naturais na elaboração de suas normas ou acreditando-se neutro, reforça as diferenças de gênero e produz efeitos sociais não almejados e pensados, quais sejam, o aumento das desigualdades em razão do sexo no campo do trabalho. O reconhecimento desse papel do sistema jurídico coloca-se como importante passo no combate à discriminação contra as mulheres (FERRITO, 2021, p. 168).

Na edificação coletiva de uma sociedade com mais justiça e igualdade, o ordenamento jurídico pode assumir papel fundamental, desde que desconstrua e redefina as relações entre os gêneros e as estruturas sociais que ainda organizam a sociedade em hierarquias opressivas (COTTA; FARAGE, 2021, p. 8 e 91).

Conclusão

Apesar dos avanços, a inserção das mulheres no mercado de trabalho ainda é marcada por vulnerabilidades, segregações e discriminações. No Brasil, os dados e estatísticas evidenciam que a participação feminina no campo ocupacional continua abaixo da taxa de participação masculina, embora tenha aumentado nas últimas décadas. Além disso, as trabalhadoras estão mais sujeitas ao desemprego. Mesmo com níveis de escolaridade superiores, as mulheres recebem salários menores que os homens e são direcionadas para ocupações menos qualificadas, mal remuneradas ou setores informais.

Esta dissertação buscou compreender por que essa realidade persiste no cenário nacional, com foco no papel do Direito como um ator que contribui e interfere nesse processo. Embora o ordenamento jurídico seja visto como medida de isonomia e justiça, a legislação nacional não tem sido eficaz o bastante em promover a igualdade de acesso e permanência no mercado de trabalho entre mulheres e homens.

Em assim sendo, investigou-se como o sistema jurídico, em vez de proteger e promover o trabalho feminino, acaba prejudicando ainda mais a contratação e absorção de mulheres pelo mercado de trabalho, o que se nomeia de "impacto adverso" da legislação.

Não se negou a importância dos direitos alcançados pelas trabalhadoras especialmente após a Constituição de 1988, mas a análise da situação real das mulheres, no mercado de trabalho brasileiro, em comparação aos homens, leva ao questionamento da legislação e à indagação de até que ponto o ordenamento jurídico tem, de fato, buscado a promoção do labor feminino.

Para o desenvolvimento da pesquisa, partiu-se, no capítulo 1, da discussão da questão da construção social dos sexos e do conceito de gênero. Discorreu-se sobre como as relações desiguais entre mulheres e homens são solidificadas por concepções culturais e históricas, que naturalizam características específicas para cada sexo e atribuem a eles funções distintas na sociedade. Essas distinções reproduzem hierarquias sociais, com os homens geralmente recebendo papéis e características mais valorizadas do que as mulheres.

Nessa perspectiva, abordou-se a ideia de "relações sociais de sexo", proposta por Danièle Kergoat (2009), para destacar que existem relações antagônicas entre grupos de mulheres e homens, baseadas em uma hierarquia de poder entre os sexos, onde as diferenças entre práticas femininas e masculinas são construções sociais e não diferenças naturais ou biológicas, resultando em subordinação injusta.

Com fundamento nessas considerações, contextualizou-se a teoria da divisão sexual do trabalho, que é a base das relações antagônicas entre os sexos. Verificou-se que como a divisão sexual do trabalho está presente na sociedade atual e afeta a participação das mulheres no mercado de trabalho, mantendo-as responsáveis pelas atividades domésticas e de cuidados familiares. Essa divisão contribui para obstáculos à emancipação e à plena participação feminina no ambiente profissional, levando as mulheres a dificuldades na conciliação entre vida familiar e profissional e lhes resultando na ocupação de posições menos valorizadas, além de enfrentarem segregação ocupacional e diferenças salariais perante os trabalhadores homens.

No capítulo 2, examinou-se o sistema jurídico-trabalhista pátrio em relação ao trabalho feminino, traçando-lhe um panorama de seu desenvolvimento sistematizado a partir do desenvolvimento de normas internacionais sobre o tema. Destacou-se como a legislação evoluiu ao longo do tempo, inicialmente adotando uma abordagem protetiva acerca do trabalho feminino, baseada em argumentos fisiológicos, biológicos, morais e sociais, que visavam preservar as funções tradicionais de gênero. Posteriormente, com a Constituição de 1988, que enfatizou a igualdade de gênero, a legislação passou a buscar a promoção do trabalho das mulheres. No entanto, concluiu-se que a evolução legal não tem se mostrado suficiente em seu intento de alcançar a igualdade de gênero e promover a participação das mulheres no mercado de trabalho.

Aprofundou-se, em seguida, a argumentação principal da pesquisa, discutindo-se como o sistema jurídico brasileiro, no que diz respeito ao trabalho feminino, não apenas falha, mas acentua os preconceitos e as desigualdades de gênero. Analisou-se, primeiro, o conceito de igualdade jurídica, considerando-se seus aspectos formais e substancial, para, depois, examinar-se as disposições constitucionais relacionadas à isonomia entre mulheres e homens. Após, discutiu-se o conceito de discriminação, esquadrinhando-se a temática da discriminação indireta. Com efeito, assinalou-se que discriminação indireta, não intencional, é capaz de ser verificada na edição de normas provenientes de leis em sentido estrito, desvelando-se, portanto, o Direito, como instrumento de fomento e instituição de desigualdade de gênero no mercado de trabalho, em verdadeiro mecanismo discriminatório indireto.

Compreendeu-se, destarte, que, considerada a estrutura atual do mercado de trabalho feminino, modelado por consequências nefastas trazidas pela divisão sexual do trabalho, o Direito fundamenta-se justamente na divisão sexual do trabalho para elaborar suas normas, baseando-se, com isso, em distinções de gênero naturalizadas tão caras às trabalhadoras e, assim, reforçando estereótipos e aprofundando as desigualdades experimentadas pelas mulheres no mercado laboral.

Finalmente, no capítulo 3, a análise se adentrou a apontar como o sexismo se mostra presente em normas trabalhistas nacionais, delimitando-se a discussão a partir da questão das responsabilidades familiares e domésticas atribuídas historicamente às mulheres e dos problemas que esses encargos trazem ao uso do tempo das trabalhadoras.

Foram abordadas, em primeiro lanço, normas que regulam a maternidade nas relações de emprego no Brasil, especificamente as disposições sobre licença-maternidade e garantia provisória de emprego da trabalhadora-mãe, Demonstrou-se como o Direito, por intermédio dos preceitos legais estudados, tendo a mulher como prioritariamente responsável pelo lar e pela família e, assim, reforçando a divisão sexual do trabalho, estabelece efeitos diversos para a maternidade e a paternidade no âmbito do trabalho remunerado, criando e fomentando, em evidente impacto adverso de sua função, cisões de gênero no mercado laboral. Estabelecendo garantias protecionistas exclusivas às mulheres, sem estendê-las aos homens, o ordenamento jurídico torna menos atrativa a contratação da mão de obra feminina, vista esta como mais custosa, para mais de renegar aos homens a também responsabilidade que lhes incumbe pela paternidade. Com isso, o Direito acaba por desproteger as trabalhadoras, gerando mais desigualdades e discriminações no mercado de trabalho.

Ante as deficiências constatadas na legislação regente, foram indicadas algumas alternativas que possibilitariam uma maior igualdade entre trabalhadoras e trabalhadores com responsabilidades domésticas, tais como a ampliação do tempo de duração da licença-paternidade; a implantação da licença parental; e a extensão da garantia provisória de emprego por conta do nascimento de filhos e filhas aos homens trabalhadores.

Em um segundo momento, examinou-se normas que disciplinam a jornada de trabalho nas relações de emprego em contraponto à pobreza de tempo sofrida pelas mulheres por conta da persistente divisão sexual do trabalho. Se discutiu como o ordenamento jurídico, no aspecto, apesar de se colocar como universal e pretensamente neutro, acaba discriminando a força de trabalho feminina por não levar em consideração que as mulheres, em virtude dos encargos que lhes decorrem dos papéis sociais de gênero, não possuem uso livre de seu tempo para bem dispor em atividades remuneradas. Assim, adotando como padrão normativo um modelo de emprego com jornadas pensadas para trabalhadores totalmente alheios às responsabilidades familiares e inteiramente disponíveis para o trabalho produtivo, o Direito pretere a realidade que atinge o sexo feminino.

Ao pressupor que todos os trabalhadores, mulheres e homens, tenham a mesma disponibilidade de tempo para se dedicarem ao trabalho remunerado, o que, decerto, não é uma realidade, o sistema jurídico falha, aparentando uma suposta neutralidade que, de fato, acaba por criar segmentações e nichos de mercado de trabalho de acesso dificultado às mulheres, estruturando a persistência de desigualdades de gênero no mundo laboral. Nessa visão, foram estudados a jornada regular de trabalho estabelecida pela Constituição de 1988; a questão da jornada de trabalho extensa e regulamentada pelo ordenamento nacional, em paralelo à questão de como o mercado de trabalho brasileiro utiliza habitualmente do recurso da prestação de horas extras por parte dos trabalhadores; assim como da adoção de escalas especiais, compensações horárias e banco de horas, apreendendo-se como essas realidades obstaculizam a plena participação das mulheres em empregos formais, devido à falta de tempo que lhes acometem por estarem tão presas às tarefas reprodutivas. Outrossim, também tratou-se do teletrabalho e do contrato a tempo parcial, de maneira a perquirir como esses modelos, a princípio, se apresentam como neutros ao gênero, mas, em verdade, incorporam neles a dinâmica da divisão sexual do trabalho às mulheres.

Buscando meios de se diminuírem os encargos atribuídos às mulheres pelos papéis sociais construídos que tanto lhes submetem e lhes trazem desigualdades no campo laboral, defendeu-se a inclusão dos homens na assunção dos deveres familiares, abordando-se o conceito de corresponsabilidade. Nessa esteira, ponderou-se que medidas como o aumento da duração da licença-paternidade e a implementação da licença-parental, são importantes ferramentas de corresponsabilidade familiar que poderiam contribuir com o aumento do ingresso de mulheres no mercado de trabalho e diminuição das persistentes desigualdades de gênero. Indicou-se, ainda, a importância da ratificação, pelo Brasil, da Convenção n. 156 da OIT, sobre a igualdade de tratamento para trabalhadores, mulheres e homens, com encargos familiares, fomentando a discussão sobre a divisão sexual do trabalho e dos impactos da distribuição desigual de tarefas domésticas e familiares sobre as mulheres. Enfim, verificou-se a situação das famílias monoparentais femininas, destacando-se a necessidade de formulação e elaboração de políticas públicas, como o aumento da rede de creches públicas no país. que permitam com que as mulheres que chefiam seus lares sozinhas possam encontrar equilíbrio entre o tempo dedicado ao trabalho produtivo e o tempo que precisam dedicar às suas responsabilidades familiares. Por último, destacou-se o pequeno (mas grande) passo dado pelo Brasil com a implantação do "Programa Emprega + Mulheres", destinado à inserção e à manutenção de mulheres no mercado de trabalho e que estabelece uma série de medidas de apoio ao labor feminino e à parentalidade.

Em suma, a dissertação teve como intenção principal oferecer uma análise crítica do papel do Direito do Trabalho pátrio na inclusão e promoção das mulheres no mercado de trabalho brasileiro, destacando-se os principais desafios trazidos pelo ordenamento jurídico que prejudicam a busca da igualdade de gênero e apontando-se algumas possíveis soluções.

A igualdade entre mulheres e homens é primordial para o desenvolvimento de um país e as barreiras de gênero enraizadas na própria legislação devem ser afastadas. Deve-se compreender que o Direito merece ser aprimorado, no aspecto, buscando-se caminhos para que se possa chegar à igualdade substancial entre os gêneros, com mulheres e homens possuindo os mesmos direitos e oportunidades no trabalho e, assim, construindo-se uma sociedade verdadeiramente livre, justa e solidária, fundamentada na dignidade do ser humano e no valor social do trabalho.

Referências

ABRAMO, Laís Wendel. *A inserção da mulher no mercado de trabalho:* uma força de trabalho secundária?. 2007. Tese (Doutorado em Sociologia) – Faculdade de Filosofia, Letras e Ciências Humanas Universidade de São Paulo, São Paulo, 2007. Disponível em: https://www.teses.usp.br/teses/disponiveis/8/8132/tde-23102007-141151/en.php. Acesso em: 10 ago. 2021.

ABRAMO, Laís; ARMIJO, Marianela. Cambio tecnológico y el trabajo de las mujeres. Estudos feministas, Rio de Janeiro: *Instituto de Filosofia e Ciências Sociais* — Universidade Federal do Rio de Janeiro, v. 5, n. 1, p. 31-67, 1997. Disponível em: https://www.yumpu.com/es/document/read/10327247/cambio-tecnologico-y-el-trabajo-de-las-mujeres-instituto-de-estudos-. Acesso em: 27 set. 2022.

ABRAMO, Laís; VALENZUELA, Maria Elena. Tempo de trabalho remunerado e não remunerado na América Latina: uma repartição desigual. In: ABREU, Alice Rangel de Paiva; HIRATA, Helena; LOMBARDI, Maria Rosa (Orgs.). *Gênero e trabalho no Brasil e na França:* perspectivas interseccionais. São Paulo: Boitempo Editorial, 2017. p. 174-191.

ALMEIDA, Silvio Luiz de. *Racismo estrutural.* São Paulo: Sueli Carneiro; Pólen, 2019.

ALVES, José Eustáquio Diniz. O crescimento da PEA e a redução do hiato de gênero nas taxas de atividade no mercado de trabalho. *Democracia e mundo do trabalho em debate*, 2013. Disponível em: https://www.dmtemdebate.com.br/o-crescimento-da-pea-e-a-reducao-do-hiato-de-genero-nas-taxas-de-atividade-no-mercado-de-trabalho/. Acesso em: 02 ago. 2022.

ALVES, Ana Flávia; BEIRIGO, Gabriele Ferreira; CARDOSO, Jair Aparecido. As responsabilidades familiares ante a promoção da igualdade de oportunidades e tratamento no Brasil à luz da OIT. In: *SEMINÁRIO INTERNACIONAL DE PESQUISA (RE) PENSANDO O TRABALHO CONTEMPORÂNEO:* O FUTURO DO TRABALHO, 2019, Franca, SP. Anais eletrônicos [...].. Franca, SP: FCHS/UNESP, 2019. v. 3. p. 69-77. Disponível em: https://www.franca.unesp.br/Home/Departamentos31/direitoprivado/anaisdeeventos/01-anais_ivrepensando_2019_final.pdf. Acesso em: 02 set. 2022.

ALVES, Mariana Rosa da Silva Alves; BERGAMO, Fabio Vinicius de Macedo. Do teto de vidro ao penhasco de vidro: as barreiras invisíveis e contínuas na liderança feminina. In: *XXIII SEMEAD SEMINÁRIOS EM ADMINISTRAÇÃO*, 2020, São Paulo, SP. Anais eletrônicos [...]. São Paulo, SP: Universidade de São Paulo, Faculdade de Economia, Adminstração, Contabilidade e Atuária (FEA), 2020. Disponível em: https://login.semead.com.br/23semead/anais/arquivos/755.pdf?. Acesso em: 12 jul. 2023.

ALVES, Amauri Cesar; FARIAS, Michelle Cristina. Reforma trabalhista e direitos das mulheres: vulnerabilidade e discriminação no mercado e no contrato de trabalho. *RJLB – Revista Jurídica Luso-Brasileira*, v. 6, p. 177-216, 2020. Disponível em: https://www.cidp.pt/revistas/rjlb/2020/4/2020_04_0177_0216.pdf. Acesso em: 24 mar. 2023.

ANGOTTI, Bruna; VIEIRA, Regina Stela Corrêa. Da reprodução à função social: o papel do direito no reforço do lugar materno. In: SEVERI, Fabiana Cristina; CASTILHO, Ela Wiecko Volkmer de; MATOS, Myllena Calasans de (Orgs.). *Tecendo fios das Críticas Feministas ao Direito no Brasil II:* direitos humanos das mulheres e violências. v. 2. Ribeirão Preto, SP: FDRP/USP, 2020, p. 304-329. Disponível em: https://cepia.org.br/publicacao/coletanea-tecendo-fios-das-criticas-feministas-ao-direito-no-brasil/. Acesso em: 10 maio 2022.

ARANTES, Fernanda Inêz Siqueira. *A mulher desdobrável:* a articulação entre as esferas pública e privada. 2010. Dissertação (Mestrado em Psicologia) – Pontifícia Universidade Católica de Minas Gerais, Belo Horizonte, MG, 2010. Disponível em: http://www.biblioteca.pucminas.br/teses/Psicologia_ArantesFI_1.pdf. Acesso em: 08 nov. 2022.

ARAÚJO, Alyane Almeida de. *Corresponsabilidade familiar e a proteção do mercado de trabalho da mulher:* o sistema internacional da OIT como fonte integrativa da garantia constitucional. 2017. Dissertação (Mestrado em Direito) – Universidade Federal do Rio Grande do Norte, Natal, RN, 2017. Disponível em: https://repositorio.ufrn.br/bitstream/123456789/23581/1/CorresponsabilidadeFamiliarProte%C3%A7%C3%A3o_Araujo_2017.pdf. Acesso em: 10 abr. 2023.

ARAÚJO, Clara; SCALON, Celi. Gênero e a distância entre a intenção e o gesto. *Revista Brasileira de Ciências Sociais*, v. 21, n. 62, p. 45-68, out. 2006. Disponível em: https://www.scielo.br/j/rbcsoc/a/wBw6Kdj3Dc9qdNmvqqjNP6d/?lang=pt. Acesso em: 11 ago. 2022.

BABIUK, Graciele Alves. Famílias monoparentais femininas, políticas públicas em gênero e raça e serviço social. In: *I SEMINÁRIO NACIONAL DE SERVIÇO SOCIAL, TRABALHO E POLÍTICA SOCIAL*, 2015, Florianópolis, SC. Anais eletrônicos [...]. Florianópolis, SC: Universidade de Santa Catarina, 2015. Disponível em: https://seminarioservicfosocial.paginas.ufsc.br/files/2017/05/Eixo_3_269.pdf. Acesso em: 02 set. 2022.

BARBOSA, Ana Luiza Neves de Holanda. Participação feminina no mercado de trabalho brasileiro. *Mercado de trabalho:* conjuntura e análise, Instituto de Pesquisa Econômica Aplicada (Ipea), n. 57, p. 31-41, ago. 2014. Disponível em: http://repositorio.ipea.gov.br/bitstream/11058/3736/1/bmt57_nt02_participa%c3%a7%c3%a3o.pdf. Acesso em: 24 jun. 2022.

BARBUGIANI, Luiz Henrique Sormani. *Igualdade de gênero:* o redimensionamento da concepção da igualdade material no âmbito laboral. 2012. Dissertação (Mestrado em Direito) – Universidade de São Paulo, São Paulo, 2012. Disponível em: https://www.teses.usp.br/teses/disponiveis/2/2138/tde-29082013-141418/publico/DISSERTACAO_VERSAO_COMPLETA_LUIZ_HENRIQUE_S_BARBUGIANI.pdf. Acesso em: 15 ago. 2022.

BARHAM, Elizabeth; VANALLI, Ana Carolina Gravena. Trabalho e família: perspectivas teóricas e desafios atuais. *Revista Psicologia: organizações e trabalho*, Florianópolis, SC, v. 12, n. 1, p. 47-60, jan./abr. 2012. Disponível em: http://pepsic.bvsalud.org/scielo.php?script=sci_arttext&pid=S1984-66572012000100005. Acesso em: 07 nov. 2022.

BARROS, Alice Monteiro de. *A mulher e o direito do trabalho.* São Paulo: LTr, 1995.

______. Contratos e regulamentações especiais de trabalho. 3. ed. São Paulo: LTr, 2008.

BARROSO, Luís Roberto. A igualdade perante a lei: algumas reflexões. *Revista de Direito Processual*, Rio de Janeiro, n. 38, p. 64-79, 1986.

BEAUVOIR, Simone de. *O Segundo Sexo:* a experiência vivida. 2. ed. São Paulo: Difusão Europeia do Livro, 1967.

BELMONTE, Cláudio Petrini Belmonte. O sentido e o alcance do princípio da igualdade como meio de controle da constitucionalidade das normas jurídicas na jurisprudência do Tribunal Constitucional de Portugal e do Supremo Tribunal Federal do Brasil. *Revista de Informação Legislativa*, Brasília, DF, v. 36, n. 144, p. 157-176, out./dez. 1999. Disponível em: https://www2.senado.leg.br/bdsf/item/id/538. Acesso em: 06 jul. 2022.

BERTOLIN, Patrícia Tuma Martins; CARVALHO, Suzete. A segregação ocupacional da mulher: será a igualdade jurídica suficiente para superá-la. In: BERTOLIN, Patrícia Tuma Martins; ANDREUCCI, Ana Claudia Pompeu Torezan (Orgs.). *Mulher, sociedade e direitos humanos.* Homenagem à Professora Doutora Esther de Figueiredo Ferraz. São Paulo: Rideel, 2010. p. 179-210.

BIROLI, Flávia. *Gênero e desigualdades:* limites da democracia no Brasil. 1. ed. São Paulo: Boitempo, 2018.

BOMFIM, Vólia. *Direito do Trabalho.* 18. ed. Rio de Janeiro: Forense; Método, 2021.

BRASIL. Senado Federal. *Justificação da Proposta de Emenda à Constituição n. 229, de 17 de dezembro de 2019*. Disponível em: https://legis.senado.leg.br/sdleggetter/documento?m=8057661&ts=1583963945089&disposition=inline. Acesso em: 22 maio 2020.

______. Supremo Tribunal Federal. *Recurso Extraordinário n. 658.312/SC*. Repercussão geral reconhecida. Direito do Trabalho e Constitucional. Recepção do art. 384 da Consolidação das Leis do Trabalho pela Constituição Federal de 1988. Constitucionalidade do intervalo de 15 minutos para mulheres trabalhadoras antes da jornada extraordinária. Ausência de ofensa ao princípio da isonomia. Mantida a decisão do Tribunal Superior do Trabalho. Recurso não provido. Relator: Ministro Dias Toffoli. Julgado em 15 set. 2021. *Diário da Justiça Eletrônico*, 06 dez 2021.

______. Tribunal Superior do Trabalho. *Incidente de Inconstitucionalidade em Recurso de Revista n. 154000-83.2005.5.12.0046*. Mulher — intervalo de 15 minutos antes de labor em sobrejornada — constitucionalidade do art. 384 da CLT em face do art. 5º, I, da CF. [...]. Tribunal Pleno. Relator: Ministro Ives Gandra Martins Filho. Julgado em 17 nov. 2008. *Diário da Justiça Eletrônico*, 13 fev. 2009.

______, Tribunal Superior do Trabalho. *Agravo de Instrumento em Recurso de Revista n. 33-75.2018.5.23.0007*. Agravo de Instrumento. Recurso de Revista — Descabimento. [...] 2. Estabilidade da gestante. Recusa à reintegração. Direito à indenização substitutiva. O direito à estabilidade da gestante é norma de ordem pública, irrenunciável, pois visa à proteção do nascituro. Diante disso, a recusa ao retorno ao emprego não obsta o direito à indenização substitutiva. Precedentes. Agravo de instrumento conhecido e desprovido. 3ª Turma Relator: Ministro Alberto Luiz Bresciani de Fontan Pereira. *Diário Eletrônico da Justiça do Trabalho*, 13 nov. 2020.

BRUSCHINI, Cristina. Trabalho feminino no Brasil: novas conquistas ou persistência da discriminação? In: *XXI INTERNATIONAL CONGRESS, LATIN AMERICAN STUDIES ASSOCIATION*, 1998, Chicago, Estados Unidos da América. p. 24-26. Disponível em: http://biblioteca.clacso.edu.ar/ar/libros/lasa98/Bruschini.pdf. Acesso em: 05 out. 2022.

______. Trabalho doméstico: inatividade econômica ou trabalho não remunerado?. *Revista Brasileira de Estudos de População*, São Paulo, v. 23, n. 2, p. 331-353, jul./dez. 2006. Disponível em: https://www.scielo.br/j/rbepop/a/vG3HhnyjrSY7vFZFhSqWL7N/?format=pdf&lang=pt. Acesso em: 07 out. 2022.

BRUSCHINI, Cristina; LOMBARDI, Maria Rosa. A Bipolaridade do Trabalho Feminino no Brasil Contemporâneo. *Cadernos de Pesquisa*, São Paulo, n. 110, p. 67-104, jul. 2000. Disponível em: https://www.scielo.br/j/cp/a/dzDXTKKnr96DdTZSqnmtH5r/?format=pdf&lang=pt. Acesso em: 1º abr. 2022.

______; ______. Instruídas e trabalhadeiras: trabalho feminino no final do século XX. *Cadernos Pagu*, Campinas, SP, n. 17-18, p. 157-196, 2002. Disponível em: https://www.scielo.br/j/cpa/a/VTDTBZBKQjxkmCK8BQttYVw/abstract/?lang=pt. Acesso em: 11 out. 2022.

BRUSCHINI, Maria Cristina Aranha; RICOLDI, Arlene Martinez. Revendo estereótipos: o papel dos homens no trabalho doméstico. *Revista Estudos Feministas*, Florianópolis, SC, v. 20, n. 344, p. 259-287, jan./abr. 2012. Disponível em: https://www.scielo.br/j/ref/a/556ZJx8GpxyxGKbxQJ46jwh/?format=pdf&lang=pt. Acesso em: 26 out. 2022.

CALIL, Léa Elisa Silingowshi. *História do Direito do Trabalho da mulher:* aspectos históricos-sociológicos do início da República ao final deste século. São Paulo: LTr, 2000.

______. *Direito do trabalho da mulher:* A questão da igualdade jurídica ante a desigualdade fática. 1. ed. São Paulo: LTr, 2007.

CARMO, Jacqueline. Mulheres no mercado de trabalho: panorama da década. *Carreira & Sucesso por Catho*. 04 mar. 2022. Disponível em https://www.catho.com.br/carreira-sucesso/carreira/o-mercado-de-trabalho/mulheres-no-mercado-de-trabalho-panorama-da-decada/. Acesso em: 14 nov. 2022.

CASTILHO, Ela Wiecko V. de. Prefácio. In: BERTOLIN, Patrícia Tuma Martins; ANDRADE, Denise Almeida de; MACHADO, Mônica Sapucaia (Orgs.). *Carta das mulheres brasileiras aos constituintes:* 30 anos depois. São Paulo: Autonomia Literária, 2018. p. 2-4.

CATTANÉO, Nathalie; HIRATA, Helena. Flexibilidade. In: HIRATA, Helena *et al.* (Orgs.). *Dicionário Crítico do Feminismo*. São Paulo: Editora UNESP, 2009. p. 106-111.

COLLIN, Françoise. Diferença dos sexos (teorias da). In: HIRATA, Helena *et al.* (Orgs.). *Dicionário Crítico do Feminismo*. São Paulo: Editora UNESP, 2009. p. 59-66.

CONCEIÇÃO, Cídia Dayara Vieira Silva da; PINTO, Bruna Laís Silva; SILVA, Salete Maria da. Feminismo jurídico como instrumento de ruptura com o direito patriarcal. *Interfaces Científicas — Direito*, v. 7, n. 1, p. 93-106, 2019. Disponível em: https://periodicos.grupotiradentes.com/direito/article/view/7669/3502. Acesso em: 20 fev. 2023.

CONSELHO NACIONAL DE JUSTIÇA (CNJ). *Protocolo para julgamento com perspectiva de gênero*. 2021. Disponível em: https://www.cnj.jus.br/wp-content/uploads/2021/10/protocolo-18-10-2021-final.pdf. Acesso em: 10 fev. 2022.

CONSELHO NACIONAL DOS DIREITOS DA MULHER (CNDM). *Carta das mulheres aos Constituintes*. 1986. Disponível em: https://www2.camara.leg.br/atividade-legislativa/legislacao/Constituicoes_Brasileiras/constituicao-cidada/a-constituinte-e-as-mulheres/arquivos/Constituinte%201987-1988-Carta%20das%20Mulheres%20aos%20Constituintes.pdf. Acesso em: 23 maio 2022.

CORREIA, Marcus Orione Gonçalves. O princípio da igualdade como técnica de efetivação dos direitos sociais. *Revista do Advogado*, São Paulo, v. 28, n. 97, p. 135-148, maio 2008.

COTRIM, Luisa Rabioglio; TEIXEIRA, Marilane Oliveira; PRONI, Marcelo Weishaupt. Desigualdade de gênero no mercado de trabalho formal no Brasil. *Texto para discussão*, Campinas, SP: Instituto de Economia/UNICAMP, n. 383, jun. 2020. Disponível em: https://www.eco.unicamp.br/images/arquivos/artigos/TD/TD383.pdf. Acesso em: 21 mar. 2022.

COTTA, Mayra; FARAGE, Thais. *Mulher, roupa, trabalho:* como se veste a desigualdade de gênero. 1. ed. São Paulo: Editora Paralela, 2021.

DE ALBA, Laura Mora Cabello. La cultura jurídica del trabajo en un cambio de época. In: BAYLOS, Antonio (Org.). *Modelos de derecho del trabajo y cultura de los juristas*. Albacete: Editorial Bomarzo, 2013. p. 55-66.

DELGADO, Mauricio Godinho. Proteções contra discriminação na relação de emprego. In: VIANA, Márcio Túlio; RENAULT, Luiz Otávio Linhares (Coords.). *Discriminação*. São Paulo: LTr, 2000. p. 97-108.

______. *Curso de Direito do Trabalho*. 5. ed. São Paulo: LTr, 2006.

DEPARTAMENTO INTERSINDICAL DE ESTATÍSTICA E ESTUDOS SOCIOECONÔMICOS (DIEESE). *A jornada de trabalho no Brasil, 2006*. Disponível em: https://www.dieese.org.br/relatoriotecnico/2006/jornadaBrasil.pdf. Acesso em: 31 ago. 2022.

______. *PEC 06/2019:* as mulheres, outra vez, na mira da Previdência, nota técnica n. 202, mar. 2019. Disponível em: https://www.dieese.org.br/notatecnica/2019/notaTec202MulherPrevidencia/index.html?page=1. Acesso em: 31 ago. 2022.

______. *Pesquisa de emprego e desemprego* — emprego doméstico, 2019. Disponível em: https://www.dieese.org.br/analiseped/empregoDomestico.html. Acesso em: 31 ago. 2022.

______. *Brasil:* a inserção das mulheres no mercado de trabalho, 2021. Disponível em: https://www.dieese.org.br/outraspublicacoes/2021/graficosMulheresBrasilRegioes2021.html. Acesso em: 20 ago. 2022.

D'INCAO, Maria Ângela. Mulher e família burguesa. In: DEL PRIORI, Mary (Org.); BASSANEZI, Carla (Coord.). *História das mulheres no Brasil*. 8. ed. São Paulo: Contexto, 2006. p. 223-240.

D'OLIVEIRA, Mariane Camargo; SILVA, Denise Regina Quaresma da. Pensando um Direito do Trabalho da mulher a partir da tutela das normas laborais. In: *XVII SEMINÁRIO INTERNACIONAL DE EDUCAÇÃO NO MERCOSU*L, 2015, Cruz Alta, RS. Anais eletrônicos [...]. Disponível em: https://home.unicruz.edu.br/mercosul/

pagina/anais/2015/1%20-%20ARTIGOS/PENSANDO%20UM%20DIREITO%20DO%20TRABALHO%20DA%20MULHER%20A%20PARTIR%20DA%20TUTELA%20DAS%20NORMAS%20LABORAIS.PDF. Acesso em: 13 set. 2022.

DUARTE, Joana das Flores *et al.* Juventudes, gênero e consumo na sociedade de classes. In: *XV ENCONTRO NACIONAL DE PESQUISADORES EM SERVIÇO SOCIAL*, 2016, Ribeirão Preto, SP. Anais eletrônicos [...]. v. 1. p. 1-13. Disponível em: https://www.pucrs.br/pastoral-prov/wp-content/uploads/sites/234/2019/06/JUVENTUDES-GENERO-E-CONSUMO-NA-SOCIEDADE-DE-CLASSES.pdf. Acesso em: 20 set. 2022.

ENRÍQUEZ, Carina Rodriguez. Análise econômica para a igualdade: as contribuições da economia feminista. In: JÁCOME, Márcia Larangeira; VILLELA, Shirley (Orgs.). *Orçamentos sensíveis a gênero:* conceitos. Brasília, DF: ONU Mulheres, 2012. p. 133-157.

FAMILY TALKS. *Síntese das discussões realizadas pelo Grupo de Trabalho sobre a Licença Parental (GT), uma iniciativa da Frente Parlamentar Mista da Primeira Infância.* 2020. Disponível em: https://familytalks.org/licencaparental/. Acesso em: 16 ago. 2022.

______. *Relatório Pesquisa Licenças Maternidade e Paternidade nas Empresas.* 2021-2022. Disponível em: https://familytalks.org/pdf/ebooks/relatorio_pesquisa_parentalidade_nas_empresas.pdf. Acesso em: 16 ago. 2022.

FEDERICI, Silvia. *Calibã e a Bruxa:* mulheres, corpo e acumulação primitiva. Tradução de Coletivo Sycorax. São Paulo: Elefante, 2019.

FERNANDEZ, Brena Paula Magno. Teto de vidro, piso pegajoso e desigualdade de gênero no mercado de trabalho brasileiro à luz da economia feminista: por que as iniquidades persistem?. *Cadernos de Campo: Revista de Ciências Sociais*, Araraquara, SP, n. 26, p. 79-103, jan./jun. 2019. Disponível em: https://periodicos.fclar.unesp.br/cadernos/article/view/12951. Acesso em: 18 out. 2022.

FERREIRA, Luiz Fernando Teixeira. Reforma trabalhista: a falácia da modernização das leis trabalhistas e da geração de empregos. In: TEIXEIRA, Marilane Oliveira *et al.* (Orgs.). *Contribuição crítica à reforma trabalhista.* Campinas: UNICAMP/IE/CESIT, 2017. p. 311-322. Disponível em: Acesso em 15 mar. 2023.

FERRITO, Bárbara. A falta que faz: Convenção n. 156, OIT, conciliação dos tempos e corresponsabilidade. *Revista Eletrônica do Tribunal Regional do Trabalho da 9ª Região*, Curitiba, v. 8, n. 81, p. 73-85, ago. 2019. Disponível em: https://juslaboris.tst.jus.br/handle/20.500.12178/162918. Acesso em: 28 out. 2021.

______. *Direito e desigualdade:* Uma análise da discriminação das mulheres no mercado de trabalho a partir dos usos dos tempos. São Paulo: LTr, 2021.

FÓRUM BRASILEIRO DE SEGURANÇA PÚBLICA. *Anuário brasileiro de segurança pública, 2019.* Disponível em: https://forumseguranca.org.br/wp-content/uploads/2019/10/Infogra%CC%81fico-2019-FINAL_21.10.19.pdf. Acesso em: 19 set. 2022.

FÓRUM ECONÔMICO MUNDIAL. *Relatório Global sobre a Lacuna de Gênero:* Global Gender Gap Report. 2021. Disponível em: https://www3.weforum.org/docs/WEF_GGGR_2021.pdf. Acesso em: 16 mar. 2022.

GALEAZZI, Irene Maria Sassi *et al.* Mulheres trabalhadoras: 10 anos de mudanças no mercado de trabalho atenuam desigualdades. *Revista Mulher e trabalho*, Porto Alegre, RS, v. 3, p. 9-35, 2003. Disponível em: https://revistas.planejamento.rs.gov.br/index.php/mulheretrabalho/article/view/2690. Acesso em: 10 out. 2022.

GÊNERO E NÚMERO; SEMPREVIVA ORGANIZAÇÃO FEMINISTA (SOF). *Sem parar:* o trabalho e a vida das mulheres na pandemia. 2020. Disponível em: https://mulheresnapandemia.sof.org.br/wp-content/uploads/2020/08/Relatorio_Pesquisa_SemParar.pdf. Acesso em: 19 set. 2022.

GUEDES, Moema de Castro; ALVES, José Eustáquio Diniz. A população feminina no mercado de trabalho entre 1970-2000: particularidades do grupo com nível universitário. In: *XIV ENCONTRO NACIONAL DE ESTUDOS POPULACIONAIS, 2004,* Caxambú, MG. Anais eletrônicos [...]. p. 1-19. Disponível em: http://www.abep.org.br/publicacoes/index.php/anais/article/viewFile/1307/1271. Acesso em: 15 mar. 2022.

GUIRALDELLI, Reginaldo. Adeus à divisão sexual do trabalho? Desigualdade de gênero na cadeia produtiva da confecção. *Revista Sociedade e Estado*, Brasília, DF, v. 27, n. 3, p. 709-732, set./dez. 2012. Disponível em: https://www.scielo.br/j/se/a/93kRWJRdWyT85LKRxtLZj3n/abstract/?lang=pt. Acesso em: 06 out. 2022.

HIRATA, Helena. *Relações sociais de sexo e do trabalho:* contribuição à discussão sobre o conceito de trabalho. Tradução: Maria Helena C. V. Trylinski. Em aberto, Brasília, v. 15, n. 65, p. 39-49, jan./mar. 1995. Disponível em: http://emaberto.inep.gov.br/ojs3/index.php/emaberto/article/view/2316. Acesso em: 22 mar. 2022.

______. Globalização e divisão sexual do trabalho. *Cadernos Pagu*, Campinas, SP, n. 17-18, p. 139-156, 2002. Disponível em: https://www.scielo.br/j/cpa/a/PcsfvS6CPpgQRZLRmdTzgxL/?format=pdf&lang=pt. Acesso em: 20 out. 2022.

______. Novas configurações da divisão sexual do trabalho. *Revista Tecnologia e Sociedade*, Curitiba, PR, v. 6, n. 11, p. 1-7, jul./dez. 2010. Disponível em: https://periodicos.utfpr.edu.br/rts/article/view/2557. Acesso em: 22 mar. 2022.

______. Tendências recentes da precarização social e do trabalho: Brasil, França, Japão. *Caderno CRH*, Salvador, v. 24, n. spe 01, p. 15-22, 2011. Disponível em: https://www.scielo.br/j/ccrh/a/M4ycWQHC74JXtmXcfqNxTyy/?format=pdf&lang=pt. Acesso em: 06 abr. 2022.

HIRATA, Helena; KERGOAT, Danièle. Novas configurações da divisão sexual do trabalho. *Cadernos de Pesquisa*, São Paulo, v. 37, n. 132, p. 595-609, set./dez. 2007. Disponível em: https://www.scielo.br/j/cp/a/cCztcWVvvtWGDvFqRmdsBWQ/?format=pdf&lang=pt. Acesso em: 21 mar. 2022.

HOOKS, Bell. *O feminismo é para todo mundo:* políticas arrebatadoras. Tradução: Ana Luiza Libânio. 1. ed. Rio de Janeiro: Rosa dos Tempos, 2018.

IBGE — Instituto Brasileiro de Geografia e Estatística. *Censo demográfico*. 2010. Disponível em: https://censo2010.ibge.gov.br/. Acesso em: 24 out. 2022.

______. *Pesquisa Nacional de Domicílios (PNAD) Contínua* – outras formas de trabalho. 2019. Rio de Janeiro: IBGE, 2019. Disponível em: https://sidra.ibge.gov.br/tabela/7013#resultado.pdf. Acesso em: 24 jun. 2022.

______. *Síntese de indicadores sociais:* uma análise das condições de vida da população brasileira. 2019. Rio de Janeiro: IBGE, 2019. Disponível em: https://biblioteca.ibge.gov.br/visualizacao/livros/liv101678.pdf. Acesso em: 24 jun. 2022.

______. *Estatísticas do cadastro central de empresas*. 2020. Rio de Janeiro: IBGE, 2022. Disponível em: https://biblioteca.ibge.gov.br/visualizacao/livros/liv101951.pdf. Acesso em: 24 jun. 2022.

______. *Síntese de indicadores sociais:* uma análise das condições de vida da população brasileira. 2020. Rio de Janeiro: IBGE, 2020. Disponível em: https://biblioteca.ibge.gov.br/visualizacao/livros/liv101760.pdf. Acesso em: 24 jun. 2022.

______. *Estatísticas de gênero:* Indicadores sociais das mulheres no Brasil. 2. ed. Rio de Janeiro: IBGE, 2021.Disponível em: https://biblioteca.ibge.gov.br/visualizacao/livros/liv101784_informativo.pdf. Acesso em: 18 mar. 2022.

______. *Síntese de indicadores sociais:* uma análise das condições de vida da população brasileira. 2021. Rio de Janeiro: IBGE, 2021. Disponível em: https://biblioteca.ibge.gov.br/visualizacao/livros/liv101892.pdf. Acesso em: 24 jun. 2022.

______. *Desemprego*. 2022. Disponível em: https://www.ibge.gov.br/explica/desemprego.php. Acesso em: 12 nov. 2022.

JABORANDY, Clara Cardoso Machado; FREITAS, Lucas Dias. Violações constitucionais: empregadas gestantes em estados do Nordeste entre 2016 e 2017. *Revista Direito e Liberdade*, Natal, RN, v. 22, n. 2, p. 109-132, jan./abr. 2020. Disponível em: https://goldharemachado.com.br/wp-content/uploads/2021/04/Rev-Dir-Liberdade_v.22_n.1.pdf. Acesso em: 09 nov. 2022.

JUSTIÇA ELEITORAL. Tribunal Superior Eleitoral (TSE). *Mulheres*, Página inicial. Disponível em: https://www.justicaeleitoral.jus.br/tse-mulheres. Acesso em: 23 mar. 2023.

KERGOAT, Danièle. Divisão sexual do trabalho e relações sociais de sexo. In: HIRATA, Helena *et al.* (Orgs.). *Dicionário Crítico do Feminismo.* São Paulo: Editora UNESP, 2009. p. 67-75.

KERGOAT, Danièle. Cuidado e a imbricação das relações sociais. In: ABREU, Alice Rangel de Paiva; HIRATA, Helena; LOMBARDI, Maria Rosa (Orgs.). *Gênero e trabalho no Brasil:* perspectivas interseccionais. São Paulo: Boitempo, 2016. p. 17-26.

LACERDA, Rosangela Rodrigues Dias de; VALE, Silvia Teixeira do; FERREIRA, Viviane Christine Martins. Proteção do trabalho da mulher na Constituição Federal de 1988: breves considerações. *Revista do TST*, São Paulo, v. 87, n. 3, p. 107-124, jul./set. 2021. Disponivel em: https://juslaboris.tst.jus.br/handle/20.500.12178/195278. Acesso em: 26 maio 2022.

LEAL, Joana. Inserção da mulher no mercado de trabalho foi passo importante para novas configurações sociais. *Agência universitária de notícias – USP*, 2016. Disponível em: http://www.usp.br/aunantigo/exibir?id=7501&ed=1302&f=23file:///C:/Users/usuario/Downloads/4-Texto%20do%20artigo-5-2-10-20200702.pdf. Acesso em: 11 nov. 2022.

LIMA, Firmino Alves. *Contribuições para uma teoria da discriminação nas relações de trabalho*. 2010. Tese (Doutorado em Direito) – Universidade de São Paulo, São Paulo, 2010. Disponível em: https://teses.usp.br/teses/disponiveis/2/2138/tde-01082011-160922/pt-br.php. Acesso em: 29 jul. 2022.

LIMA, Flavia Traldi de; BERGSTROM, Gustavo Tank; GEMMA, Sandra Francisca Bezerra. Reforma Trabalhista: contrato intermitente e trabalho feminino. *Revista Jurídica Trabalho e Desenvolvimento Humano*, Campinas – SP, v. 3, p. 1-19. 2020. Disponível em: http://revistatdh.org/index.php/Revista-TDH/article/view/66. Acesso em: 20 out. 2022.

LOMBARDI, Maria Rosa. O trabalho das mulheres: mudanças são positivas, mas desigualdades persistem. In: BERTOLIN, Patrícia Tuma Martins; ANDRADE, Denise Almeida de; MACHADO, Mônica Sapucaia (Orgs.). *Carta das mulheres brasileiras aos constituintes:* 30 anos depois. São Paulo: Autonomia Literária, 2018. p. 123-143.

LOPES, Cristiane Maria Sbalqueiro. Direito do trabalho da mulher: da proteção à promoção. *Cadernos Pagu*, Campinas, n. 26, p. 405-430, jan./jun. 2006. Disponível em: https://www.scielo.br/j/cpa/a/Yyqvmv4gkq449zL5p3CtH8J/abstract/?lang=pt. Acesso em: 3 maio 2022.

______. A efetivação do direito à creche no Brasil. *Revista do Ministério Público do Trabalho*, Brasília, n. 40, p. 38-60, set. 2010. Disponível em: https://www.anpt.org.br/attachments/article/2703/MPT%2040.pdf. Acesso em: 06 set. 2022.

LORENTZ, Lutiana Nacur. Igualdade e diferença como direitos fundamentais. *Revista do Ministério Público do Trabalho*, Brasília, ano XIV, n. 27, p. 88-122, mar. 2004. Disponível em: http://www.anpt.org.br/attachments/article/2721/Revista%20MPT%20-%20Edi%C3%A7%C3%A3o%2027.pdf#page=87. Acesso em: 26 out. 2022.

LUCENA FILHO, Humberto Lima. Relações de gênero, trabalho e não discriminação: uma abordagem da concretização do princípio da igualdade substantiva. *Revista eletrônica do Tribunal Regional do Trabalho da 6ª Região*, Recife, v. 21, n. 38, p. 130-152, 2011. Disponível em: https://juslaboris.tst.jus.br/handle/20.500.12178/103097. Acesso em: 13 set. 2022.

MACHADO, Cecília. A maternidade segundo a renda. *Folha de S. Paulo*, São Paulo, 09 maio 2022. Disponível em: https://www1.folha.uol.com.br/colunas/cecilia-machado/2022/05/a-maternidade-segundo-a-renda.shtml. Acesso em: 19 ago. 2022.

MACHADO, Cecília; PINHO NETO, Valdemar Rodrigues de. The labor market consequences of maternity leave policies: evidence from Brazil. *Rede de Pesquisa – Papers*, Fundação Getúlio Vargas, p. 1-24, dez. 2016. Disponível em: https://bibliotecadigital.fgv.br/dspace/handle/10438/17859. Acesso em: 26 ago. 2021.

MAIS de 60% dos trabalhadores fazem hora extra, aponta pesquisa. *G1*, 05 abr. 2016. Disponível em: http://g1.globo.com/economia/concursos-e-emprego/noticia/2016/04/mais-de-60-dos-trabalhadores-fazem-hora-extra-aponta-pesquisa.html#:~:text=Os%20brasileiros%20n%C3%A3o%20fazem%20jus,ap%C3%B3s%20o%20fim%20do%20expediente. Acesso em: 20 out. 2022.

MARQUES, Samantha Ribeiro Meyer-Pflug. O empoderamento feminino e o desenvolvimento econômico e social: Investir na melhoria de condições das mulheres é investir no próprio país. *Jota*, 2022. Disponível em: https://www.jota.info/opiniao-e-analise/colunas/elas-no-jota/empoderamento-feminino-desenvolvimento-economico-social-24032022. Acesso em: 24 jun. 2022.

MATHIEU, Nicole-Claude. Sexo e Gênero. In: HIRATA, Helena (Orgs.). *Dicionário Crítico do Feminismo*. São Paulo: Editora UNESP, 2009. p. 222-231.

MEDEIROS, Marcelo. Informalidade entre as mulheres é muito maior, diz pesquisador da PNUD. [Entrevista concedida a] Fernanda Stricklan. *Correio Braziliense*, Brasília, 08 nov. 2021. Disponível em: https://www.correiobraziliense.com.br/economia/2021/11/4961404-informalidade-entre-as-mulheres-e-muito-maior-do-que-entre-os-homens-diz-fgv.html. Acesso em: 31 mar. 2022.

MEDEIROS, Thaís Juliana. *Efeitos de jornada de trabalho, habilidades sociais e gênero sobre o equilíbrio trabalho-família*. 2018. Tese (Doutorado em Psicologia) – Universidade Federal de São Carlos, São Carlos, 2018. Disponível em: https://repositorio.ufscar.br/handle/ufscar/10367?show=full. Acesso em: 02 set. 2022.

MELO, Mônica de; NASTARI, Marcelo; MASSULA, Letícia (Coords.). A participação da mulher na magistratura brasileira – (considerações a respeito de dados parciais de 1999 a 2004). *Revista Jurídica Virtual*, Brasília, v. 6, n. 70, p. 1-10, mar. 2005. Disponível em: https://revistajuridica.presidencia.gov.br/index.php/saj/article/view/539/1105. Acesso em: 07 nov. 2022.

MÉNDEZ, Natlia Pietra. Do lar para as ruas: capitalismo, trabalho e feminismo. *Mulher e Trabalho*, Porto Alegre, v. 5, p. 51-63, 2005. Disponível em: https://revistas.planejamento.rs.gov.br/index.php/mulheretrabalho/article/view/2712. Acesso em: 21 set. 2022.

MINISTÉRIO DA ECONOMIA. *Relação Anual de Informações Sociais (RAIS)*. 2019. Disponível em: http://pdet.mte.gov.br/images/RAIS/2019/2-Sum%C3%A1rio_Executivo_RAIS_2019.pdf. Acesso em: 26 out. 2022.

MINISTÉRIO DA MULHER, DA FAMÍLIA E DOS DIREITOS HUMANOS. *Relatório Anual socioeconômico da mulher (RASEAM)*. 2017/2018. Disponível em: https://www.gov.br/mdh/pt-br/navegue-por-temas/politicas-para-mulheres/arquivo/central-de-conteudos/publicacoes/2016/raseam_2015-2016-correto.pdf. Acesso em: 02 set 2022.

MORAES, Alexandre de. *Direito Constitucional*. 21. ed. São Paulo: Atlas, 2007.

MORAES, Ismael Evangelista Benevides. O sistema de cotas analisado através do princípio da igualdade e da proporcionalidade. *NOMOS — Revista do Programa de Pós-Graduação em Direito da Universidade Federal do Ceará*, Fortaleza, v.37, n.1, p. 135-154, jan./jun., 2007. Disponível em: https://repositorio.ufc.br/handle/riufc/28862. Acesso em: 11 nov. 2022.

MOREIRA, Adilson José. *O que é discriminação?* Belo Horizonte: Editora Letramento, 2017.

MOTA-SANTOS, Carolina; AZEVEDO, Alcineia Parreiras de; LIMA-SOUZA, Érica. A Mulher em Tripla Jornada: discussão sobre a divisão das tarefas em relação ao companheiro. *Revista Gestão & Conexões*, Espírito Santo, v. 10, n. 2, p. 103-121, 2021. Disponível em: https://periodicos.ufes.br/ppgadm/article/view/34558. Acesso em: 19 out. 2022.

MOURA, Samantha Nagle Cunha de. A separação entre esfera pública e privada: um confronto entre John Locke, Jean-Jacques Rousseau e Carole Pateman. *Gênero & Direito*, Paraíba, v. 3, n. 1, p. 13-26, 2014. Disponível em: https://periodicos.ufpb.br/index.php/ged/article/view/17936. Acesso em: 11 nov. 2022.

NASCIMENTO, Amauri Mascaro. *Curso de Direito do Trabalho*. 19 ed. São Paulo: Editora Saraiva, 2004.

NASCIMENTO, Sonia Aparecida Costa. *O trabalho da mulher:* das proibições para o Direito promocional. São Paulo: LTr, 1996.

NEVES, Marcelo. *A constitucionalização simbólica*. São Paulo: Editora Acadêmica, 1994.

NOVAIS, Denise Pasello Valente. *Discriminação da mulher e Direito do Trabalho:* da proteção à promoção da igualdade. São Paulo: LTr, 2005.

NOVELLINO, Maria Salet Ferreira. Os estudos sobre feminização da pobreza e políticas públicas para mulheres. In: *XIV ENCONTRO NACIONAL DE ESTUDOS POPULACIONAIS*, 2004, Caxambú. Anais eletrônicos [...]. p. 1-12. Disponível em: http://www.abep.org.br/publicacoes/index.php/%20anais/article/viewFile/1304/1268. Acesso em: 24 jun. 2022.

OLIVEIRA, Marcos Paulo da Silva; TEODORO, Maria Cecília Máximo. A contrarreforma trabalhista e o trabalho intermitente. *Revista da Faculdade de Direito da UFRGS*, Porto Alegre, RS, n. 39, vol. esp., p. 175-191, dez. 2018. Disponível em: https://www.seer.ufrgs.br/revfacdir/article/view/77450. Acesso em: 14 fev. 2023.

OIT — Organização Internacional Do Trabalho. *La hora de la igualdad em el trabajo:* informe global com arreglo al seguimento de la Declaración de la OIT relativa a los principios y derechos fundamentales em el trabajo. 2003. Conferencia Internacional del Trabajo, 91. Genebra: Publicaciones de la OIT, 2003. Disponível em: https://www.ilo.org/wcmsp5/groups/public/@dgreports/@dcomm/@publ/documents/publication/wcms_publ_9223128714_sp.pdf. Acesso em: 06 maio 2022.

ONU — Organização das Nações Unidas. *Agenda 2030 para o Desenvolvimento Sustentável*. 2015. Disponível em: https://brasil.un.org/pt-br/sdgs. Acesso em: 11 abr. 2023.

______. Observatório de Igualdade de Gênero da América Latina e do Caribe. *Índice de feminidade da pobreza*. 2019. Disponível em: https://oig.cepal.org/pt/indicadores/indice-feminidade-da-pobreza. Acesso em: 24 jun. 2022.

OXFAM BRASIL. *Tempo de Cuidar:* o trabalho de cuidado não remunerado e mal pago e a crise global da desigualdade. 2020. Disponível em: https://www.oxfam.org.br/forum-economico-de-davos/tempo-de-cuidar. Acesso em: 24 jun. 2022.

PASSOS, Saionara da Silva; LUPATINI, Márcio. A contrarreforma trabalhista e a precarização das relações de trabalho no Brasil. *Revista Katálysis*, Florianópolis, SC, v. 23, n. 1, p. 132-142, jan./abr. 2020. Disponível em: https://www.scielo.br/j/rk/a/qVVvQN4Wg5Zx8937PxmTGVp/abstract/?lang=pt. Acesso em: 06 abr. 2023.

PATEMAN, Carole. *O contrato sexual*. São Paulo: Editora Paz e Terra, 1993.

PEDUZZI, Maria Cristina Irigoyen. A mulher e o trabalho no mundo contemporâneo. *Revista do Advogado*, São Paulo, v. 29, n. 104, p. 64-70, jul. 2009. Disponível em: https://aplicacao.aasp.org.br/aasp/servicos/revista_advogado/paginaveis/104/index.html?_ga=2.143854781.986351233.1655222203-448131460.1655222203. Acesso em: 14 jun. 2022.

PERDA de emprego entre mulheres foi mais intensa no 1º ano da pandemia, diz IBGE. *G1*, 23 jun. 2022. Caderno Economia. Disponível em: https://g1.globo.com/economia/noticia/2022/06/23/perda-de-empregos-entre-mulheres-foi-mais-intensa-no-1o-ano-da-pandemia-diz-ibge.ghtml. Acesso em: 24 jun. 2022.

PERISSÉ, Camille; LOSCHI, Marília. Trabalho de mulher. *Retratos: a revista do IBGE*, Rio de Janeiro, n., p. 19-24, jul./ago. 2019. Disponível em: https://agenciadenoticias.ibge.gov.br/media/com_mediaibge/arquivos/b06abac34a360666981b4b86621776f2.pdf. Acesso em: 05 ago. 2022.

PHILLIPS, Anne. Da desigualdade à diferença: um caso grave de deslocamento? *Revista Brasileira de Ciência Política, Brasília*, n. 02, p. 223-240, jul./dez. 2009. Disponível em: https://periodicos.unb.br/index.php/rbcp/article/view/1627. Acesso em: 22 set. 2021.

PIMENTEL, Bárbara Maria Moreira; SILVA, Raphael de Campos; BRANDÃO, Júlia Andrade, Os papéis femininos na sociedade: o enraizamento de uma estruturação social negativa. In: BAHIA, Alexandre Gustavo Melo Franco de Moraes *et al.* (Orgs.). *Cadernos de resumos:* III Congresso de Diversidade Sexual. 2 ed. internacional. Belo Horizonte: Initia Vila Editora, 2018. p. 333-335. Disponível em:https://www.academia.edu/38889689/CADERNO_DE_RESUMOS_DO_III_CONGRESSO_DE_DIVERSIDADE_SEXUAL_E_DE_G%C3%8ANERO_2a_EDI%C3%87%C3%83O_INTERNACIONAL. Acesso em: 28 set. 2022.

POSTHUMA, Anne Caroline; LOMBARDI, Maria Rosa. Mercado de trabalho e exclusão social da força de trabalho feminina. *São Paulo em Perspectiva*, São Paulo, v. 11, n. 1, p. 124-131, 1997. Disponível em: http://produtos.seade.gov.br/produtos/spp/v11n01/v11n01_13.pdf. Acesso em: 27 set. 2022.

PUYOL, Ángel. *El Discurso de la igualdad*. Barcelona: Editorial Crítica, 2001.

RAGO, Luzia Margareth. *Do cabaré ao lar:* a utopia da cidade disciplinar (Brasil 1890-1930). Rio de Janeiro: Paz e Terra, 1985.

RAMOS, Daniela Peixoto. Pesquisas de usos do tempo: um instrumento para aferir as desigualdades de gênero. *Estudos Feministas*, Florianópolis, v. 17, n. 3, p. 861-870, set./dez. 2009. Disponível em: https://www.scielo.br/j/ref/a/dd7GmdrmmwjvLYXRt7hrfZg/?format=pdf&lang=pt. Acesso em: 27 set. 2022.

RIBAULT, Thierry. Cuidadoras domiciliares: que tipo de profissionalização?. In: GUIMARÃES, Nadya Araujo; HIRATA, Helena. (Orgs.). *Cuidado e cuidadoras:* as várias faces do trabalho do care. São Paulo: Atlas, 2012. p. 119-132.

RICOLDI, Arlene Martinez. A noção de articulação entre família e trabalho e políticas de apoio. *Mercado de trabalho:* conjuntura e análise, Instituto de Pesquisa Econômica Aplicada (Ipea), n. 42, p. 37-43, fev. 2010. Disponível em: http://repositorio.ipea.gov.br/handle/11058/4048. Acesso em: 1º set. 2022.

RIOS, José Lázaro Carneiro. Princípio da igualdade e a razão material. *DireitoNet*, 2006. Disponível em: https://www.direitonet.com.br/artigos/exibir/2607/Principio-da-igualdade-e-a-razao-material. Acesso em: 12 jul. 2022.

RIOS, Roger Raupp. O direito da antidiscriminação e a tensão entre o direito à diferença e o direito geral de igualdade. *Direitos Fundamentais & Justiça*, Belo Horizonte, ano 6, n. 18, p. 169-177, jan./mar. 2012. Disponível em: https://dfj.emnuvens.com.br/dfj/article/view/333/523. Acesso em: 26 ago. 2022.

ROCHADEL, Greicy Mandelli Moreira. História do trabalho da mulher. *Âmbito Jurídico*, 2007. Disponível em: https://ambitojuridico.com.br/edicoes/revista-40/historia-do-trabalho-da-mulher/. Acesso em: 27 ago. 2022.

RODRIGUES, Paulo Jorge *et al.* O trabalho feminino durante a revolução Industrial. In: *XII SEMANA DA MULHER*, 2015, Marília – Universidade Estadual Paulista Júlio de Mesquita Filhos – UNESP, Faculdade de Filosofia e Ciências. Anais eletrônicos [...]. p. 1-12. Disponível em: https://www.marilia.unesp.br/Home/Eventos/2015/xiisemanadamulher11189/o-trabalho-feminino_paulo-jorge-rodrigues.pdf. Acesso em: 28 abr. 2022.

ROSEMBERG, Fúlvia. Educação e gênero no Brasil. *Projeto História: Revista do Programa de Estudos Pós-Graduados de História*, São Paulo, v. 11, p. 7-18, 1994. Disponível em: https://revistas.pucsp.br/index.php/revph/article/view/11411/8316. Acesso em: 25 out. 2022

RYAN, Michelle K.; HASLAM, S. Alexander. The Glass Cliff: Evidence that women are over-represented in precarious leadership positions. *British Journal of Management*, v. 16, n. 2, p. 81-90, 2005. Disponível em: https://is.muni.cz/el/1423/jaro2017/VPL457/um/62145647/Ryan_Haslam_The_Glass_cliff.pdf. Acesso em: 12 jul. 2023.

SAFFIOTI, Heleieth Iara Bongiovani. *A Mulher na Sociedade de Classes:* Mito e Realidade. Petrópolis: Vozes, 1976. Disponível em: https://edisciplinas.usp.br/pluginfile.php/3825626/mod_resource/content/1/Saffioti%20%281978%29%20A_Mulher_na_Soc_Classes.pdf. Acesso em: 19 abr. 2023.

SALAS, Carlos; LEITE, Marcia. Segregación sectorial por género: una comparación Brasil-México. *Cadernos PROLAM/USP*, ano 7, v. 2, p. 241-259, 2007. Disponível em: https://www.revistas.usp.br/prolam/article/view/82307. Acesso em: 10 out. 2002.

SALDAÑA, Cristina. Espanha equipara licença paternidade e maternidade, e avança na igualdade de gênero. *El Pais*, Madri, 2021. Disponível em: https://brasil.elpais.com/internacional/2021-01-01/espanha-equipara-licenca-paternidade-e-maternidade-e-avanca-na-igualdade-de-genero.html. Acesso em: 24 ago. 2022.

SANTOS, Marina França. *A importância da diversidade de gênero nos Tribunais Superiores brasileiros:* o princípio da imparcialidade forte a partir da standpoint theory. 2016. Tese (Doutorado em Direito) – Pontifícia Universidade Católica do Rio de Janeiro, Rio de Janeiro, 2016. Disponível em: https://www.maxwell.vrac.puc-rio.br/31328/31328.PDF. Acesso em: 06 set. 2022.

SCOTT, Joan. Gênero: uma categoria útil de análise histórica. *Educação & Realidade*, Porto Alegre, v. 20, n. 2, p. 71-99, jul./dez. 1995. Disponível em: https://seer.ufrgs.br/index.php/educacaoerealidade/article/view/71721. Aceso em: 21 set. 2022.

SEGUNDO, Antonio de Holanda Cavalcante; OLIVEIRA JÚNIOR, Seledon Dantas de. Ciência do Direito e ideologia. *Revista Espaço Acadêmico*, Maringá, ano XXI, v. 22, n. 234, p. 279-292, 2022. Disponível em: https://periodicos.uem.br/ojs/index.php/EspacoAcademico/article/view/61204. Acesso em: Acesso em: 29 ago. 2022.

SEN, Amartya. *Desenvolvimento como liberdade*. São Paulo: Companhia de Bolso, 2018.

SILVA, Lorena Holzmann. Admitimos mulheres para trabalhos leves. *Revista Estudos Feministas*, Rio de Janeiro, v. 3, n. 2, p. 349-363, 1995. Disponível em: https://periodicos.ufsc.br/index.php/ref/article/view/16445. Acesso em: 27 set. 2022.

SILVA, Maria Luiza Rocha. *O princípio da não discriminação contra as mulheres no mercado de trabalho nas convenções da OIT:* uma análise comparativa da aplicação pelo Brasil e pela França fundada nos comentários da CEACR. 2021. Dissertação (Mestrado em Direito) – Universidade Estadual Paulista Júlio de Mesquita Filhos – UNESP, Franca, 2021. Disponível em: https://repositorio.unesp.br/handle/11449/204430. Acesso em: 08 ago. 2022.

SILVA, Nícolas Trindade da. Da Igualdade Formal a Igualdade Material. *Conteúdo Jurídico*, 2012. Disponível em: https://conteudojuridico.com.br/consulta/Artigos/32423/da-igualdade-formal-a-igualdade-material. Acesso em: 04 jul. 2022.

SILVA, Salete Maria da. O Direito na perspectiva feminista — limites e possibilidades. In: *FAZENDO GÊNERO 8 – CORPO, VIOLÊNCIA E PODER*, 8, 2008, Florianópolis, SC. Anais eletrônicos [...] Florianópolis, SC: Universidade Federal de Santa Catarina, 2010. p. 1-7. Disponível em: https://www.academia.edu/38145304/O_direito_na_perspectiva_feminista_limites_e_possibilidades_pdf. Acesso em: 27 mar. 2023.

______. Constitucionalização dos direitos das mulheres no Brasil: um desafio à incorporação da perspectiva de gênero no direito. *Interfaces Científicas – Direito*, Aracajú, v. 1, n. 1, p. 59-69, out. 2012. Disponível em: https://periodicos.set.edu.br/direito/article/view/178. Acesso em: 21 set. 2021.

SORJ, Bila. Legislação trabalhista, políticas públicas e igualdade de gênero. In: Perspectivas e críticas feministas sobre as reformas trabalhista e sindical: legislação trabalhista, políticas públicas e igualdade de gênero. Brasília: *Centro Feminista de Estudos e Assessoria — CFEMEA*, 2006. p. 13-50. Disponível em: https://www.cfemea.org.br/images/stories/publicacoes/ perspectivasreformastrabalhistasindical.pdf. Acesso em: 28 out. 2022.

SOUSA, Luana Passos de; GUEDES, Dyego Rocha. A desigual divisão sexual do trabalho: um olhar sobre a última década. *Estudos Avançados*, São Paulo, v. 30, n. 87, p. 123-139, maio/ago. 2016.Disponível em: https://www.scielo.br/j/ea/a/PPDVW47HsgMgGQQCgYYfWgp/?lang=pt. Acesso em: 06 out. 2022.

SOUZA, Murilo. Governo envia à Câmara a Convenção n. 156 da OIT, sobre igualdade para homens e mulheres no trabalho. *Câmara dos Deputados*, 14 mar. 2023. Disponível em: https://www.camara.leg.br/noticias/944576-governo-envia-a-camara-a-convencao-156-da-oit-sobre-igualdade-para-homens-e-mulheres-no-trabalho/. Acesso em: 3 abr. 2023.

SOUZA FILHO, Deniedson Silva de; MEIRELLES, Ana Thereza; ALVES, Maurício. A condição de sujeito de direito do nascituro como fundamento para a extensão da garantia do emprego do genitor. *Revista Direto UNIFACS*, Bahia, n. 226, p. 1-21, 2019. Disponpivel em: https://revistas.unifacs.br/index.php/redu/article/view/5976. Acesso em: 22 ago. 2022.

STANCKI, Nanci. Divisão sexual do trabalho: a sua constante reprodução. In: *I CICLO DE DEBATES EM ECONOMIA INDUSTRIAL, TRABALHO E TECNOLOGIA*, 2003, São Paulo. Anais eletrônicos [...]. p. 1-12. Disponível em: https://www.pucsp.br/sites/default/files/img/eitt2003_nancistancki.pdf. Acesso em: 26 set. 2022.

TABORDA, Maren Guimarães. O Princípio da Igualdade em perspectiva histórica: conteúdo, alcance e direções. *Revista de Direito Administrativo*, Rio de Janeiro, n. 211, p. 241-269, jan./mar. 1998. Disponível em: https://bibliotecadigital.fgv.br/ojs/index.php/rda/article/view/47142. Acesso em: 13 jul. 2022.

TAVEIRA, Roselene Aparecida. *A influência do patriarcado nas leis de proteção ao trabalho da mulher*. 2017. Disponível em: https://jornalggn.com.br/cidadania/a-influencia-do-patriarcado-nas-leis-de-protecao-ao-trabalho-da-mulher-por-roselene-aparecida-taveira/. Acesso em: 23 ago. 2022.

TEIXEIRA, Aysla Sabine Rocha Teixeira. *As mulheres-mães do Direito do Trabalho: uma crítica à colonialidade de gênero das destinatárias das normas jurídicas trabalhistas de tutela da maternidade*. 2020. Dissertação (Mestrado em Direito) – Universidade Federal de Minas Gerais, Belo Horizonte, 2020. Disponível em: https://repositorio.ufmg.br/handle/1843/36185. Acesso em: 22 ago. 2022.

TEODORO, Maria Cecília Máximo. O direito do trabalho da mulher enquanto "teto de vidro" no mercado de trabalho brasileiro. *Migalhas*, 2017. Disponível em: https://www.migalhas.com.br/arquivos/2017/5/art20170515-10.pdf. Acesso em: 27 out. 2022.

______. Proteção ao trabalho da mulher. Minas Gerais: Ordem dos Advogados do Brasil (OAB-MG), 08 nov. 2017. *1 vídeo* (38min58s). [seminário virtual]. Disponível em: https://www.youtube.com/watch?v=Z_MVV3HNoQM. Acesso em: 11 jul. 2023.

______. A distopia da proteção do mercado de trabalho da mulher e a reprodução do desequilíbrio entre os gêneros. In: MIRAGLIA, Lívia Mendes Moreira; TEODORO, Maria Cecília Máximo; SOARES, Maria Clara Persilva (Orgs.). *Feminismo, trabalho e literatura:* reflexões sobre o papel da mulher na sociedade contemporânea. Porto Alegre: Editora Fi, 2020. p. 103-143. Disponível em: http://www.editorafi.org. Acesso em: 9 dez. 2021.

THINK OLGA. *Economia do cuidado:* como podemos visibilizar o trabalho invisível das mulheres na economia do cuidado?. 2020. Disponível em: https://lab.thinkolga.com/economia-do-cuidado/#pib. Acesso em: 24 jun. 2022.

VASCONCELOS, Iana dos Santos. Mulher e mercado de trabalho no Brasil: notas de uma história em andamento. *Examãpaku — Revista Eletrônica de Ciências Sociais*,

História e Relações Internacionais, v. 3, n. 2, p. 1-9, 2010. Disponível em: https://revista.ufrr.br/examapaku/article/view/1497. Acesso em: 5 out. 2022.

VALIAN, Virginia. *Why so slow?* The advancement of women. Cambridge, Massachusetts; Londres, Inglaterra: The MIT Press, 1999.

VERSIANI, Maria Helena. Uma República na Constituinte. *Revista Brasileira de História*, São Paulo, v. 30, n. 60, p. 233-252, dez. 2010. Disponível em: https://www.scielo.br/j/rbh/a/tGrmf8JCPmgMVPsvmRYdTNJ/?lang=pt. Acesso em: 12 nov. 2022.

VIEIRA, Regina Stela Corrêa Vieira. *Saúde e segurança no trabalho das mulheres:* a perspectiva de gênero para a proteção e promoção do meio ambiente laboral equilibrado. 2014. Dissertação (Mestrado em Direito) – Universidade de São Paulo, São Paulo, 2014. Disponível em: https://teses.usp.br/teses/disponiveis/2/2138/tde-03102017-114125/publico/VIEIRA_ReginaS_C_Mestrado_v_corrigida.pdf. Acesso em: 28 out. 2022.

______. Trabalho das mulheres e feminismo: uma abordagem de gênero do direito do trabalho. In: KASHIURA JÚNIOR, Celso Naoto; AKAMINE JÚNIOR, Oswaldo; MELO, Tarso de (Orgs.). *Para a crítica do Direito:* reflexões sobre teorias e práticas jurídicas. São Paulo: Dobra Universitário: Outras Expressões, 2015. p 497-524

______. *O cuidado como trabalho:* uma interpelação do Direito do Trabalho a partir da perspectiva de gênero. 2018. Tese (Doutorado em Direito) – Universidade de São Paulo, São Paulo, 2018. Disponível em: https://www.teses.usp.br/teses/disponiveis/2/2138/tde-30102020-143919/publico/5953743_Tese_Corrigida.pdf. Acesso em: 28 out. 2022.

ZAIDMAN, Claude. Educação e socialização. In: HIRATA, Helena *et al.* (Orgs.). *Dicionário Crítico do Feminismo*. São Paulo: Editora UNESP, 2009, p. 80-84.